国际出版蓝皮书
INTERNATIONAL PUBLISHING BLUE BOOK
（2014版）

国际出版业发展报告

范 军 ◎ 主编

中国书籍出版社
China Book Press

图书在版编目（CIP）数据

国际出版业发展报告：2014 版/范军主编. —北京：中国书籍出版社，2015.7
ISBN 978-7-5068-5025-4

Ⅰ. ①国… Ⅱ. ①范… Ⅲ. ①出版业－研究报告－世界－2014 Ⅳ. ①G239.1

中国版本图书馆 CIP 数据核字（2015）第 150543 号

国际出版业发展报告：2014 版
范　军　主编

责任编辑	许艳辉
责任印制	孙马飞　马　芝
封面设计	楠竹文化
出版发行	中国书籍出版社
地　　址	北京市丰台区三路居路 97 号（邮编：100073）
电　　话	（010）52257143（总编室）　　（010）52257140（发行部）
电子邮箱	chinabp@vip.sina.com
经　　销	全国新华书店
印　　刷	三河市鑫利来印装有限公司
开　　本	787 毫米×1092 毫米　1/16
印　　张	16.5
字　　数	280 千字
版　　次	2015 年 7 月第 1 版　2015 年 7 月第 1 次印刷
书　　号	ISBN 978-7-5068-5025-4
定　　价	80.00 元

版权所有　翻印必究

前　言

《国际出版业发展报告（2014版）》又与您见面了。本书主要涉及美国、英国、法国、德国、俄罗斯、西班牙、日本、韩国等八个国家2013年图书与期刊出版业的发展状况。

作为全书的重点，"主报告"剖析了2013年在世界经济调整期中国际出版业的发展态势。其内容包括：从世界经济环境对出版业的影响和各国相继出台扶持的政策措施两个方面分析了经济环境和政策环境变化对出版业的影响，从书刊市场和电子书市场两个方面着重解读了传统出版和数字出版的市场现状和问题，还分析了实体书店的现状和前景、民众对自助出版不断认同、方式正在改变的国民阅读情况以及大型企业积极应对挑战而推进数字化与全球发展战略等。

第二篇"研究成果"对美国、英国、法国、德国、西班牙、俄罗斯、日本、韩国等八个国家的出版业发展状况及相关统计数据进行了系统梳理。报告框架延续了《国际出版业发展报告（2012版）》的体例，内容涵盖了2013年的统计数据和相关动态，比较客观地展示了全球经济调整背景下与出版业发展息息相关的各国政策法律、国民阅读以及公共采购等市场环境发展情况以及出版业的生产、销售、贸易、投资和细分领域的发展状况。

第三篇"业界观点"分别介绍了美国大学出版社的现状、挑战与出路，法国对中国图书的推广策略以及通过博洛尼亚这一平台所反映出的国际少儿出版业的现状与前景。

我们非常希望能以此书为桥梁，与业界人士建立广泛而深入的合作，促进国际出版业研究工作的拓展与完善，使研究成果更加贴近行业发展的需求。

中国新闻出版研究院副院长范军组织了本书的撰写、修改和统稿工作。中国新闻出版研究院国际出版研究室张晴承担了组稿工作。

本书各部分的翻译、整理、撰写情况如下：

主报告由中国新闻出版研究院副院长范军、中国新闻出版研究院国际出版研究室张晴撰写。

"研究成果"中，美国分报告由中国新闻出版研究院国际出版研究室张晴撰写；英国分报告由中国新闻出版研究院国际出版研究室侯鹏撰写；法国分报告由中国新闻出版研究院国际出版研究室王珺撰写；德国分报告由大众汽车集团（中国）彭斯撰写；西班牙分报告由中国新闻出版研究院国际出版研究室刘莹晨撰写；俄罗斯分报告由中国新闻出版研究院王卉莲撰写；日本分报告由中央财经大学文化与传播学院宫丽颖撰写；韩国分报告由韩国京畿道观光公社上海事务所叶子撰写。

"业界观点"的各篇作者及工作单位已在其文末一一列出，不作赘述。在此，对各方专家所付出的辛勤劳动和大力支持表示诚挚的谢意。

《国际出版业发展报告（2014版）》课题组

2015年6月28日

目　录

第一篇　主报告

经济调整期中的2013年国际出版业 ······················（3）
　一、世界经济环境对出版业的影响 ······················（3）
　二、各国相继出台扶持政策 ····························（4）
　三、书刊市场有喜有忧 ································（5）
　四、电子书销售逐渐放缓 ······························（7）
　五、实体书店不容乐观 ································（7）
　六、苹果、谷歌官司尘埃落定 ··························（8）
　七、自助出版方兴未艾 ································（9）
　八、阅读方式正在改变 ································（10）
　九、大型出版企业谋求发展 ····························（11）

第二篇　研究成果

美国出版业发展报告 ··································（17）
　一、出版业发展背景 ··································（17）
　二、图书业发展状况 ··································（23）
　三、期刊业发展状况 ··································（38）

英国出版业发展报告 ··································（46）
　一、出版业发展背景 ··································（46）
　二、图书业发展状况 ··································（47）
　三、期刊业发展状况 ··································（70）

法国出版业发展报告 ……………………………………………………（77）
    一、出版业发展背景 …………………………………………（77）
    二、图书业发展状况 …………………………………………（80）
    三、报刊业发展状况 …………………………………………（92）

德国出版业发展报告 ……………………………………………（98）
    一、出版业发展背景 …………………………………………（98）
    二、图书业发展状况 …………………………………………（104）
    三、期刊业发展状况 …………………………………………（119）

西班牙出版业发展报告 …………………………………………（122）
    一、图书业发展状况 …………………………………………（122）
    二、期刊业发展状况 …………………………………………（138）

俄罗斯出版业发展报告 …………………………………………（144）
    一、出版业发展背景 …………………………………………（144）
    二、图书业发展状况 …………………………………………（146）
    三、期刊业发展状况 …………………………………………（159）

日本出版业发展报告 ……………………………………………（165）
    一、出版业发展背景 …………………………………………（165）
    二、图书业发展状况 …………………………………………（167）
    三、期刊业发展状况 …………………………………………（183）

韩国出版业发展报告 ……………………………………………（190）
    一、出版业发展背景 …………………………………………（190）
    二、图书业发展状况 …………………………………………（199）
    三、期刊业发展状况 …………………………………………（213）

第三篇　业界观点

美国大学出版社的现状、挑战与应对 …………………………（223）
    一、美国大学出版社的基本情况 ……………………………（223）
    二、美国大学出版社面临的挑战 ……………………………（225）
    三、美国大学出版社的应对策略与出路 ……………………（228）
    四、对中国大学出版社的启发与借鉴 ………………………（230）

法国图书向中国的推广策略 ……………………………………（233）
 一、全方位的资助 …………………………………………（234）
 二、多样化的推广形式 ……………………………………（237）
 三、巩固人文社科图书的优势地位 ………………………（239）
 四、积极开拓少儿图书市场 ………………………………（241）
 五、结语 ……………………………………………………（243）

博洛尼亚国际儿童书展的启示 …………………………（246）
 一、博洛尼亚书展发展历程 ………………………………（246）
 二、博洛尼亚书展奖项设立 ………………………………（247）
 三、数字化时代的博洛尼亚 ………………………………（251）

附　　录

2013 年 12 月 31 日人民币对各币种汇率中间价表 …………（257）

第一篇 主报告

经济调整期中的 2013 年国际出版业

范 军 张 晴

一、世界经济环境对出版业的影响

自 2008 年金融危机以来,全球经济总体延续缓慢复苏状态。2013 年,世界经济仍维持低速增长的态势。具体来看,美国、英国、俄罗斯、日本等国的经济复苏势头较为稳固,经济增速略高于 2012 年,欧元经济区和韩国复苏步伐较为缓慢,情况不容乐观。随着实体经济复苏、房地产市场回暖、就业形势好转及个人消费增加,美国迎来大量国际投资,从而推动其经济全面复苏;英国经济则因政策刺激、外需拉动和资本流入等因素影响,复苏势头也较为强劲。2013 年,英国经济增长率达到 1.9%,创五年来新高;日本经济在安倍政府的一系列政策引导下维持低速增长。反观欧元经济区的复苏则较为温和。法国、德国、西班牙等国家经济终止衰退,保持了适度增长,但仍然面临着后经济危机时代的一系列问题。相比于前两年,韩国 2013 年的 GDP 年均增长一改颓势出现了小幅回升,但增长速度仍显缓慢,并面临着就业率停滞、两极分化严重等问题。随着经济危机的阴霾逐渐散去,全球经济整体正走出低迷而逐渐走向复苏,这无疑对国际出版市场产生重要影响。

在这一大的背景下,不同国家出版业在后经济危机时代的市场竞争中表现各有不同。2013 年全球发达经济体的出版市场收入仅有美国和德国为正增长,英国出版市场相比前年略下降了 2% 左右,一些欧洲经济体国家,如法国下降 3%,意大利下降 6%,西班牙下降 10% 等,都分别经历了市场萧条。

值得关注的是,美国出版市场在 2013 年的表现可圈可点,出版业薪酬平均增长 2.8%,虽不能与危机前的平均水平相比,但已有了显著的增长。根据美国《出版商周刊》一项调查显示,大部分从业者对出版业的未来变得越发乐观,似乎已经克服了行业要面临崩溃的恐惧,甚至有 54% 的受访者称对行业的未来极有信心。2013 年,德国出版业似乎没有受到经济危机的影响,这与数字化的发展有着密切关系。根据英国出版商协会 2013 年数据,英国图书出版市场相比前几年的规模有所扩大，情况有所改善，其中数字销售占有的市场份额在过去五年翻了三番。

二、各国相继出台扶持政策

为促进出版业健康发展，适应新的市场竞争，各个国家相继出台了政策措施来支持出版业。

2013年4月，美国国会司法委员会宣布重新审视1976年的《版权法》及相关规定，并就版权对美国创新的贡献、版权与新兴商业模式等方面问题举行了高级别听证会。同年7月，美国商务部主管网络政策的部门又发布了《数字经济时代中版权政策、发明和改革》绿皮书，强调了数字化时代版权保护的重要性。西班牙政府也对现行《知识产权法》进行修订，特别明确加强对作者数字版权的法律保障。2013年韩国对《版权法》新增"公共著作自由使用"等内容，并将作者的版权受保护时限延长了20年。韩国版权委员会被指定为版权保护技术研发专门机构，并增加了版权研发的预算，主要用于非对称、可逆数字水印技术及变形内容探测技术等。

韩国政府还加大力度，在国家和地方自治团体层面促进图书馆的发展。随着"第一个图书馆发展综合计划：2009~2013"的顺利结束，2013年韩国开始实施"第二个图书馆发展综合计划：2014~2018"。同年9月，韩国《小型图书馆振兴法》部分修订案完成，增加在小型图书馆中构建以中学生为对象的学习空间等新内容，为振兴全体国民阅读做出了巨大努力。在推进电子书出版方面，韩国政府做出了包括免除电子出版物附加税、支持品牌电子书制作、运营电子出版支援中心、积极参与海外图书展、协助出口电子书翻译等一系列措施。

在近年法国文化部财政预算一再被缩减的状况下，2013年法国国家图书中心对出版领域各类活动、机构和人员的资助、补贴和贷款帮助金额不降反升，达到3965.7万欧元，比上一年增长了31.1%。同时，从2013年开始，法国图书增值税从7%下调至5.5%，这一图书优惠政策极大地促进了法国图书出版业的发展。为帮助独立书店减轻大型网络书店和数字化阅读的冲击，2013年1月，由法国文化部长菲莉佩蒂主持，出台了一项针对独立书店的资助计划，国家图书中心和出版界联合出资帮助独立书店。这项资助计划总额高达1800万欧元，主要用于支持独立书店数字时代的商业转型，缓解可能面临的财务危机。

三、书刊市场有喜有忧

2013年实体图书和期刊市场可谓有喜有忧。图书出版种数总体上升，但图书销量不容乐观。青少儿和文学类图书仍是大众追逐的对象，而普遍对畅销书关注度不高。受数字化阅读影响，期刊业整体下滑比较严重。

（一）图书出版种数总体上升

受2013年全球经济回暖的影响，除西班牙图书出版种数较上一年有所下降外，美国、英国、法国、德国、俄罗斯、日本、韩国等7国图书出版种数较2012年均实现了不同程度的增加。2011年、2012年、2013年，美国图书出版种数分别为190533种、185933种、192633种；英国图书出版种数分别为149800种、170267种、184000种；法国图书出版种数分别为81268种、86295种、95483种；德国图书出版种数分别为96300种、91100种、93600种；西班牙图书出版种数分别为83258种、79175种、76434种；俄罗斯图书出版种数分别为122915种、116888种、120512种；日本图书出版种数分别为78863种、82200种、82589种；韩国图书出版种数分别为44036种、39767种、43146种。

（二）图书销售不容乐观

2013年实体图书可谓是几家欢喜几家愁。有的受国内经济复苏的影响，销售额增长缓慢；而有的则仍然在金融危机退去后的窘境以及数字化浪潮冲击的泥沼之中痛苦挣扎。2013年，美国各类的图书销售额均有不同程度的下降，其销售总额从2012年的271.2亿美元下降为270.1亿美元，同比下降0.4%；法国图书销售额持续下降，年降幅近4%，为2011年以来降幅最大的一年；由于国内经济不景气、少子化现象严重、数字化浪潮冲击等原因的影响，日本图书销售额为8430亿1459万日元，比上一年减少了2.1%；韩国销售额为5兆5147亿韩元，与2012年的5兆6779亿韩元相比减少2.9%；西班牙国内图书销售额为2181.97万欧元（含增值税），比2012年下降11.7%；英国图书销售额为33.89亿英镑，较2012年下降了2%。而德国图书销售额为95.36亿欧元，同比增长0.2%，涨幅虽小，但相对于2011年和2012年的连续下降而言，2013年德国图书的销售市场给整个国际出版业带来少许安慰。

（三）青少儿类和文学类图书位居前列

在各国图书市场中，青少儿类和文学类图书出版种数占据绝对的主体地位。作为图书市场的主力军，文学类图书以其包罗万象的特性始终稳处图书业的中心环节。2013 年，美国小说类读物为 21681 种，同比增长 12.9%；在德国，文学类图书在出版种数中所占比例有所增加；在韩国，文学类图书新书出版种数为 9296 种，同比增长 16.7%。近年来《哈利·波特》系列的持续大热，《暮光之城》系列的奋起直追，在一定程度上稳固了青少儿类和文学类图书的核心地位。还有一个现象也值得关注，那就是青少年类图书吸引了大量成年人的目光。例如，近两年来销售火爆的《饥饿游戏》系列吸引了大量 20~30 岁的女性阅读群体。

（四）畅销图书热度不高

畅销书，特别是那些超级畅销书不仅仅是名列各大排行榜之首所带来的荣誉，使其出版商赚得盆满钵满，更是影响着 2013 年的图书销售数据。可以说超级畅销书对图书市场的影响是巨大的，甚至能牵动整个销售全局。近年来，各大畅销榜可以说是 E.L. 詹姆斯的《五十度灰》"三部曲"的天下，这"三部曲"占据了美国、英国、加拿大等国 2012 年榜单的前三名位置。在英国，"三部曲"总销量达 1051 万册，一举打破 J.K. 罗琳凭借《哈利·波特》系列所保持的销售记录。紧随其后的是另一部"三部曲"，由苏珊·柯林斯创作的《饥饿游戏》"三部曲"。在美国，在《五十度灰》的助力下，2012 年大众图书销售额取得了 149.8 亿美元的好成绩，同比增长 7 个百分点。2012 年"三部曲"的大卖，抬高了大众类图书的销售量，但随之热度褪去，2013 年的销售量大不如前。

（五）期刊业下滑严重

受不断崛起的数字阅读以及期刊出版业自身不稳定性的双重影响，各国期刊的发行量、订阅量、广告量、销售额以及广告收入都有一定程度的萎缩和下降。再加之长期以来所依赖的传统零售渠道的没落，期刊业更是雪上加霜。2013 年，美国期刊零售遭遇了 2009 年以来最大的跌幅。德国、法国、日本、韩国等国家期刊业也不容乐观。2013 年，法国通过各类渠道发行的大众杂志为 16.36 亿册，比上一年又减少了 7954 万多册，降幅达 4.9%，创近年来新低。在日本，期刊业新创刊数、发行种数、销售量、出口总额等，都有所下降。而韩国虽然杂志新注册种数有所增长，但是杂志社的销售额在 2013 年却有萎缩的趋势。

四、电子书销售逐渐放缓

2013年的电子书出版市场并没有像预测的那样实现全面崛起。在经历了连续数年的高速增长后，电子书销量的增速开始放缓。相比前几年电子书市场的如火如荼，2013年美国电子书出版有明显的放缓之势。2013年美国电子书出版种数为232401种，较2012年的301479下降了22.9%。电子书新书出版种数增速放缓，也带来美国图书业整体销量的下降。同样，2013年英国电子书市场增幅也减缓。2013年英国电子书销售额比2012年上涨了19.5%。在德国，2013年出版社申报的新出版电子书超过7.5万种，比2012年增加了超过2.5万种。德国的出版社为迎战数字化洪流都在探寻新的经营模式，2013年65%的出版社都开展了电子书业务，越来越多的出版社将目光投向了这一蕴藏着巨大商机的新市场。即便如此，还是有94%的出版商认为，电子书对于纸质书业务而言是补充并不是替代。

大众出版领域是电子书市场的主力军，文学类图书尤其是成年小说更是助燃了电子书市场。而数字化阅读却难挑童书大梁。尼尔森数据显示，英国的大部分家长并不希望孩子们在电子屏幕上花费过多的时间，同时孩子们更愿意在平板电脑上玩游戏而非读书。这就使电子书销售在儿童图书市场占有的份额仅徘徊在5%左右。因此，有专家断言，在英国儿童图书市场，电子书不太可能代替纸质书。2013年美国学乐集团对1074名6~17岁儿童及其家长做了相关的阅读喜好调查。调查结果显示，儿童更喜欢纸质读物。受访的9~17岁少年儿童中，58%的人表示，即使在有电子书可读的情况下，他们还是更喜欢纸质书；80%的儿童主要阅读介质仍然是纸质书。

五、实体书店不容乐观

2013年，美国实体书店数量同比减少2.6%，减幅有所下降；2013年，法国大型连锁书店"维珍"和以网络书店起家的"书章"相继倒闭，排名前400名的书店中有25家关门歇业；在日本，2013年实体书店的数量为14241家。从书店占地面积来看，10年间占地300坪以上的大型实体书店没有一家倒闭，而中小实体书店却在不断消失。可见，日本书店业连锁店呈大型化趋势，小型书店将逐渐被市场淘汰。

每当谈及实体书店日薄西山的窘状，人们首先会想到 2011 年图书零售业巨头鲍德斯在数字化这一洪水猛兽面前的溃败。在美国，与鲍德斯齐名的巴诺书店近年来虽然在马不停蹄地开展数字化业务，推出线上网络书店，为迎合大众阅读习惯的改变推出自身研发的电子阅读器 Nook，但其在数字化道路上却依旧举步维艰。2009 年，巴诺自行研发并定制了自己的阅读器——Nook 系列。Nook 系列是巴诺书店赖以与苹果和亚马逊抗衡的产品，是巴诺在数字化时代重拾繁荣的希望。但 Nook 的问世并没有拯救巴诺于水火之中，在亚马逊和苹果公司两家科技巨头的双重打击下，巴诺 Nook 节节溃败。2013 年 8 月，巴诺书店宣布，Nook 系列电子阅读器在上一年度亏损 5 亿美元。为此，2013 年新开发产品 Nook Simple Touch 被迫降价销售。巴诺的 Nook 部门前途未卜，停产出售、寻求合作或许是打破僵局的最佳出路。

2013 年，在传统销售渠道领域也并不是噩耗连连。根据德国书业协会公布的一项数据显示，德国实体书店 2013 年营业额达 46.4 亿欧元，同比增长 0.9%，占图书行业总营业额的 48.6%；传统邮购渠道下降 12.4%，营业额 218 亿欧元；在线书店营业额同比下降 0.5%，营业额 15.6 亿欧元，占书业总额的 16.3%。与此同时，出版社的直销增长稳健，营业额 18.8 亿欧元，同比增长 1.5%，占市场总额 19.7%。德国实体书店之所以反超网络书店，主要是因为这些书店懂得引入创新理念推出新品，再结合实体书店购书即时性、价格稳定性、个性化购书咨询等方面的优势，为实体书店的健康发展构筑了坚强的堡垒。

六、苹果、谷歌官司尘埃落定

2013 年国际出版业的大事件中，除兰登书屋与企鹅集团的合并案之外，非美国司法部与苹果公司的大战莫属。美国司法部起诉苹果与美国五大出版商合谋抬高电子书价的官司于 2013 年 6 月份开庭审理，苹果公司以及五大出版机构被指控共谋哄抬电子书价，并被法庭认定为有罪。到 2013 年初，西蒙 & 舒斯特、阿歇特图书集团、企鹅集团、哈珀·柯林斯以及麦克米伦出版公司五家出版机构已与政府达成和解，以避免输掉官司后可能要面临的巨额罚款。最终，只剩苹果公司负隅顽抗。但司法部门仍认定苹果公司与其他五家出版机构操纵电子书价。但法院最终判决比外界期待更为灵活，而苹果公司也更加关注司法部门对公司管理层定价方面的监管措施。2013 年底这起电子书限价风波终于尘埃落定，最终以苹果公司将承担几十亿美元的罚款而告终。

除此之外，谷歌与美国作家协会的8年之战也告一段落。2005年，谷歌因扫描2000多万本图书上传到它的电子图书馆而遭到美国作家协会的起诉。通过8年的不懈努力，谷歌终于赢得了这场官司。美国联邦法院认为谷歌扫描图书的目的是为了平等地使用这些内容，它并没有损害原有作品的市场。法院还同时认为，书籍的电子化能避免图书因为物理衰变而造成的老化。

七、自助出版方兴未艾

经过数字化的不断洗礼，曾经基于印刷品的传统信息传播方式正在受到冲击，自助出版帝国已初见雏形。在此，编辑、发行商和印刷厂不再是中心，体系的主导者是千千万万普通人。出版企业渐渐由"内容生产者"向"内容提供者"过渡。绕过出版社，直接借助自助出版平台发表并出版的方式让许多普通人过了一把"作家瘾"。电子阅读器的普及、自主出版平台的越发成熟，为自助出版这一年轻行业开辟了更广阔的空间。

自助出版源起于美国，并繁荣于美国。在美国，自助出版曾经是许多因出版社拒绝而受挫作者的不得已选择，而如今由于其价廉、快捷等优势，自助出版成为越来越多知名作家的首选。与此同时，随着数字化技术的不断推动，美国图书出版市场越来越多地采用自助出版模式，自助出版已经成为无法阻挡的潮流。据鲍克公司发布的《2008~2013年美国自助出版报告》（Self-Publishing in the United States, 2008－2013）中的数据显示，2013年通过自助出版这一渠道出版的图书共计458564种，较2012年增长17%，与2008年相比更是增长437%。自助出版者更热衷于将自己的作品通过独立书店以纸质版图书的方式出版，从而吸引更多的读者。与此同时，自助出版平台或企业也越发成熟，经过多年营销以及运营经验的积累，自助出版界的"巨头"也应运而生。据《2008~2013年美国自助出版报告》指出，美国75%有ISBN书号的自助出版图书由斯马史沃兹公司、创意空间和自助出版平台鲁鲁三家推广、营销。除自助出版"巨头"之外，美国实体书店或出版机构纷纷开始涉足自助出版业务。如今，亚马逊、苹果、索尼这些硬件设备提供商，也已挺进自助出版领域并从中分得一杯羹。与此同时，自助出版在欧洲等国也开始渐渐繁荣。

八、阅读方式正在改变

（一）纸质阅读总体呈下降趋势

2013年，德国、韩国、俄罗斯等国家对于国民的纸书阅读情况作了不同侧重的统计调查，发现国民阅读纸本阅读兴趣索然，阅读率与阅读量总体呈下降趋势。德国四家出版集团阿克塞尔·施普林格、鲍尔媒体集团、古纳亚尔、博达媒体集团共同开展了一项消费者分析，并给出了德国14岁以上人群2013年最喜欢的休闲活动的排名。在该排名中，"读书"排名第十四位，相较于2012年的第十一位又下降了三位。作为一个素有出版传统和理性阅读传统的国家，近年来德国也正体味到国民阅读兴致索然、阅读能力低落的趋势。据韩国文化观光部调查数据，2013年韩国国民读书率虽整体有所增加，但在纸质书阅读量方面，国民平均阅读量为成人9.2本，与上次调查相比，阅读量减少0.7本。根据TNS俄罗斯调研公司的统计数据，2013年俄罗斯16岁及以上居民的媒体使用时间约为8.5小时/天，其中读书占1.9%，读报占1.5%，读刊占1.2%。相比2008年的调查数据，5年间俄罗斯居民的书报刊阅读在媒体使用总时间中所占比重下降了7.4个百分点。2013年日本国民的阅读率和阅读量仍保持着一个较高的水平。阅读率方面，图书（不含杂志）阅读率为54%，杂志阅读率为51%，综合阅读率（阅读图书或杂志）达到71%。此外，2013年日本阅读图书的国民比2012年也有所增加。在阅读量方面，在阅读图书的国民中，每月的阅读量为3.8册。日本读者平均阅读图书的时间为57分钟，杂志33分钟，一天平均综合阅读时间为67分钟。

（二）电子阅读覆盖面渐宽

技术上的突破和进步不断对人类的阅读行为和习惯带来革新。随着电子书内容的充实和电子阅读终端设备的日臻完善，人们的阅读方式正在逐渐发生改变，越来越多的读者开始转向电子书这种阅读方式。相关数据显示，日本有17%的国民阅读过电子书，并且年龄越小，电子书的阅读率越高，足见电子书的发展前景乐观。法国出版商协会联合市场调查机构对法国15岁及以上读者电子书阅读情况进行调查，发现15%的读者曾经读过至少1本电子书。"俄罗斯数字化教育"对1477名7～15岁的俄罗斯中小学生进行调查，数据显示有48%的学生阅读电子书。

电子书这种阅读方式不仅越来越为更多的人所接受，并且正在以惊人的速度向前发展。德国捷孚凯市场调查集团的消费者调查显示，2013年有4.1%的14岁以上的受访者下载过电子书，而2012年仅有2.3%；2013年平均每人每年购买6.4本电子书，而2012年为5.5本。正如德国交易协会开展的2013年电子书研究中给出的总结：电子书在德国的图书市场上将持续发展，并且这种发展将越来越明显，它将覆盖更多更广的消费群体。

九、大型出版企业谋求发展

在全球数字化背景下，出版产业不可避免地面临着全球化、数字化、商业化三大机遇和挑战。面对新的外部竞争的出现和内部运营环境的改变，大型国际出版传媒集团都做出了重大的变革和调整。放眼全球，大型出版企业们正通过转型升级来拓展发展空间、探索新的发展模式。

（一）并购持续升温

为了应对全球市场的竞争，出版集团们纷纷将目光放在全球市场。由于出版业对规模效应的依赖，造就了业内不断发生并购行为，集团化趋势越来越明显。2013年国际出版界最令人瞩目的新闻事件就是兰登书屋与企鹅出版社的合并。7月1日，德国贝塔斯曼集团正式宣布已与英国培生集团签署最终协议，双方将合并各自旗下的兰登书屋与企鹅出版社，以组建世界上最大的图书出版公司——企鹅兰登书屋。由于这两家出版社的主要市场都集中在专业出版和教育学术出版领域，使得合并后的企鹅兰登书屋的市场份额更加集中，收入不断增长。

差不多在企鹅兰登书屋成立的同时，法国出版业巨头阿歇特集团的美国子公司阿歇特图书集团宣布，同意收购迪士尼旗下的亥伯龙出版公司。此外，英国培生集团则在2013年收购了巴西最大的英语培训学校Group Multi，进一步深入巴西出版教育市场。

此外，抛售自身并不擅长或盈利不佳的业务，也是出版集团调整运营结构的重要方式。2013年3月，美国麦格希集团以24亿美元的现金价格将旗下的麦格希教育公司出售给阿波罗全球管理公司麾下投资基金。通过调整，麦格希集团将计划重新启动股票回购计划，同时进行有选择的并购交易。在8月，德国学术出版巨头施普林格以33亿欧元（约合44亿美元）的价格接受了私募股权公司BC Partner的收购。

（二）数字化进程如火如荼

在刚刚过去的2013年，许多国际大型出版集团陆续通过与数字企业、技术商或电信运营商等合作，积极利用数字技术、开拓数字市场。今年，培生集团在数字领域突破的表现可圈可点。上半年，培生宣布了与英语语言学习平台 Voxy 战略合作伙伴关系。此次合作意味着培生将成为 Voxy 的少数的关键股东之一，并将有力促进培生进军数字教育的目标。而在年末，其旗下的企鹅公司则与位于柏林的电子书应用程序开发商 Readmill 联手，合作开发应用程序以推动电子书的销售。Readmill 公司开发的这款应用程序，专为苹果的 iPhone 手机、iPad 平板电脑和安卓手机设计，供免费下载使用，用户可以分享阅读中的精彩亮点，通过链接到社交媒体来支持读者之间就一本书开展对话，更新自己的脸书和推特页面，来分享和推荐书中的一个段落。哈珀·柯林斯也在当年 7 月份发起一项名为 Book Smash 的数字阅读产品创新大赛，这项大赛得到了大型软件竞争平台 Challenge Post 的大力支持。哈珀·柯林斯携手软件开发商致力于打造数字阅读的新产品，颠覆传统阅读模式的行为在数字出版领域的突破上又添上浓墨重彩的一笔。

除了对数字企业进行并购和开展合作之外，一些出版公司还积极谋求自身的结构性调整，通过搭建数字平台、开发数字产品、整合扩充数据库资源来赢得市场和读者，并最终实现数字化转型。今年培生集团成为新闻关注的焦点，不仅因为其旗下的企鹅出版社与兰登书屋合并，还因为该集团在年中率先推出了云服务，尝试用云技术调整公司运行和管理活动。与兰登书屋合并之后，在 2013 年 9 月，企鹅兰登书屋又重新推出了他的书国社区（Book Country），面向不同创作类型的作者开放，并针对自助出版作者开设了电子书店。同年 11 月，哈珀·柯林斯出版公司通过两个新建的作家专有品牌网站，开始向消费者直销电子书，并发行了一个免费的应用程序"哈珀·柯林斯阅读程序"（Harper Collins Reader），允许读者在哈珀·柯林斯的可供电子图书馆中搜索和下载图书。德国的施普林格集团也积极谋求向数字服务领域转型，并提出"数字优先"战略。从 2013 年 3 月份开始，公司旗下《图片报》《世界报》正努力扩大其数字业务，践行出版创新。

（三）积极开拓海外市场

部分大型出版集团致力于开发新兴市场，走向国际化市场，通过投资、合作等方式达到与本土出版企业互利共赢的目的。经过研究发现，世界出版巨头近年来特别重视发展中国家的市场，尤其是在中国的发展。

欧洲最大的财税和法律出版商——荷兰威科集团计划在 2013 年出售不盈利的部门，同时扩大中国业务以应对欧洲增长放缓带来的冲击。相比于威科在欧洲市场的不景气状况，该公司在中国的业务在 2012 年增长 17%，预计 2013 年其中国业务还将大幅增长。此外，英国培生一直以来都致力于为中国教育服务，在国内拥有广泛的合作伙伴，在积极寻求本土化合作方面具有非同寻常的深度和广度。另外，在本年初，培生顾问团前往中国内地寻找潜在买家，欲出售旗下的主打出版物《金融时报》。

除了中国市场外，巴西和印度等发展中国家也是国际大型出版企业扩展海外业务的首选地。2013 年，英国培生集团在印度举行了首届"Edupreneurs"项目，并对通过选拔的两家教育初创公司进行了投资。同时在南美洲，培生集团收购了巴西最大的英语培训学校 Group Multi，这一举措对其在巴西的教育出版市场占得一席之地具有重要意义。

第二篇　研究成果

美国出版业发展报告

张 晴

一、出版业发展背景

（一）经济环境

2013年，世界经济渐渐复苏，美国经济也随之逐步向好。2013年美国国内生产总值（GDP）总量为16.91万亿美元，增长率为4.1%。个人消费支出（PCE）总量为11.52万亿美元，增长率为2%。私人投资增长明显，物价、消费、收入增长保持稳定。[①]

在进出口方面，美国对外贸易逆差下降。货物贸易及服务贸易稳步增长。2013年1~10月，美国进出口总额（基于国际收支，下同）4.17万亿美元，同比增长1.1%。出口1.88万亿美元，同比增长2.57%；进口2.29万亿美元，同比下降1%。贸易逆差4021亿美元，同比下降11.4%。

2013年，美国出版业薪酬水平略有增长。2014年10月份美国《出版商周刊》发布了2014年度美国出版业薪酬调查报告（其数据为2013年数据），该报告通过对800份出版公司员工的调查问卷进行分析发现，大部分从业者对出版业的未来变得越发乐观，似乎已经克服了该行业要面临崩溃的恐惧，有54%的受访者称他们对行业的未来极有信心。即便如此，出版业薪酬增长幅度依然不高。2013年美国出版业薪酬平均增长2.8%，与2012年持平，显著低于经济危机前出版业员工年均4%~5%的收入增长幅度。

（二）政策法律环境

1. 涉及版权纠纷的诉讼案件情况

经过几十年探索，美国版权立法及司法已经有了较大发展并越发完善。2013年所涉及版权纠纷的五件大案，只有两件，即涉及首次销售原则（first sale doctrine）的威利（Wiley）公司起诉克特萨恩（Kirtsaeng）低价销售泰国

---

① 数据来源：中华人民共和国驻美国大使馆经济商务参赞处网站。

17

版教科书一案和信息媒体设备协会（AIME）与加利福尼亚大学洛杉矶分校（UCLA）之间的音像制品版权纠纷案进入终审阶段。其他三起案件均在地方法院就得以解决。

2. 对版权法修订的呼吁

在今天互联网技术迅猛发展的形势下，美国各界对《版权法》改革的呼声越来越高。2013年4月，国会司法委员会宣布重新审视1976年《版权法》及相关规定。同年，该委员会还就版权与美国创新贡献、版权与新兴商业模式等方面问题举行了高级别听证会。

2013年7月美国商务部主管网络政策的部门发布了《数字经济时代中版权政策、发明和改革》绿皮书。该绿皮书不断强调在数字化大潮中网络给出版业带来了无限机遇；同时，也指出在数字化时代中的版权保护模式亟须完善。

（三）国民阅读状况

1. 娱乐活动的支出情况

根据美国劳动部劳动统计局（Bureau of Labour Statistic, BIS）《2013年消费支出报告》（Consumer Expenditures in 2013），2013年全美每户平均消费为51100美元，较去年出现小幅波动。2013年消费者平均消费支出较去年同期下跌0.7%，而消费者价格指数（CPI）则较去年同期上升1.5%。2013年平均每户税前收入则较去年有所下降。在各项支出中，只有医疗、住房、交通的支出实现了增长，增幅分别为2.1%、1.5%和0.1%。饮食开支未出现波动。其余支出均出现不同程度的下降（见表1）。

表1　2011~2013年美国国民消费情况表

项目	2011年	2012年	2013年	2012年较2011年变化（%）	2013年较2012年变化（%）
消费者（万户）	12219	12441	12567	—	—
税前收入（美元）	63685	65596	63784	3.0	-2.8
平均支出（美元）	49705	51442	51100	3.5	-0.7
饮食（美元）	6458	6599	6602	2.2	0.0
住房（美元）	16803	16887	17148	0.5	1.5
服饰（美元）	1740	1736	1604	-0.2	-7.6
交通（美元）	8293	8998	9004	8.5	0.1
医疗（美元）	3313	3556	3631	7.3	2.1

续表

项目	2011年	2012年	2013年	2012年较2011年变化（%）	2013年较2012年变化（%）
娱乐（美元）	2572	2605	2482	1.3	-4.7
个人保障（美元）	5424	5591	5528	3.1	-1.1
其他（美元）	3371	3557	3267	5.2	-8.2

资料来源：美国劳动部劳动统计局

2. 阅读时间的调查

2014年，美国劳动部劳动统计局发布了2013年度《美国国民时间使用调查》（American Time Use Survey，ATUS）。调查结果显示，平均每天95%的美国人都有休闲活动。其中，看电视在所有休闲活动中花费的时间最多，社交其次，阅读最少。不同的年龄层在阅读这项活动上所花费的时间也大为不同，随着年龄层的递减，美国人平均每天阅读时间大致呈递减之势。75岁及以上人群阅读时间最长，15～19岁年龄段的人群阅读时间最短。平均每天阅读时间受教育程度的影响也较为明显，随着教育程度的提高其相应的阅读时间也随之升高。本科及以上学历的人群阅读时间最长，高中以下学历的人群阅读时间最短（见表2）。

表2　2013年美国国民每日主要休闲体育活动时间分配情况[①]

单位：小时

类别	体育、娱乐 工作日	体育、娱乐 周末/假期	社交 工作日	社交 周末/假期	看电视 工作日	看电视 周末/假期	阅读 工作日	阅读 周末/假期	玩游戏、使用电脑 工作日	玩游戏、使用电脑 周末/假期
性别										
男	0.35	0.51	0.50	1.02	2.69	3.67	0.25	0.27	0.51	0.62
女	0.20	0.22	0.59	1.22	2.45	2.84	0.37	0.40	0.32	0.36
年龄										
15～19	0.65	0.76	0.69	1.19	1.92	2.76	0.15	0.07	0.88	0.87
20～24	0.47	0.38	0.74	1.26	2.05	2.49	—	0.17	0.62	0.93
25～34	0.24	0.34	0.57	1.21	1.89	2.72	0.10	0.13	0.38	0.48

① 本表根据《美国国民时间使用调查》报告表格整理。除表中所列活动外，原表还包括全部休闲娱乐活动时间、放松或思考时间和包括旅游在内的其他休闲体育活动时间统计。此外，原表还按种族类别、就业情况、工资水平、子女年龄、婚姻状态几类进行了统计。本表将以上数据予以略去，除特殊说明外，本表数据均指15岁及以上人群。

续表

类别	体育、娱乐 工作日	体育、娱乐 周末/假期	社交 工作日	社交 周末/假期	看电视 工作日	看电视 周末/假期	阅读 工作日	阅读 周末/假期	玩游戏、使用电脑 工作日	玩游戏、使用电脑 周末/假期
年龄										
35~44	0.17	0.38	0.50	1.04	1.93	2.95	0.14	0.19	0.25	0.35
45~54	0.19	0.28	0.44	1.13	2.46	3.14	0.20	0.25	0.26	0.31
55~64	0.22	0.37	0.47	1.12	3.10	3.57	0.41	0.44	0.32	0.39
65~74	0.25	0.27	0.55	1.03	3.92	4.51	0.74	0.73	0.52	0.55
≥75	0.21	0.16	0.55	0.99	4.15	4.19	0.93	1.03	0.42	0.34
教育程度										
高中以下	0.16	0.30	0.64	1.04	3.77	4.10	0.20	0.18	0.21	0.22
高中	0.14	0.27	0.50	1.07	3.31	3.91	0.30	0.27	0.36	0.37
大专	0.20	0.25	0.51	1.09	2.56	3.40	0.30	0.37	0.42	0.44
本科及以上	0.30	0.41	0.47	1.16	1.86	2.64	0.44	0.54	0.31	0.45

资料来源：《美国国民时间使用调查》2013

3. 电子书阅读率

随着电子技术的逐步成熟，以及电子终端设备的不断普及，美国电子书的阅读率正在逐渐增加。即便如此，皮尤研究中心（Pew Research Center）2014年1月所公布的一项调查结果显示，极少有受访者认为纸质书能被电子书完全取代。受访者还表示电子阅读到来的同时也带来了出版商与图书馆之间无休止的法律争执。

调查结果还显示，2013年约有69%的美国人会阅读纸质书籍，28%的人阅读电子书，14%的人听有声读物。通过对调查结果的分析，皮尤研究中心表示纸质书阅读依然是美国民众主要的阅读习惯。大多数人既读纸质书又读电子书，仅有4%的受访者声称自己只读电子书。

（四）图书馆采购情况

1. 图书馆数量

根据《美国图书馆指南2013~2014》（America Library Directory2013~2014，ALD）的最新统计结果显示，2013年美国本土除中小学图书馆外，共有28182家图书馆，其中包括16835家公共图书馆、3703家学术图书馆、265家军队图书馆、1006家政府图书馆以及6373家专业图书馆。在美国的图书馆分类中，学术图书馆包括大学、学院、专科等学校图书馆；专业图书馆主要包括法律、医学、宗教三大类。

2011~2013年美国本土图书馆数量呈下降趋势，由2011年的29068家持续下降到2012年的28733家，以及2013年的28182家。与此同时，公共图书馆、学术图书馆、军队图书馆、政府图书馆以及专业图书馆等都相应地逐年减少（见表3）。

表3 2011~2013年美国本土图书馆数量统计

单位：家

图书馆类别	2011	2012	2013
公共图书馆	16922	16912	16835
学术图书馆	3735	3730	3703
社区大学图书馆	1156	1151	1139
大学图书馆	2579	2579	2564
军队图书馆	280	275	265
政府图书馆	1098	1060	1006
法律图书馆	400	389	384
医学图书馆	149	145	140
专业图书馆	7033	6756	6373
法律图书馆	840	818	793
医学图书馆	1394	1346	1285
宗教图书馆	511	498	484
总计	29068	28733	28182

资料来源：《鲍克图书馆与图书业年鉴》2012版，2013版，2014版。

2. 图书馆采购情况

《鲍克图书馆与图书业年鉴》中收集了大量的美国图书馆出版物采购支出数据。2013年共收集到公共图书馆1892家，学术图书馆785家，专业图书馆128家和43家政府图书馆的相关采购支出数据。《鲍克图书馆与图书业年鉴》对2013年收集到的图书馆的图书、印刷材料、期刊、手稿和档案、试听设备、试听材料、微缩资料、电子参考资料和珍藏品9大类的采购支出进行了详尽的统计。本报告着重选取图书、期刊、视听材料、电子参考资料4类的采购支出予以列举（见表4）。就公共图书馆、学术图书馆、专业图书馆和政府图书馆的采购总支出而言，2013年较2012年有一定程度的增加，但增幅不大。

表4 美国部分图书馆2013年出版物采购支出统计

图书馆类别	数据类别	采购总支出	图书支出	期刊支出	视听材料支出	电子参考资料支出
公共图书馆	金额（美元）	796571282	244284706	23875587	76587515	59000780
	比例（%）	100	30.67	3	9.61	7.41
学术图书馆	金额（美元）	1159993119	115938131	299509276	6892372	146187143
	比例（%）	100	9.99	25.82	0.59	12.60
专业图书馆	金额（美元）	9539006	1158677	1040590	59240	1565382
	比例（%）	100	9.99	25.82	0.59	12.60
政府图书馆	金额（美元）	10157616	2799838	1847177	23617	1469853
	比例（%）	100	27.56	18.19	0.23	14.47

资料来源：《鲍克图书馆与图书业年鉴》2014版

3. 图书馆使用情况

近年来，图书馆一直在不断地进行调整以迎合数字化时代读者们日趋多元化的口味。美国图书馆协会（American Library Association）2014版《美国图书馆状况报告》（Report on the State of America's Libraries）中的一项调查显示，90%的受访者表示图书馆对社区非常重要，76%的受访者表示图书馆对其家庭及自身十分重要。对于公共图书馆来说，皮尤研究中心所做的一项"互联网与美国人生活项目"（Internet& American Life Project）调查结果显示，尽管在数字时代面临各种挑战，公共图书馆在美国仍广受欢迎。有96%的受访者由于图书馆在促进识字率和培养阅读兴趣等方面所作的突出贡献，而认为公共图书馆十分重要。同样比例的受访者由于图书馆能够帮助其接触科技知识、走近科学而将图书馆置于一个十分重要的角色。75%的受访者希望图书馆能在公共生活中起到积极的作用，76%的受访者希望图书馆今后能够为儿童提供更多的设施与资源。其实，在注重儿童教育方面美国图书馆一直先人一步，在美国图书馆界，每一个公共图书馆几乎都设有儿童阅览室，为其展开专门的少儿服务工作。他们把儿童服务当作成人服务一样重视，同时，家长也已经把图书馆与托儿所等机构看成是儿童早期教育一部分。

虽然近两年出入实体图书馆和流动图书馆的人数有所减少，由 2012 年的 53% 减至 2013 年的 48%，但另一方面访问图书馆网站的民众却增长了 5%。这在一定程度上表现了使用图书馆这一公共资源的民众并未减少，只是大家接触图书馆的方式有所变化。

二、图书业发展状况

（一）概　况

1. 出版情况

根据《鲍克图书馆与图书业年鉴》的统计结果，2013 年美国的新书出版种数为 192633 种。与 2010 年、2011 年、2012 年的新书出版种数 186344、190533、185933 种相比均有所增长（见表 5）。这也被视为 2008 年全球金融危机后美国出版业的逐步回温之势。

相比 2012 年，各图书分类的新书出版种数上下浮动幅度不一。其中，增幅最大的当属小说类，由 2012 年的 18129 种增长到 2013 年的 21681 种，增幅高达 19.6%。降幅最大的为青少年类，由 2012 年的 5435 种减少到 2013 年的 4029 种，降幅达 25.9%。

表 5　2010~2013 年美国图书出版种数统计

单位：种

分类	2010	2011	2012	2013
古旧书	366	294	280	270
建筑	1495	1468	1368	1606
艺术	3213	3325	3379	3652
圣经	614	976	831	1005
传记	4105	4496	4069	4940
身体、思想、心灵	1189	1324	1123	1269
商业、经济	9593	10006	12066	9813
儿童	20562	21300	21103	21773
漫画、绘本小说	2542	4212	2915	2466
计算机	4312	4391	4667	4533
烹饪	2131	2142	2307	2360
工艺	1271	1301	1260	1360

续表

分类	2010	2011	2012	2013
设计	878	856	903	730
戏剧	875	606	540	693
教育	4955	4923	4908	5471
家庭	1064	981	954	1031
小说	17971	21211	18129	21681
外语	1464	1463	1258	1312
游戏	955	792	737	706
园艺	359	368	362	298
健康	1601	1654	1439	1429
历史	11975	11634	11625	11479
家政	290	230	233	249
幽默	651	626	609	571
语言	3985	3530	3327	3247
法律	4925	4979	4795	5136
文学选集	998	870	706	741
文学批评	3580	3673	3426	3600
数学	2549	2781	2828	2425
医学	8574	9021	9047	8588
音乐	3541	3313	3064	3093
自然	944	948	948	1022
表演	1569	1449	1497	1481
宠物	388	330	277	247
哲学	2447	2465	2536	2792
摄影	1345	1359	1360	1245
诗歌	2015	2321	1928	2761
政治	6703	5925	6065	6258
心理	2882	2817	3006	3238
参考书	1601	1687	1592	1262
宗教	9550	9117	9032	10162
科学	7782	8266	7532	8164
自学	1379	1336	1440	1593
社会	7353	7056	7628	7932
运动、娱乐	1968	1836	1737	1754

续表

分类	2010	2011	2012	2013
学习辅助	1519	999	619	541
科技、工程	4907	5060	5834	5633
交通	742	706	617	769
旅游	2953	2778	2315	1922
犯罪	316	299	277	276
青少年	4909	5163	5435	4029
总计	186344	190533	185933	192633

资料来源：《鲍克图书馆与图书业年鉴》2014 版

相比前几年数字出版如火如荼之景，2013 年数字出版有明显的放缓之势。2013 年美国电子书出版种数为 232401 种，较 2012 年的 215113 仅增加了 8.03%（见表6）。而 2012 年数字出版种数较 2011 年增幅却高达 37.9%。

表6　2010～2013 年美国电子书出版种数统计

单位：种

分类	2010	2011	2012	2013
古旧书	62	229	166	158
建筑	268	312	865	793
艺术	199	729	1231	1041
圣经	119	113	154	472
传记	1828	3824	6309	6173
身体、思想、心灵	628	1378	2200	1823
商业、经济	5603	7198	11296	10566
儿童	4239	14867	18197	17683
漫画、绘本小说	26	269	504	453
计算机	3057	4383	3941	3206
烹饪	715	1561	1892	2694
工艺	340	785	804	1098
设计	125	104	275	177
戏剧	443	2758	1472	1711
教育	1537	1787	3368	4481
家庭	717	1210	1714	1823
小说	18043	56776	73848	85402
外语	97	304	710	1574

续表

分类	2010	2011	2012	2013
游戏	120	324	377	414
园艺	68	169	249	295
健康	920	1988	2286	3070
历史	2641	4163	8467	8602
家政	121	187	209	243
幽默	322	619	1052	935
语言	582	1075	1747	2305
法律	609	872	1781	1653
文学选集	226	1757	1397	1371
文学批评	608	936	2214	2009
数学	801	1332	1623	1639
医学	1575	4299	4815	5033
音乐	331	4390	9723	1801
自然	370	527	757	897
表演	474	863	1134	1341
宠物	176	581	624	438
哲学	598	948	2016	2442
摄影	202	387	463	469
诗歌	332	1807	1548	2380
政治	1427	2208	4483	4673
心理	914	2139	2578	3852
参考书	649	788	811	1208
宗教	2874	5669	8004	8335
科学	2915	3634	5357	4792
自学	746	2497	3943	3484
社会	1513	2240	4029	6181
运动、娱乐	643	1223	1858	2324
学习辅助	305	859	397	6001
科技、工程	2618	2831	3829	3976
交通	97	193	286	288
旅游	1223	2745	3148	2079
犯罪	210	321	496	593
青少年	1892	2821	4465	5950
总计	67145	155979	215113	232401

资料来源：《鲍克图书馆与图书业年鉴》2014版

2. 销售情况

自2010年以来，美国图书业销售情况一直呈持续下滑状态，2013年并未能扭转这一颓势。美国出版商协会（The Association of American Publishers，AAP）与美国书业研究集团（Book Industry Study Group，BISG）对美国1616家大、中、小型出版公司的销售数据和渠道等情况进行调查统计。所得数据显示，2013年图书业销售总额从2012年的271亿美元下降为270亿美元，同比下降0.37%。但从数量上看，2013年图书销售量为26亿册，与2012年相比增长了1亿册（见表7）。

表7 2009~2013年美国出版业图书销售情况

单位：亿美元、亿册

项目	2009年	2010年	2011年	2012年	2013年
净销售量	271	279	274	271	270
销售量	25	27	24	25	26

资料来源：BookStats 2014

美国图书出版市场主要分为四个大的类别：大众图书、基础教育类图书、高等教育图书以及专业类图书。在2013年，仅基础教育类图书销售额实现了增长，高等教育图书和专业类图书的销售额与2012年持平，但大众图书销售额下降明显。

一直以来，大众图书在美国图书市场中占有较大的份额，该类图书的年销售情况对于整个图书市场有着举足轻重的作用。数据显示（见表8），2012年大众图书销售额取得了150亿美元的好成绩，同比增长6个百分点。但是好景不长，2013市场销售额大幅回落，降到146亿美元，同比下降2.7%。一如往常，每年的热销书几乎可以主宰当年图书市场的总体趋势。2012年，在热销书《五十度灰》的助力下，大众图书的市场份额一度占整个图书市场的55.1%，到2013年该份额稍微有所下降，为54.3%。虽然不及2012年的盛况，但相比2011年51.5%的份额，情况还是十分可喜的。

在过去几年，基础教育类（K-12）图书和高等教育类图书市场份额连续下跌，在2012年尤为艰难。但在2013年，两种图书的市场份额都有一定程度的提升。2013年，基础教育类（K-12）图书与高等教育类图书销售总额为87亿美元，占全美图书出版业净销售额的32.3%，虽然还未恢复到2011年高达35%的份额，但相比于2012年的31.6%，已经提高了0.9个百分点，在整个图书市场中的地位有所提升。

在美国图书业出版市场中所占份额最小的就是专业类图书。2011年至2013年间，专业类图书所占全美图书市场份额分别为：13.5%、13.2%和13.4%。可见该类图书市场所占份额总体上已趋于稳定，并无大起大落之势。

表8　2011~2013年美国图书业各大类图书销售情况

单位：亿美元

项目	2011年	2012年	2013年
大众图书	141	150	146
基础教育用书	51	43	44
高等教育用书	45	43	43
专业类图书	37	36	36

资料来源：BookStats 2014

为更清晰、直观地呈现美国图书市场的销售情况，BookStats又将图书市场进一步细化成如下9个类别：成人小说、成人非小说、青少年小说、青少年非小说、宗教类图书、基础教育图书、高等教育图书、专业图书和学术图书。2013年，除了基础教育类图书销售额实现了增长，高等教育图书、专业类图书、宗教类图书、学术类图书销售额与上年基本持平外，其他类别的图书销售总额都发生了不同程度的下降（见表9）。其中，青少年小说类图书降幅明显，2012年到2013年间，其销售额下降约2亿美元。

表9　2011~2013年美国图书业细分图书销售情况

单位：亿美元

项目	2011年	2012年	2013年
成人小说类	44	51	50
成人非小说类	49	48	47
高等教育图书	45	43	43
基础教育图书	52	43	44
专业类图书	36	34	34
青少年小说类	27	31	29
宗教图书	15	14	14
青少年非小说类	6	7	6
学术类	2	2	2

资料来源：BookStats 2014

除了从图书内容上进行分类统计和分析，BookStats 还对各销售渠道的销售情况进行了详尽分析。

具体来看，2013 年各种类的纸质书销售额都有不同程度的下降（见表10）：课本从 2012 年的 46 亿美元降为 43 亿美元，一般平装书从 65 亿美元降为 63 亿美元，音像制品从 3 亿美元降为 2 亿美元，精装书和大众平装书的表现却出乎意料地坚挺。而相反，电子书却表现出良好态势，各种类均有不同程度的增长，这与日益成熟的数字化技术以及民众对电子书认知度的不断提高密不可分。在 2012 至 2013 年间，数字课程材料、网络产品与服务以及音像下载都实现了较为强劲的增长。其中，网络产品与服务最为明显，从 2012 年 10 亿美元增长为 12 亿美元，增长额达 2 亿美元。将纸质书与电子产品捆绑销售的图书在 2012 年取得了 24 亿美元的销售成绩，与 2011 年相比减少了 3 亿美元，但在 2013 年该类图书销售情况好转，销售额恢复到 26 亿美元。

表10　2011~2013 年美国图书业各销售渠道销售情况

单位：亿美元

项目	2011 年	2012 年	2013 年
纸质书（合计）	206	195	188
精装书	68	67	67
一般平装书	65	65	63
大众市场平装书	10	8	8
课本	54	46	43
音像制品	3	3	2
数字出版（合计）	41	52	55
电子书	24	34	34
网络产品与服务	10	10	12
数字课程材料	3	4	5
音像下载	2	2	3
捆绑产品	27	24	26

资料来源：BookStats 2014

3. 进出口贸易情况

（1）图书出口

2013 年美国图书出口情况相比前些年来说，总体呈下降趋势。根据《鲍克图书馆与图书业年鉴》收集的来源于美国商务部的 2011~2013 年前三个季度不完全数据（见表 11），2013 年前三季度相比于 2012 年同一时期，在图书出口量方面，除科技/专业类图书之外，其他各类图书都有不同程度的缩减；从出口额来看，除艺术类图书和教科书类出口额有小幅增加（分别为 17.7%和 7.0%）之外，其他类别图书出口总额都呈下滑趋势，部分类别图书出口额大幅下跌（字典/词典类同比下降 63.5 个百分点，百科全书类图书同比下降 28.6 个百分点）。商务部数据显示，2013 年各类图书出口对象国家和地区分布情况基本与前两年相近，并未发生大的变化：总体上看，各类图书出口最多的国家主要为加拿大、英国、日本、澳大利亚、墨西哥和日本等，具体情况因出口图书类别差异而有所不同。

表 11 2011~2013 年各类图书出口情况

单位：亿美元/万册/%

类别	2011 出口额	2011 出口量	2012 出口额	2012 出口量	2012 前三季度 出口额	2012 前三季度 出口量	2013 前三季度 出口额	2013 前三季度 出口量	2012—2013 前三季度同期百分比变化情况 出口额	2012—2013 前三季度同期百分比变化情况 出口量
字典/词典	0.0144	15.4	0.0057	未统计	0.004	未统计	0.0015	未统计	-63.5	未统计
百科全书	0.0187	20.5	0.0298	32.4	0.0242	27.4	0.0173	23.4	-28.6	-14.6
艺术	0.2563	4103.8	0.2538	3865.2	0.1975	2927.0	0.2325	2691.8	17.7	-8.0
教科书	4.6328	3157.6	4.5558	2802.1	3.3319	1995.8	3.5659	1871.9	7.0	-6.2
宗教	1.0364	2025.1	0.9687	2006.6	0.7207	1539.2	0.645	1343.4	-10.5	-12.7
科技/专业	3.88	394.2	3.106	317.8	2.3049	249.8	2.1032	278.1	-8.8	11.3
精装书	2.5033	2615.3	2.7732	3019.7	未统计	2205.1	未统计	2121.8	未统计	-3.8
大众平装书	3.8563	9652.7	4.6771	14218.1	3.514	10764.8	3.4637	9734.9	-1.5	-9.6

资料来源：《鲍克图书馆与图书业年鉴》2014 版

（2）图书进口

由《鲍克图书馆与图书业年鉴》所收集的美国商务部数据显示（见表12），教科书和宗教图书两大类传统图书进口量在 2013 年前三个季度都出现了大幅下降：教科书进口总量缩减 9.5%，与之相对应的进口总额下滑 14.3%；宗教图书进口量缩减 1.7 个百分点，对应进口总额减少了 8%。除以上两大类图书外，相比 2012 年前三季度，其他类图书进口额在 2013 年前三季度都有不同程度的下降：百科全书类下降43.7%，字典类下降10.9%，艺术类下降19.7%。根据商务部数据，在2013年，图书进口来源国家主要为中国、英国、意大利、加拿大等，与往年类似（具体情况因图书种类不同而有所差别）。

表12　2011~2013年各类图书进口情况

单位：亿美元/万册/%

类别	2011 进口额	2011 进口量	2012 进口额	2012 进口量	2012前三季度 进口额	2012前三季度 进口量	2013前三季度 进口额	2013前三季度 进口量	2012—2013前三季度同期百分比变化情况 进口额	2012—2013前三季度同期百分比变化情况 进口量
字典/词典	0.0534	130.1	0.0401	90.5	0.0335	66.2	0.0299	73.8	-10.9	11.6
百科全书	0.0224	85.3	0.0209	86.4	0.0183	82.1	0.0104	11.4	-43.7	-86.2
艺术	2.1956	3274.0	1.9869	3094.5	1.5003	2284.2	1.2865	2066.4	-14.3	-9.5
教科书	1.3562	7056.9	1.3822	6725.5	1.0647	5192.9	0.980	5102.7	-8	-1.7
宗教	1.8527	6141.2	1.7511	4078.4	未统计	6141.2	未统计	4078.4	未统计	-33.6
科技/专业	0.4354	229.4	0.4778	210.3	0.377	175.0	0.3027	163.1	-19.7	-6.8
精装书	4.6636	17375.6	4.7009	16362.9	未统计	12145.4	未统计	12098.2	未统计	-0.4
大众平装书	0.7157	3852.6	0.8999	5219.8	0.6462	3788.7	0.6417	3910.9	-0.7	3.2

资料来源：《鲍克图书馆与图书业年鉴》2014版

4．企业数量

（1）出版企业

在美国出版企业成立采取的是登记制，所以其图书出版企业的确切数量难以估算。根据Bookstats的数据，2013年纳入Bookstats统计体系的出版企业共计71759家。

（2）书　店

据今日信息公司出版的《美国书业名录》的最新数据显示，2013年美国各类书店共计14537家。该数字自2005年以来，连年下降且只跌不涨（见图1）。数字化趋势的影响以及数字化技术的不断进步或许是造成此般局面的主要原因。

在各类书店中，2013年除百货商店数量有所增加，计算机软件书店、书报摊、文具店数量持平外，其他所有类型书店的数量都或多或少地在减少。减幅最大的为"其他"类书店和"宗教"类书店（见表13）。

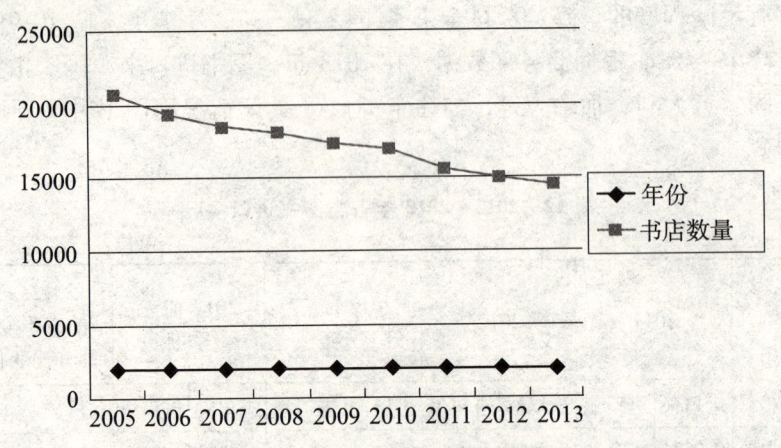

图1 2005～2013年书店数量

表13 2011～2013年各类书店数量

单位：家

类别	2011	2012	2013
普通古旧书店	681	632	615
古旧书邮书店	269	246	234
古旧书专营店	125	118	117
艺术品供应店	63	60	55
普通大学书店	3 041	2968	2909
大学专业书店	115	109	106
连环画书店	207	201	195
计算机软件书店	2	2	2
烹饪图书店	276	267	257
百货商店	1536	1520	1544
教育书店	173	176	169
旅游景点书店	229	231	226
外文书店	15	16	15
普通书店	2644	2601	2601
礼品店	127	121	112
青少年书店	96	82	77
普通邮购书店	81	68	61
邮购专营书店	322	298	283
玄学、新时代、神秘学书店	136	128	126
博物馆商店和艺术馆	481	472	463
自然和自然历史	38	37	36
书报摊	26	22	22

续表

类别	2011	2012	2013
办公用品	11	10	9
其他	2428	2375	2274
平装书	82	59	52
宗教	1733	1558	1477
个人发展书店	19	18	17
文具店	3	3	3
玩具店	36	40	38
二手书店	538	501	442
总量	15533	14939	14537

资料来源：《鲍克图书馆与图书业年鉴》2012 版、2013 版、2014 版

5. 畅销书

美国五大出版集团占据着成人畅销书榜的大部分席位，有 90% 的精装畅销书和 71% 的平装畅销书由西蒙＆舒斯特、哈珀·柯林斯、阿歇特和企鹅兰登书屋包揽。由于三大主要电子书经销商亚马逊、苹果和巴诺公司并未公布其销售情况，所以美国目前还没有电子书畅销榜。

兰登书屋毫无悬念地坐上了平装书和精装书销售的第一把交椅。虽然其 2012 年销售业绩有所下滑，但是 2013 年兰登书屋还是有 129 本精装书名列畅销榜单，占畅销榜的 24.8%。企鹅集团在销售方面取得了平装书上榜量第二位和精装书上榜量第三位的好成绩。该公司出版的 109 本平装书荣登畅销书榜，占 17.6%。两家加起来共有 238 本精装书登上畅销榜，占畅销榜的 42.4%。阿歇特上榜的畅销书比例从 2012 年的 13.9% 上升为 15.4%，共 66 本精装书上榜。西蒙＆舒斯特有 70 本书上榜，但在榜单上停留时间较短，因而比例仅为 13.1%。

兰登书屋的科幻小说和非科幻小说在畅销榜上停留的时间最长。丹·布朗的科幻小说《地狱》在榜单上停留了 33 周之久。雪莉·桑德伯格的非科幻小说《向前一步：女性、工作和领导意志》在榜单上停留长达 38 周之久。另外两本由西蒙＆舒斯特出版的小说也分别取得了 34 周和 36 周的好成绩。

在大众平装书市场，虽然由 2012 年的 35.1% 下降到了 2013 年的 19.3%，但兰登书屋仍占据了最大的市场份额。2012 年兰登书屋所出版的《五十度灰》三部曲系列大获成功，后来的平装书作品再没有超越其销售纪录。兰登书屋平装书的销量自此一路走跌。2013 年企鹅兰登书屋出版的平装书共有 158 本上榜，占畅销书榜的 33.5%。

西蒙&舒斯特的平装书在畅销书榜单上所占的份额从2012年的8.4%上升到了2013年的13%。该公司出版的《天堂之证》(*Proof of Heaven*)和《大洋之间的光》(*The Light Between Oceans*)分别在畅销书榜上停留了43周和38周。

(二) 细分出版市场情况

1. 大众图书

作为图书出版的最大细分市场，大众图书包罗万象的特性赋予其强大的实力，使其始终稳处图书业的中心环节。一直以来，该类图书的销售情况可谓当年市场情况的风向标，对整个图书市场的评估有着举足轻重的作用。据BookStats数据显示，在2011年，大众图书销售额为139.9亿美元，2012年该类图书取得了149.8亿美元的好成绩，同比增长7个百分点；但是好景不长，2013市场销售额大幅回落，降到146.3亿美元，同比下降2.3%。但是所幸，大众图书占整个图书市场的份额没有大的下滑，较为稳定地维持在54.2%。

如果说10年前，数字出版还并未引起大众图书出版商们足够的重视，那么近几年数字出版已经在大众图书市场中占有一席之地。2011年至2012年间，数字出版销售额猛增10亿美元，虽然这一势头到2013年已经放缓，但还是轻易地达到了33.3亿美元的销售额，使其在大众图书年收入中占有22.7%份额。2012年至2013年间，虽然数字出版销量增长至0.4亿，但由于其定价低，因而销量上可观的增长并未能带来销售额上的有效增长。在数字出版的各细分类中，音像下载的表现最为可圈可点。2012年至2013年，音像下载销售额从2.3亿美元增长到2.7亿美元，为数字出版的增长作出了主要贡献；而作为数字出版主要形式的电子书在2013年的表现却并不理想，该类销售额在2012年30.6亿美元的基础上下滑7个百分点，降至30.4亿美元，给数字出版领域带来不小打击。当然，数字方面销售额的增长还远不能够抵消纸质书市场销售的萎靡情况，但仍然充实了大众图书市场，并为之带来前所未有的活力与多样性（见图2）。

再观2013年大众图书细分市场的发展情况。正如之前所提到的，大众图书市场很大程度上受到当年的畅销书销售情况的影响。2013年的大众图书市场，成人小说和成人非小说一如既往地高居销售榜之首。除畅销书对大众出版市场的影响之外，还有一个现象值得一提——青少年图书业吸引了大量成年人的目光。这一现象在前几年尤为明显，当时《暮光之城》系列图书大热，吸引了大量20～30岁的女性阅读群体。这一现象也对青少年小说类图书的销售情况产生了重要的影响（见图3）。

单位：亿美元、亿册

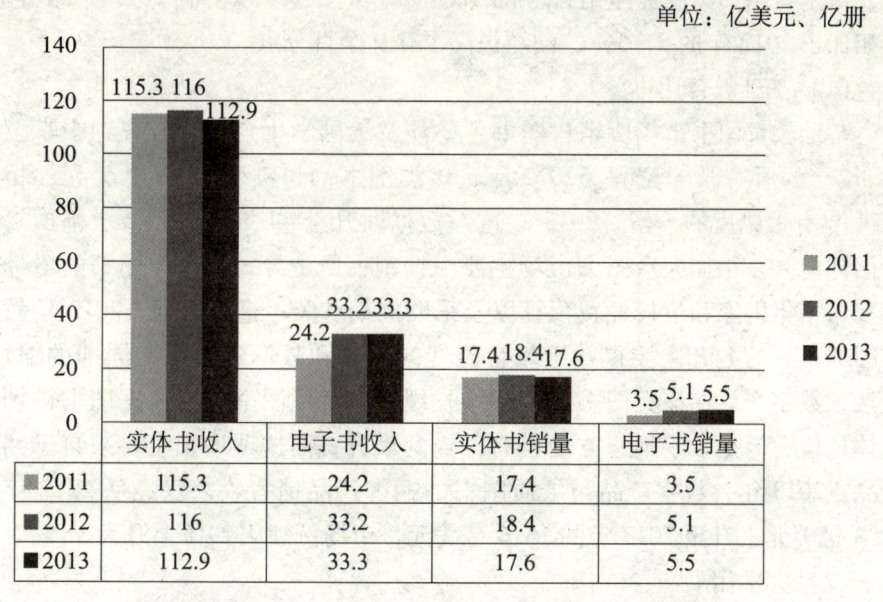

	实体书收入	电子书收入	实体书销量	电子书销量
2011	115.3	24.2	17.4	3.5
2012	116	33.2	18.4	5.1
2013	112.9	33.3	17.6	5.5

图2　2011～2013年大众图书纸质书与电子书销售情况

资料来源：BookStats 2014

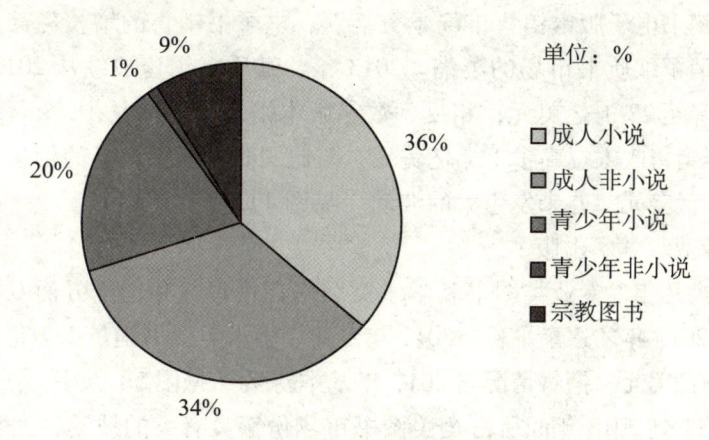

图3　2013年大众图书细分类图书销售市场占有份额情况

资料来源：BookStats 2014

2. 教育图书

基础教育类图书和高等教育类图书市场份额已连续几年呈下跌趋势，但让出版商倍感欣慰的是从2013年开始，两类图书的市场份额开始有了一定程度的回升。2013年，基础教育类图书与高等教育类图书销售总额为87.5亿美元,占全美图书出版业净销售额的32.4%,虽然还未恢复到2011年的盛况,但相比于2012年的31.5%,已经提高了0.9个百分点。

(1)基础教育用书

基础教育图书市场所销售图书主要涉及美国学生自幼儿教育到中学教育(K-12)的所有学习资料。2012年,该类图书销售额为42.6亿美元,相比2011年有大幅度的下滑。2013年这一数据回升至44.1亿美元,增幅虽然微弱但却喜人。正如大众图书市场主要由畅销书所主导,教育类图书的增降波动多与当年国家和学校经费预算以及采购周期有关。毫无疑问,2013年教育类图书市场的上升主要得益于教育经费的增长和教学资料采购周期的缩短。虽然,数字产品在该类图书市场中增长缓慢,纸质图书依然占据图书市场的主体地位,但是数字销售方面也有一定的攀升,而这项增长主要来自于捆绑产品。2013年,数字产品与纸质图书的捆绑产品销售收入已经从2012年的12.3亿美元上升至2013年的15.6亿美元,市场份额从29%上升为35%。

(2)大学用书

2013年,大学用书的收入在2012年42.9亿美元的基础上,上升1.1%,达到43.4亿美元,但还是不及2011年的销售情况。与基础教育图书不同的是,该类图书电子版本销售市场十分活跃,电子书销售的增长额甚至在一定程度上抵消了纸质书市场的萎缩。2013年,纸质书销售成绩从2012年23.2亿美元下降至22.1亿美元;相反,数字版本销售同比增长18个百分点,相比2012年销售收入提高了1.7亿美元;与此同时,捆绑产品的销售仍稳定地维持在10亿美元,并未发生大的波动(见图4)。

3. 专业、学术出版

在过去几年,专业类图书和学术类图书在销售额和销量方面双双持续走低,直到2013年才逐渐平稳。2013年专业、学术类图书销量1.1亿册,销售额为36.2亿美元,销售情况与2012年基本持平(见图5)。另一方面,两类图书在2011到2013年间所占全美图书市场份额没有大的波动,尤其是2012年以后表现比较平稳,分别为13.7%、13.1%和13.4%。

当将这两类图书作为一个整体来看时,其走势确实平稳,但如果分别去考察专业图书和学术图书各自的销售情况时,将会发现二者的表现不甚相同。在专业、学术类这一板块中(见图6、图7),专业类图书销售收入每年的贡献率都在90%以上。2013年,专业图书收入在这一部分占有95.1%比例,而学术类图书收入仅在其中占4.9%的比例,这一比例基本与2012年保持不变

单位：亿美元

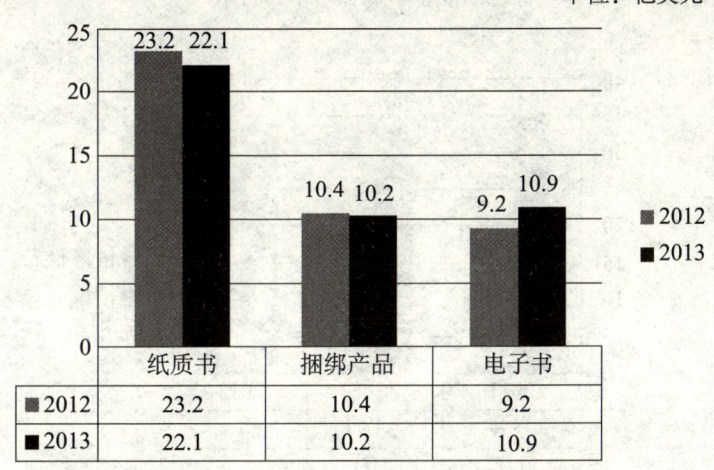

	纸质书	捆绑产品	电子书
2012	23.2	10.4	9.2
2013	22.1	10.2	10.9

图4 2012~2013年大学用书各版本销售情况

资料来源：BookStats 2014

单位：亿美元、亿册

	2011	2012	2013
销售收入	37.4	35.7	36.2
销量	1.3	1.1	1.2

图5 2011~2013年专业/学术图书销售情况

资料来源：BookStats 2014

（专业图书占94.4%，学术图书占5.6%）。在2011年至2013年间，专业类图书的销量持续下滑，从2011年的1.2亿册销量一路降至2013年的1亿册，同类图书销售收入在2012年之后基本保持着一个平稳的态势，维持在34亿美元左右；学术类图书由于其本身总体份额较小，因此上下浮动也不太显著：2011年学术类图书销量为760万册，销售收入1.82亿美元，到2012年，销量虽有所削减，但销售额反而增长了2000万美元，今年该类图书销售额与销量发生了全面缩减，两项数据都基本回到了两年前的水平。

单位：亿美元、亿册

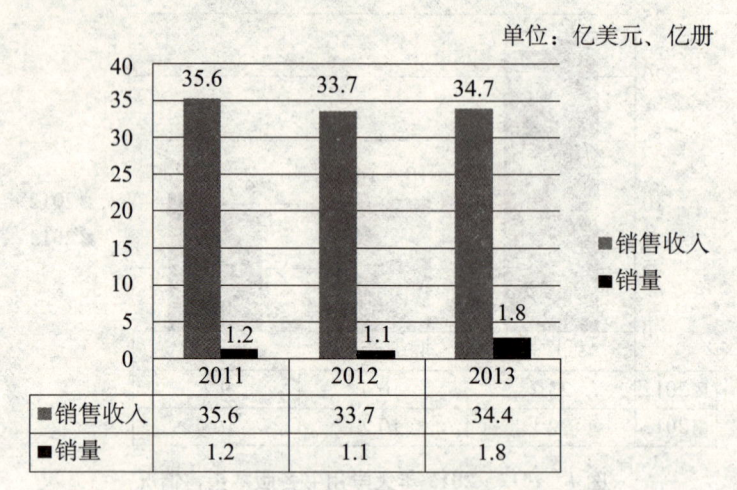

	2011	2012	2013
销售收入	35.6	33.7	34.4
销量	1.2	1.1	1.8

图6　2011～2013年专业图书销售情况

资料来源：BookStats 2014

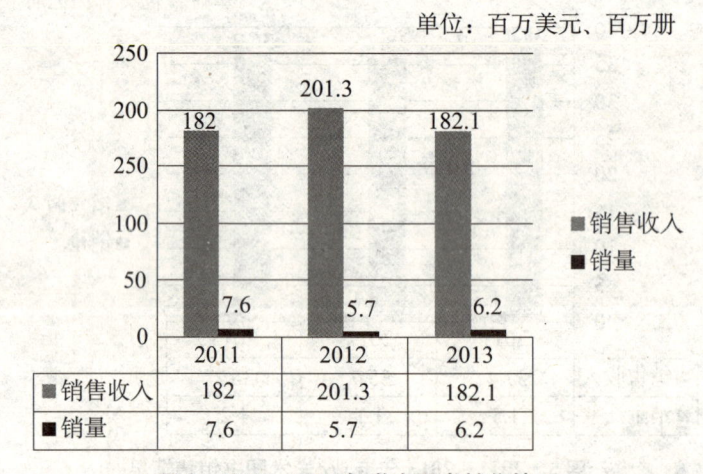

单位：百万美元、百万册

	2011	2012	2013
销售收入	182	201.3	182.1
销量	7.6	5.7	6.2

图7　2011～2013年学术图书销售情况

资料来源：BookStats 2014

三、期刊业发展状况

（一）出版发行情况

虽然就目前来说，数字阅读的潮流对传统期刊业造成了革命性的影响，但作为期刊出版的主要形式，纸质期刊在期刊业中仍旧占据着不可替代的位置，纸质期刊的发售直接反映着美国期刊业的发展状况。

随着数字阅读对传统印刷读物市场的冲击和人们阅读习惯的转变，期刊和其他类型的印刷刊物一样，新创期刊呈现逐年减少的趋势。根据《剑桥传播》（Oxbridge Communications）公布的数据（见图8），2009年以来，新推出的期刊明显呈现逐年减少的趋势：2009年新创刊期刊达275种，2011年新创刊期刊239种，到2012年为227种，而2013年全年只有185种期刊创刊。相应的，在新的期刊不断问世的同时，也有些期刊相继破产停刊。但让人稍感安慰的是，相比于前几年的"大起大落"，2013年新刊和停刊趋势均有所放缓。

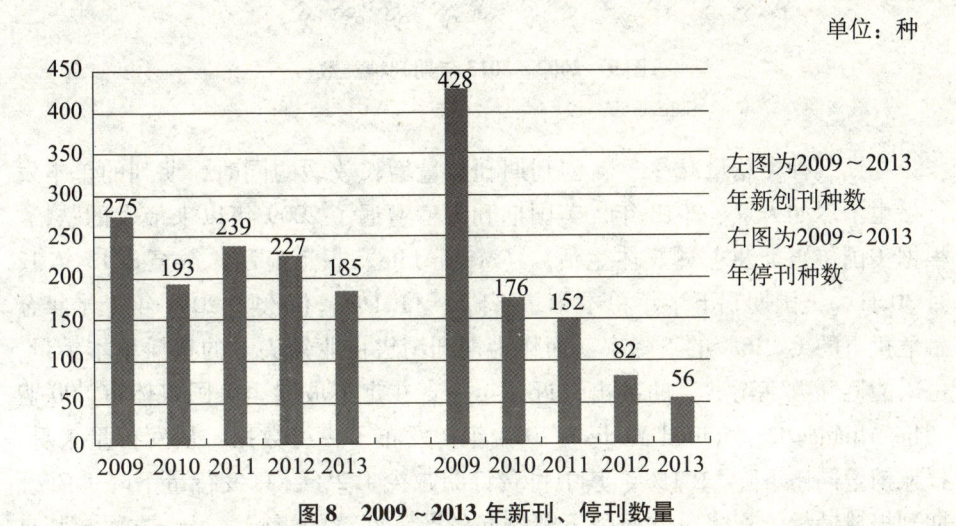

单位：种

左图为2009～2013年新创刊种数

右图为2009～2013年停刊种数

图8　2009～2013年新刊、停刊数量

资料来源：《剑桥传播》（Oxbridge Communications）

新创刊期刊数量的减少，直接导致另一项数据的下滑——全年期刊种类数的缩减。相关数据显示（见图9），2012年美国期刊种类数达到近几年来的最高水平，市场流通期刊种类达到7390种，到2013年，期刊种类数呈现缩减的趋势，只剩下7240种期刊。期刊种类数的缩减除受新创刊种类数量的影响，也与数字期刊的冲击有关。根据美国期刊业最近的一项民意调查，调查未来哪种期刊最有前途，约有32%受访读者选择了时尚期刊，15%的读者选择了旅游期刊，主要原因是其视觉特性为读者带来了良好的阅读感受。而至于数字时代最先放弃印刷版的期刊类型，大多数人（约70%）不看好新闻周刊类期刊。

39

2002~2013年美国杂志种类数　　　　单位：种

图9　2002~2013年期刊种类数

资料来源：www.statista.com

在期刊种类总量减少、新创刊期刊数量增长放缓的同时，期刊的单本发行量也不尽如人意。2013年，美国期刊零售遭遇了2009年以来最大的跌幅。根据美国传媒类杂志《媒体生活》（Media Life）报道显示，截至2013年12月30日，美国期刊下半年单本销量下降了11.1%，仅次于2009年上半年金融危机下的12.36%的下降率。而作为期刊销售行业领头羊的报摊单本销量，也未能避开数字化洪流的冲击，近几年一直在走下坡路。美国媒体审计联盟（The Alliance for Audited Media）2014年初发布了一组数据：从发行量来看，报摊销量同比下降11.1%，其中付费订阅减少1.2%，总发行量下降1.7%。期刊报摊销量的骤减一方面受不断崛起的数字阅读的影响，另一方面与其自身的不稳定性发展有关。比如，美国老牌连锁书店鲍德斯（Borders）的突然倒闭直接影响了很多期刊的发行，特别是那些长期依靠该公司的周刊，突然失去了主要的零售终端，销售量随之大幅下降，这无疑是对美国期刊零售业的窘境雪上加霜。

纸质期刊发行量虽不乐观，但我们也应该看到数字期刊种数和发行量的增长与崛起。据相关机构统计，2013年，美国数字期刊品种及总量均在2012年的基础上增加了一倍，其中游戏信息类期刊是数字期刊的主流。

美国媒体审计联盟统计了2013年美国发行量排名前25种期刊的发行量（见表14）。结果显示，与2012年相比，大多数期刊的发行量皆出现了不同程度的下滑（具体而言，在排名前25的期刊中有20种都出现下滑），只有少数刊物有小幅增长。具体数据见下表：

表14 2012~2013年发行量TOP25

单位：册

刊物名称	2012年发行量	2013年发行量	同比变化率
《美国退休人员杂志》	22721661	22274096	-2.0%
《美国退休人员公告》	22403427	22244820	-0.7%
《游戏快讯》	7864326	7629995	-3.0%
《美好家园》	7621456	7615581	-0.1%
《好管家》	4354740	4348461	-0.1%
《读者文摘》	5527183	4288529	-22.4%
《家庭》	4143942	4092525	-1.2%
《国家地理》	4125152	4029881	-2.3%
《人物周刊》	3637633	3527541	-3.0%
《女性生活》	3374479	3311803	-1.9%
《时代周刊》	3281175	3289377	0.2%
《妇女家庭杂志》	3230450	3225863	-0.1%
《体育画报》	3174888	3023197	-4.8%
《大都市》	3023884	3015858	-0.3%
《家庭美食》	3268549	2975929	-9.0%
《预防》	2921618	2872944	-1.7%
《南都生活》	2867235	2815523	-1.8%
《AAA生活》	2455280	2414108	-1.7%
《O，奥普拉》	2439747	2386601	-2.2%
《魅力》	2324170	2327793	0.2%
《美国射击杂志》	1731416	2238735	29.3%
《红皮书》	2214603	2206676	-0.4%
《美国军团杂志》	2268015	2191967	-3.4%
《父母》	2058669	2169454	5.4%
《ESPN杂志》	2142937	2160552	0.8%

资料来源：美国审核媒体联盟（The Alliance for Audited Media）

根据上表数据显示，几乎所有类别、专业领域的刊物的发行量都出现了不同程度的缩减。其中，高居2012年发行榜首的《读者文摘》在2013年发行量骤降100多万册，同比下降22.4%。只有少部分期刊出现了小幅度的增长，其中《美国射击杂志》的表现可圈可点，发行量增加了29.3%。

再观美国期刊定价情况，美国审核媒体联盟一项统计数据显示（见表15），美国期刊平均价格9年来一直处于比较稳定的状态，没有大的变动。2013年美国期刊平均定价为5.05美元，自2005年以来只增长了0.57美元。同时，不同期刊之间的价格差距也在不断缩小，期刊的普通定价在2005年以来几乎就没有变过，一直维持在4.99美元。相关数据显示，在美国最受欢迎的期刊定价基本都维持在4.99美元左右。不管从消费习惯还是心理角度来看，4.99美元是一个人们相对乐于接受的价格线，出版商想要在此基础上提价必须承担一定的风险。因而，4.99美元成为美国大多数期刊定价难以逾越的一道鸿沟。

表15　2005~2013期刊平均单本销售量与定价

单位：美元

年份	平均单本销量	平均定价	考虑通货膨胀因素的平均定价	中位定价	普通定价
2013	65175	$5.05	$5.05	$4.99	$4.99
2012	71916	$4.99	$5.17	$4.99	$4.99
2009	80043	$4.89	$5.31	$4.99	$4.99
2007	97392	$4.69	$5.27	$4.95	$4.99
2005	100403	$4.48	$5.34	$4.18	$4.99

资料来源：美国审核媒体联盟

（二）广告收入情况

美国期刊的收益主要有三个来源：第一是纯订阅模式，第二是纯广告模式，第三章是订阅和广告双模式。对期刊而言，广告收入是比发行量更能影响其市场地位的重要因素。近几年，期刊广告收入连年不尽人意。所幸2013年美国的期刊市场已呈现缓慢上升的趋势，其中作为期刊主要收入来源之一——广告收入的增长为2013年期刊整体表现打下了坚实的基础。根据美国数据监测机构出版商信息局（Publishers Information Bureau，PIB）的调查显示，2013年美国纸质期刊及数字媒体的投放量、广告页数、收入比去年都有所增长。

坎塔儿媒体（Kantar Media）的最新数据显示，2013年全年传统媒体广告支出达到1402亿美元，较2012年上升0.9%，其中纸质期刊同比上升1.8%。另据美国期刊出版商协会（Magazine Publishers Association，MPA）公布的2013年美国各媒体所占广告份额数据显示，电视是占广告份额最多的媒介，包括有线电视（cable television）、网络电视（network television）、直播电视

(spot television) 和西班牙语电视 (Spanish-language television) 等媒体在内的电视媒介共占2013年美国全年广告投入的50%以上的份额,在各种媒体中占有绝对优势。其次便是期刊的5种主要类型:消费类期刊 (consumer magazines)、周日期刊 (Sunday magazines)、地方期刊 (local magazines)、西班牙语期刊 (Hispanic magazines) 和商业类期刊 (B-to-B magazines),合计占有约17%的广告份额,其中消费类期刊所占份额最多,达到14%。

广告代理机构投放检测机构SMI Dataminer的数据进一步指出,2013年广告代理机构在印刷期刊的投放同比增长9%,高于电视和报纸3%、广播和户外2%的增幅。美国作为世界上最大的广告市场,年广告投放额超过1670亿美元,可以说在此基础之上,期刊的实际广告投放力度不凡。

此外,美国出版商信息局通过对69家期刊的平面广告页和iPad期刊广告监测的数据分析显示,期刊广告(包括平面广告和iPad广告在内)在2013年增长了5%。其中,平板电脑版期刊广告数量增长了16%,平面期刊广告页面数量基本持平,仅下降了0.2%,这反映出期刊广告市场的利好之势。

相关报告也对不同种类期刊的表现作了进一步的详细分析(见图10),指出2013年期刊市场中,食品及食品产品类期刊的广告收入增长最高,较2012年增长6.7%,广告页面增长1.2%;药品及医疗类期刊广告收入增长6个百分点,广告页面数同比增长2.1%;家居用品及供应类期刊广告收入增长5.6%,页面数增加1.9%;美容及化妆品类期刊广告收入也同比增长5.5%,广告页面数增加1.2%。

基于该项数据,美国期刊协会(MPA)分析了美国2013年期刊收入及广告发布趋势,指出消费类的iPad期刊广告数量增长明显,达16%;相反,传统纸质期刊的广告数量略有缩减,相比2012年微降0.2%,其中,印刷期刊在广告收入创下197亿美元的好成绩,较2012年增长1%,而广告页数全年小幅回落4%。这也说明,虽然新兴媒体的出现对传统印刷期刊造成了一定的冲击,但平面广告仍然是期刊出版的核心商业模式。

(三)阅读情况

2013年随着美国经济的复苏,期刊业在经历了令人沮丧的阶段之后,终于出现回暖迹象。但对于美国出版商和广告商来说,在乐观的同时也保持着十二分的谨慎。在科技高速发展、数字通信网络高度发达的今天,尤其是美国数字期刊等新型媒体的崛起,使得传统的纸媒已经不再占有绝对的优势。大众阅读方式的转变和电子阅读平台的发展进步也给美国期刊业带来了巨大

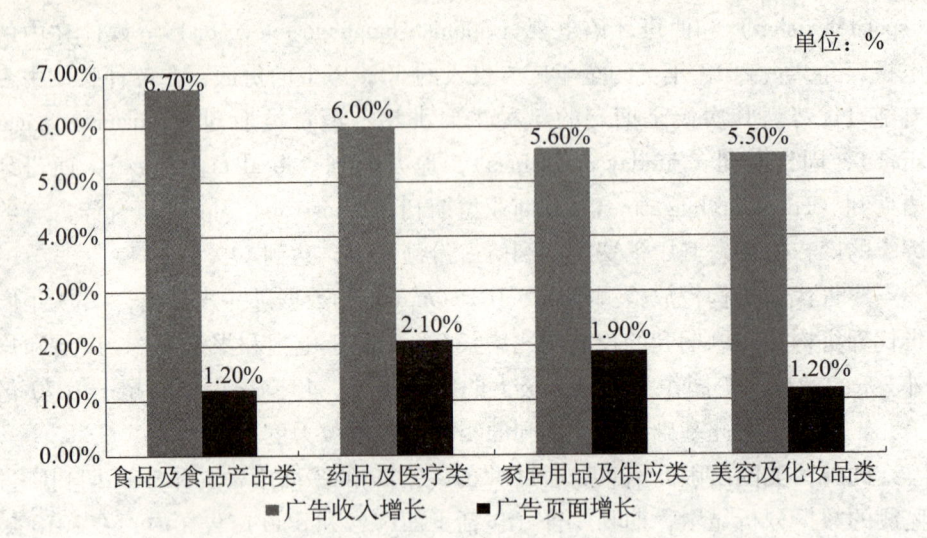

```
单位：%
7.00%
     6.70%
6.00%         6.00%
                        5.60%        5.50%
5.00%
4.00%
3.00%
2.00%       2.10%      1.90%
     1.20%                          1.20%
1.00%
0.00%
    食品及食品产品类  药品及医疗类  家居用品及供应类  美容及化妆品类
              ■广告收入增长    ■广告页面增长
```

图10　2013年主要类型期刊广告投放增长量（按类别）

数据来源：美国出版商信息局（Publishers Information Bureau，PIB）

的挑战。如何在复杂的市场竞争中留住读者，将是2013年美国期刊业者面临的首要难题。

不少期刊也敏锐地察觉了国际传媒的转型趋势，纷纷推出配套的数字网站或移动终端APP，尤其借助平板设备出版几乎成了期刊业的核心话题。在过去一年，我们看到了出版商在数字销售方面付出的努力，但是仍旧有许多因素阻碍着数字期刊的成功。数字期刊的推出积极迎合了数字化潮流，但需注意的是，在未来相当长的一段时间里，纸制期刊仍旧是期刊业的主要阵地。美国期刊协会于2013年10月公布了一项调研结果，称平面广告将仍是期刊出版的核心商业模式。

美国市场研究机构eMarketer最近公布了一组数据，数据显示（见图11），与其他媒介相比，美国人花费在期刊上的时间可以说是最少的。人们花费在电视、电脑（笔记本电脑和平板电脑）以及手机上的阅读时间占据人们日常阅读时间的绝大部分，越来越多的人选择在电子移动终端设备上浏览新闻、获得信息，手机和平板电脑阅读时间有着进一步提高的趋势。而相反，广播、期刊和报纸的消费情况却一路呈下降趋势。相比以上几种电子媒介的高关注度，美国人花费在期刊上的时间可以说少得可怜。

虽然读者平均每天花费在期刊上的时间变少了，但是另一项数据又使我们可以稍微乐观起来。调查机构米迪马克调研公司（Mediamark Research &

单位：分钟/每天

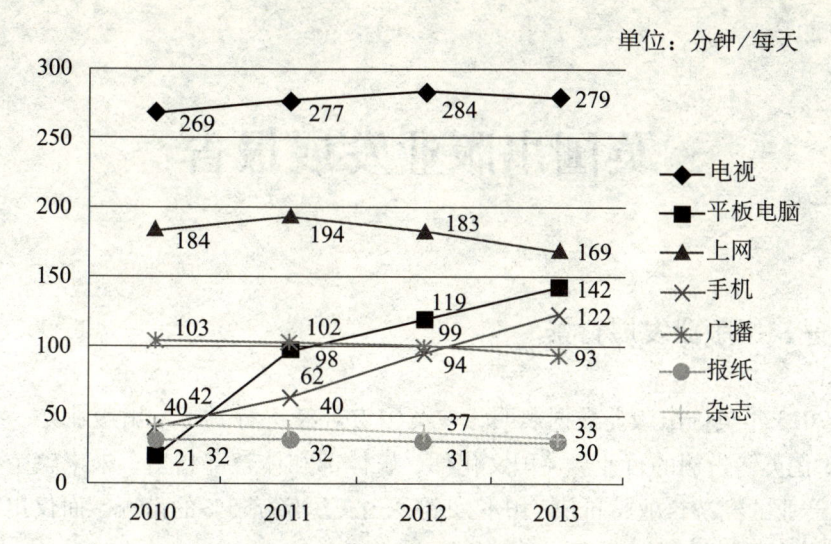

图11 2010～2013年读者各媒介使用时间变化趋势

资料来源：美国市场研究机构（eMarketer）

Intelligence，MRI）最新的研究报告显示，2013年印刷期刊的读者增长了1%，其中18～24岁的读者增长了5%，同期数字期刊读者暴增49%。

参考文献

1. Bookstates. Book Industry Study Group，2014

2. Bowker Library and Book Trade Almanac. Information Today Inc.，2012，2013，2014

3. Pew Research Center. www. pewresearch. org

4. Kantar Media. www. kantarmedia. com

5. eMarketer. www. emarketer. com

6. 美国商务部（U. S. Department of Commerce）. www. commerce. gov

7. 美国劳工部劳动统计局（U. S. Bureau of Labour Statistic）. www. bls. gov

8. 美国图书馆协会（American Library Association）. www. ala. org

9. 美国期刊出版商协会（Magazine Publishers Association）. www. magazine. org

10. 美国出版商信息局（Publishers Information Bureau）. www. magazine. org

11. 美国审核媒体联盟（The Alliance for Audited Media）. www. auditedmedia. com

英国出版业发展报告

一、出版业发展背景

2013年英国出版业数据表明，在英国宏观经济背景下，出版业是一个占有43亿英镑份额的行业。英国文化部、媒体部和体育部指出，未来整个英国创意产业的经济行业将价值710亿英镑，占英国经济5%的份额，而仅出版业便占有其中的7%份额。

近年来，电子书的革命正在给出版业带来深刻的巨变和前所未遇的挑战。对此，英国出版业正在做积极的应战和转型：一方面，将传统出版业自身作为电子书的主导者与原动力，并一方面把电子书看作自己的分内事。比如培生公司十多年前就在学术与专业出版物方面率先采纳数字平台，过去5年电子书业务增长很快，在销售总额中占比近30%，近20亿英镑。而英国出版商协会的数据表明，在过去五年来，英国传统出版业的销量虽然有所下降，但电子书业务呈现出快速增长的趋势，增长率达到305%，占总收入的17%。

英国显然明白：只有掌握了电子书的主动权，才能让英国出版业继续领跑全球文化市场。但同时，重视电子书业务并没有让传统纸质书出版失去主导地位，更不会就此退出历史舞台。英国出版商协会的行政长官理查德·莫勒就2013年市场数据评价指出：电子书市场正在全力提速，虽然纸质书销售下降，但在28亿英镑的纸质书市场中，有4亿英镑为小说，说明英国读者对纸质书仍有着强烈的情感。英国出版科技公司欧洲企业发展部主任塔布妮表示，目前电子书的使用者已经扩大到各个年龄层，但仍以年轻人为主。她认为，未来出版商一般的收入可能将会来自电子书，但是电子书仍无法取代传统的纸质书，两者将会并存。

总而言之，我们可以看到也有理由相信，英国出版业已经过短暂的萧条，再次进入商业循环的活跃期。面临数字化的浪潮，英国出版业的积极适应与进取将为其带来新的活力，开拓更广阔的发展空间。

二、图书业发展状况

(一) 概况

1. 新书出版情况

根据国际出版商协会提供的数据（见表1）可知，2013年英国新出版184000种出版物（包括再版），总量居世界第三，排在中国和美国之后，但仍位居欧洲首位。根据2011～2013年新书出版种数变化图（见图1）可知，自2012年的数值缩小后，2013年有了较大回升。从人均上看，英国平均每100万人占有出版2875种出版物，比排在第二的中国台湾多1000多种。

表1 2013年新统计数据下2012～2013年新书种数变化

2012 年	170267 种
2013 年	184000 种

资料来源：国际出版商协会（International Publishers Association，IPA）

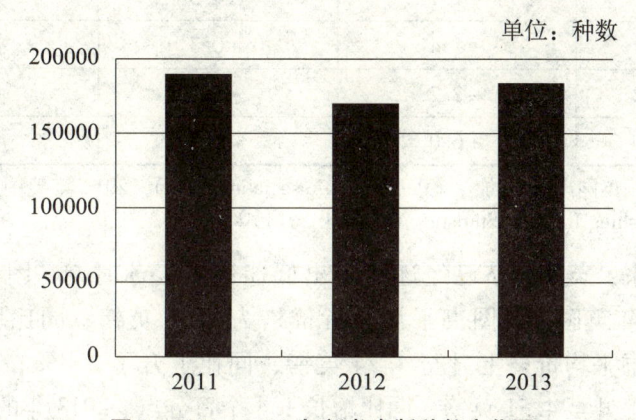

图1 2011～2013年新书出版种数变化图

资料来源：国际出版商协会

从收入上看，英国也位居世界前列。2013年英国出版市场净收入34亿英镑，比2012年下降两个百分点。2013年全球发达经济体的出版市场仅有美国和德国没有负增长，一些欧洲经济体如法国下降3%，意大利下降6%，西班牙下降10%，都经历了市场萧条。相比于其他主要经济体，英国出版市场的萧条尚在可接受的范围内。

根据英国出版商协会提供的数据，2013年英国出版商图书销售发票金额达到33.89亿英镑，其中电子书销售同比增长19.2个百分点，但纸质书销售方面却有5.2%的跌幅，整体同比下跌2.2个百分点。长远来看，自2009年至今，图书销售额总体上浮了6个百分点，其中纸质书销售额下降6.3个百分点，而电子书销售额则显示出明显的增长，涨幅达305.5%（见表2）。

表2 2009~2013年出版商图书销售情况

类别	总销售额 （单位：亿英镑）	纸质书销售额 （单位：亿英镑）	电子书销售额 （单位：亿英镑）
2009	31.98	30.72	1.26
2010	33.43	31.72	1.71
2011	32.88	30.30	2.58
2012	34.66	30.39	4.27
2013	33.89	28.80	5.09
销售增长百分点			
2010/2009	+4.5	+3.2	+36.0
2011/2010	-1.7	-4.5	+51.1
2012/2011	+5.4	+0.3	+65.6
2013/2012	-2.2	-5.2	+19.2
2013/2009	+6.0	-6.3	+305.5

资料来源：英国出版商协会（Publishers Association，PA）《2013年英国出版业数据年报》（UK Publishing Industry Statistics Yearbook 2013）①

近两年来，英国经济已经逐渐走出低迷进入复苏时期，图书市场情况好转，2013年英国出版图书平均发货价格为4.36英镑，同比增长2.3%。其中国内图书平均价格上升至4.24英镑，同比上升了2.8%；出口图书平均发货价格上升至4.51英镑，同比增长1.4个百分点。2013年的图书发货价格又一次创2009年来的价格新高。2009至2013年间，图书平均价格从3.97英镑增至4.36英镑，增长了9.7%，其中出口图书均价涨幅达14个百分点（见表3）。

---

① 注：本文中，英国出版商协会《2013年英国出版业数据年报》统计数据与2012年年度统计数据有不一致的地方。主要是由于2013年出版商协会数据库扩大了统计范围，并以2013年出版商提供的数据为准，加以修正。考虑到新版本统计结果更加全面权威，这里将以《2013年英国出版业数据年报》中给出的统计数据为准。

表3 2009~2013年图书出版商平均发货价格

项目	总体平均 发货价格（英镑）	国内平均 发货价格（英镑）	出口平均 发货价格（英镑）
2009	3.97	3.98	3.96
2010	4.19	4.16	4.25
2011	4.24	4.13	4.40
2012	4.26	4.13	4.45
2013	4.36	4.24	4.51
平均发货价格增长百分点（单位:%）			
2010/2009	+5.6	+4.4	+7.3
2011/2010	+1.2	-0.6	+3.7
2012/2011	+0.4	-0.2	+1.1
2013/2012	+2.3	+2.8	+1.4
2013/2009	+9.7	+6.6	+14

资料来源：英国出版商协会《2013年英国出版业数据年报》

从按销售额统计的退货率来看，2013年的退货率比2012稍高，增长了约0.3个百分点，增长率为2.6%。其中国内退货率有所下降，但出口图书的退货率同比增加1.2个百分点，年增长率为15.5%（见表4）。

表4 2009~2013年出版商按销售额统计的退货率

项目	总体退货率（%）	国内退货率（%）	出口退货率（%）
2009	12.0	14.4	8.0
2010	10.8	13.5	6.8
2011	11.3	14.2	7.0
2012	11.2	13.7	7.6
2013	11.5	13.5	8.8
退货率增长百分点（单位:%）			
2010/2009	-9.4	-6.2	-15.7
2011/2010	+4.0	+5.3	+2.6
2012/2011	-0.9	-3.4	+9.3
2013/2012	+2.6	-1.9	+15.5
2013/2009	-4.2	-6.4	+9.3

资料来源：英国出版商协会《2013年英国出版业数据年报》

通过上述对2013年英国出版业的总体数据分析来看，2013年图出书出版市场相比前几年的规模有所扩大，情况有所改善，其中电子出版销售的贡献较为突出。

2. 图书销售情况

2013年图书销售尤其是电子书在销售方面取得了可喜的成绩。从图书销售情况来看，2012年销售总额比2011年增长5%，到2013年，尽管比上年下降了2%，但是整体来说，从2009到2013年，账面总销售额增长了近6%（见表5）。

在图书出口方面，英国出版业继续保持其语言的优势，在全球经济中发挥自己的作用。同时，在近几年十分让人注目的电子书的销售表现也可圈可点。相比于2012年占市场总体份额的12%，到今年增长为15%，电子书销售在过去五年翻了三番。

表5　2009～2013年出版商国内与出口销售数据

类别	总销售额（单位：亿英镑）	纸质书销售额（单位：亿英镑）	电子书销售额（单位：亿英镑）
2009	31.98	30.72	1.26
2010	33.43	31.72	1.71
2011	32.88	30.30	2.58
2012	34.66	30.39	4.27
2013	33.89	28.80	5.09

资料来源：英国出版商协会《2013年英国出版业数据年报》

具体来看2013年英国图书出口的情况。2013年英国图书出口规模相比2012年总体来看有所下降，其中在对欧洲、撒哈拉以南非洲、大洋洲以及北美和美洲其他地区的图书出口总额都有不同程度的下跌，其中出口大洋洲方面降幅达16.3个百分点。但是，在中东和北非，东亚和南亚地区却有较大增长，出口额达到1.78亿和1.95亿英镑，同比分别增长7.3%和2.4%。从增长速度来看，这两个地区的表现尤其突出。而在2009至2013这五年期间，其他地区的出口总额增长幅度最大，达到35.1%，中东和北非地区次之，涨幅为26.7%，美洲其他地区为24.6%，东亚和南亚东区为16.5%。撒哈拉和大洋洲地区则出现了较为明显的负增长，分别下降了13.9%和16.2%（见表6）。

表6　2009~2013年的图书出口（按区域统计）

单位：亿英镑

年份	欧洲	中东和北非	撒哈拉沙漠以南非洲地区	东亚和南亚	大洋洲	北美	美洲其他地区	其他地区	合计
2009	4.89	1.41	1.02	1.67	1.40	1.32	0.50	0.03	12.28
2010	5.00	1.63	1.17	1.78	1.38	1.57	0.58	0.03	13.12
2011	4.88	1.71	1.07	1.84	1.28	1.44	0.61	0.03	12.86
2012	5.13	1.66	0.93	1.90	1.40	1.47	0.64	0.04	13.17
2013	4.90	1.78	0.88	1.95	1.17	1.33	0.62	0.04	12.67
图书出口总额增长比率（%）									
2010/2009	+2.3	+16.0	+14.6	+6.1	-2.6	+19.6	+15.5	+1.9	+7.3
2011/2010	-2.5	+5.1	-8.6	+3.7	-6.3	-8.2	+5.4	+5.5	-2.0
2012/2011	+5.1	-3.1	-13.3	+3.4	+9.7	+1.9	+6.3	+25.4	+2.4
2013/2012	-4.4	+7.3	-5.2	+2.4	-16.3	-9.5	-3.7	+0.2	+8.8
2013/2009	+0.2	+26.7	-13.9	+16.5	-16.2	+1.3	+24.6	+35.1	+3.6

资料来源：英国出版商协会《2013年英国出版业数据年报》。

而在图书出口类型方面，2013年增长最快的出口图书种类为学校用书，出口总量从2012年0.24亿册增长到0.299亿册，同比增长24.3%。但是相比于2009~2011年来说，销售总量还是没有恢复到最好的状态。在2012~2013年内，增长速度排名第二的是儿童类书籍，出口量同比增长0.1%。其余种类的图书出口量相比上一年都出现了不同程度的负增长，图书出口总量也有所下跌。其中成人类小说降幅达25个百分点，出口量从0.55亿册降到0.41亿册。2009~2013年5年间图书出口总量削减，整体呈负增长趋势（见表7）。

表7　2009~2013年各类图书出口量（按种类统计）

单位：亿册

类别	成人小说类	成人非小说类	儿童类	学校类	英语教育类	学术与专业类	合计
2009	0.582	0.526	0.573	0.388	0.711	0.310	3.089
2010	0.569	0.537	0.533	0.369	0.756	0.326	3.090
2011	0.497	0.570	0.472	0.362	0.704	0.317	2.922
2012	0.548	0.604	0.461	0.240	0.808	0.301	2.962
2013	0.411	0.576	0.462	0.299	0.768	0.294	2.809

续表

类别	成人小说类	成人非小说类	儿童类	学校类	英语教育类	学术与专业类	合计
各类图书出口量增长百分点（%）							
2010/2009	-2.2	+2.0	-6.9	-5.0	+6.3	+5.3	+0.0
2011/2010	-12.6	+6.3	-11.5	-1.7	-7.0	-2.9	-5.4
2012/2011	+10.3	+5.9	-2.4	-33.7	+14.8	-5.0	+1.4
2013/2012	-25.0	-4.6	+0.1	+24.3	-4.9	-2.4	-5.2
2013/2009	-29.3	+9.5	-19.4	-23.1	+8.0	-5.2	-9.1

资料来源：英国出版商协会《2013年英国出版业数据年报》

在图书出口总额方面，相比2012年，2013年各类图书出口总额有所下降，其中学校用书类有较为明显的增长，增幅为11.2%。2009至2013年间，各类图书出口额增长率为3.6%。而其中成人非小说类、学校类和英语教育类都保持了较为明显的增长，而其他三类则有不同程度的跌降。其中，学术与专业类图书在2010年以后连续两年呈现负增长趋势（见表8）。

表8 2009~2013年各类图书出口额（按种类统计）

单位：亿英镑

类别	成人小说类	成人非小说类	儿童类	学校类	英语教育类	学术与专业类	合计
2009	1.63	2.00	0.95	0.98	2.21	4.45	12.23
2010	1.62	2.10	0.88	1.03	2.58	4.90	13.12
2011	1.46	2.16	0.84	1.08	2.41	4.90	12.86
2012	1.61	2.21	0.77	1.06	2.75	4.79	13.17
2013	1.25	2.19	0.79	1.17	2.60	4.67	12.67
各类图书出口额增长百分点（%）							
2010/2009	-0.6	+5.1	-7.2	+5.1	+16.7	+10.1	+7.3
2011/2010	-10.2	+3.0	-4.8	+5.6	-6.6	-0.0	-2.0
2012/2011	+10.5	+1.9	-8.7	-2.6	+13.8	-2.3	+2.4
2013/2012	-22.6	-0.9	+3.1	+11.2	-5.2	-2.5	-3.8
2013/2009	-23.7	+9.3	-16.9	+20.2	+17.6	-4.9	+3.6

资料来源：英国出版商协会《2013年英国出版业数据年报》

3. 畅销书情况

2012年的大众图书市场几乎被几部极度成功的"三部曲"所统治。詹姆斯的《五十度灰》"三部曲"占据了2012年榜单的前三名位置。"三部曲"总销量达10509988册，一举打破J. K. 罗琳凭借《哈利·波特》系列所保持的销售记录。紧随其后的是另一部"三部曲"，由苏珊·柯林斯创作的《饥饿游戏》"三部曲"排名第二，三部总销量2113017册，占据着榜单的第四、第五和第七位（见表9）。

表9　2012年前十名畅销书情况

排名	书名	作者	出版商	定价（英镑）	总销量（册）
1	《五十度灰：调教》（Fifty Shades of Grey）（曾译名：格雷的五十道阴影）	E. L. 詹姆斯（E. L. James）	兰登书屋（Random House Grp）	7.99	4457021
2	《五十度灰：束缚》（Fifty Shades Darker）（曾译名：更深的五十道阴影）	E. L. 詹姆斯（E. L. James）	兰登书屋（Random House Grp）	7.99	3157824
3	《五十度灰：自由》（Fifty shades Freed）（曾译名：五十道阴影的解除）	E. L. 詹姆斯（E. L. James）	兰登书屋（Random House Grp）	7.99	2895143
4	《饥饿游戏Ⅰ》（The Hunger Games）	苏珊·柯林斯（Suzanne Collins）	学者出版社（Scholastic Ltd. Grp）	7.99	832350
5	《饥饿游戏Ⅱ：星火燎原》（Catching Fire）	苏珊·柯林斯（Suzanne Collins）	学者出版社（Scholastic Ltd. Grp）	7.99	667980
6	《情谜柯洛斯Ⅰ：坦诚》（Bared to You：A Crossfire Novel）	西尔维亚（Sylvia Day）	企鹅出版集团（Penguin Grp）	7.99	619846
7	《饥饿游戏3：嘲笑鸟》（Mockingjay：Hunger Games Trilogy）	苏珊·柯林斯（Suzanne Collins）	学者出版社（Scholastic Ltd. Grp）	7.99	612687
8	《杰米·奥利弗15分钟上菜》（Jamie's 15-Minute Meals）	杰米·奥利弗（Jamie Oliver）	企鹅出版集团（Penguin Grp）	26.00	586355

续表

排名	书名	作者	出版商	定价（英镑）	总销量（册）
9	《美食减肥专家：爱吃与瘦身兼得》（The Hairy Dieters: How to Love Food and Lose Weight）	戴夫·迈尔斯；思·金 Dave Myers & Si King	猎户星出版社（Orion Grp）	14.99	406151
10	《吉尼斯世界纪录2013》（Guinness World Records 2013）	—	吉尼斯出版集团（Guinness Publisher Group）	20.00	402117

资料来源：《书商》（The Bookseller）www.thebookseller.com

2013年的大众图书出版市场，排名前50的畅销书在纸质书和电子书的总销量上达到1820万册，其中30%的销量来自于电子书市场，具体情况如下：《消失的爱人》（Gone Girl）纸质书与电子书总体销量占据榜上第一，共售出1038260册，在纸质书销售量排行榜上也高居第三位，可谓是真正的年度畅销书。而单论纸质书销量，市场排名第一的则是安利克斯·弗格森的回忆体传记《我的自传》（My Autobiography），该书光纸质书销量就达到了803084册的成绩。在电子书销量排行榜上成绩突出的是杨·马泰尔的《少年派的奇幻漂流》（Life of Pi）和乔纳斯·乔纳森的《百岁老人跷家去》（The Hundred-Year-Old Man），其电子版销量分别为约453000和463000册（见表10）。

表10　2013年前十名畅销书情况

排名	书名	作者	出版商	定价（英镑）	实体书销量（册）	电子书销量（册）
1	《消失的爱人》（Gone Girl）	吉莉安·弗林（Gillian Flynn）	猎户星出版社（Orion）	3.85	627097	411163
2	《地狱》（Inferno）	丹·布朗（Dan Brown）	环球出版社（Transworld）	3.85	640676	328960
3	《我的自传》（My Autobiography）	安利克斯·弗格森（Alex Ferguson）	霍顿&斯托顿出版社（Hodder & Stoughton）	3.85	803084	44292
4	《百岁老人跷家去》（The Hundred-Year-Old Man）	乔纳斯·乔纳森（Jonas Jonasson）	金星出版社（Hesperus）	4.96	223966	462608

续表

排名	书名	作者	出版商	定价（英镑）	实体书销量（册）	电子书销量（册）
5	《快速饮食》（The Fast Diet）	莫斯利&史宾赛（Mosley & Spencer）	短书出版社（Short Books）	3.85	497200	174129
6	《少年派的奇幻漂流》（Life of Pi）	杨·马泰尔（Yann Martel）	卡农盖特出版社（Canongate）	6.29	164675	452536
7	《临时空缺》（The Casual Vacancy）	J. K. 罗琳（J. K Rowling Little）	布朗出版社（Brown）	3.85	321940	193636
8	《迷情科洛斯3：炽爱》（Entwined with You）	希维亚·黛（Sylvia Day）	企鹅出版集团（Penguin）	3.85	255713	252464
9	《一个人的朝圣》（The Unlikely Pilgrimage of Harold Fry）	乔伊斯·蕾秋（Rachel Joyce）	环球出版社（Transworld）	7.19	324545	180804
10	《吉尼斯世界纪录2014》（Guinness World Records 2014）	—	吉尼斯出版集团（Guinness World Records）	6.80	437207	59787

资料来源：《书商》www.thebookseller.com

（二）细分出版市场情况

英国出版市场主要包括大众图书市场、教育与培训类图书市场和学术与专业类图书市场。2009至2013年间，出版市场基本走势趋于下滑。其中，大众图书市场自2009年以来几乎保持着一路下滑的趋势，成人小说、非小说以及儿童类图书的市场都有不同程度的萎缩：2013年销售量同比下降9.5个百分点，同期销售额下降4.3个百分点；教育与培训类图书销售总量较2012年有所攀升，但销售额却未见提高，反有小幅下降；2013年学术与专业类图书市场则相反，销售量同比下降6.7个百分点，但销售额较2012年增长了7%（见表11）。

表11 2009~2013年出版商分类图书销售数据

类别			2009年	2010年	2011年	2012年	2013年
销售量（单位：亿册）	大众图书	成人小说类	1.925	1.857	1.66	1.672	1.293
		成人非小说类	1.92	1.917	1.911	1.914	1.85
		儿童类	1.904	1.773	1.643	1.652	1.599
		合计	5.749	5.565	5.214	5.238	4.742
	教育与培训类		1.362	1.379	1.319	1.313	1.324
	学术与专业类		0.621	0.636	0.605	0.58	0.541
	总计		7.733	7.562	7.139	7.132	6.608
销售额（单位：亿英镑）	大众图书	成人小说类	5.65	5.64	5.62	6.80	5.99
		成人非小说类	7.81	8.22	8.03	8.07	8.18
		儿童类	3.33	3.32	3.14	3.22	3.14
		合计	16.79	17.18	16.79	18.09	17.31
	教育与培训类		5.11	5.44	5.40	5.83	5.76
	学术与专业类		10.07	10.81	10.67	10.74	10.82
	总计		31.97	33.43	32.86	34.66	33.89

资料来源：英国出版商协会《2013年英国出版业数据年报》。

1. 大众图书市场

（1）成人小说图书市场

在经过2012年成人小说图书市场的大繁荣之后，2013年的成人图书市场可谓是大萧条。从具体数值来看：2012年成人小说销售量较2011年同比增长0.7个百分点，但销售额却激增20.9个百分点，成为2008年以来最火爆的一年；然而好景不长，成人图书市场的大繁荣仅仅维持了一年，在2013年又重新跌入谷底。受发展日趋完善的电子书市场的影响，2013年成人图书相比于2012年销量锐减近0.4亿册，跌幅达22.7个百分点，而相应的销售额下滑程度也是相当惨烈，达12个百分点。

根据《2013年度英国图书出版业统计报告》数据显示，尽管在电子书销售方面取得了相当不俗的成绩，但2013年英国成人小说图书的纸质书和电子书总销售额同比下降了12%。从各类图书销售市场来看，成人小说市场的萎缩是十分明显的。决定2013年英国成人小说市场的主要因素有两个：一是2012年畅销书榜上位居第一的E.L詹姆斯著作《五十度灰》的大卖抬高了2012年的小说类图书的销售量，而在进入2013年以来，销量却大不如前。根据尼尔森数据，詹姆斯《五十度灰》系列图书在2013年纸质书销量锐减400%；第二就是近几年来一直急速增长的电子书小说市场在2013年下半年开始逐渐趋于扁平化增长。在以上两个因素综合作用下，使得2012年大繁荣之后的相对萧条更加凸显。

除了上述畅销书外，平装版小说为出版商带来了更多的销售额。一方面，是由于平装版小说的销量更大，2012年平装版小说的销售量为1.48亿册，而精装小说仅为1700万册；另一方面，平装版小说的建议零售价（Recommended Retail Price，RRP）以及其在超市的售价均有提高，自2008年以来，平装版小说的平均售价已提高13.4%。这样，在很大程度上推动了小说类图书整体销售额的提高。

而反观2013年英国成人小说图书市场，纸质书销售总额在国内市场和国外市场分别下跌20%和23%；2009至2013年五年间，国内成人小说类图书市场销量和销售总额总体跌幅达1/3，同类图书出口市场跌幅达1/4（见图2、图3）。

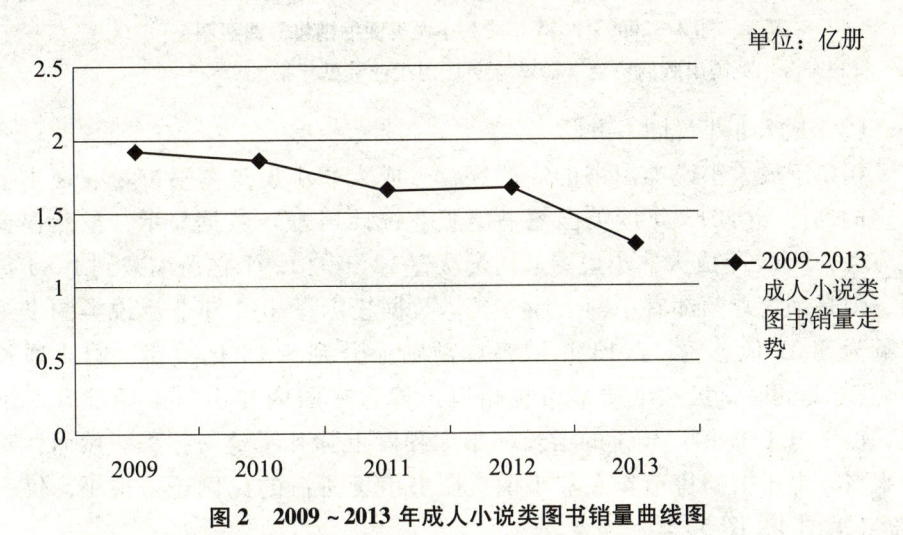

图2 2009~2013年成人小说类图书销量曲线图

资料来源：英国出版商协会《2013年英国出版业数据年报》

在精装书领域内，2013年精装书销售总额为9300万英镑，同比下降5.6%，销量1790万册，同比下降3.8%。平均售价5.19英镑，同比下降1.8个百分点。相对来说，平装书虽然在总的销量上比精装书销量更大，但是相对于2012年的好成绩，2013年的表现仍不容乐观。2013年平装书销售总额为30600万英镑，同比下降24.5%，销量11140万册，同比下降25%。根据2009到2013年以来的数据，平装书销售总量一直在缩减，这一趋势在2013年尤其明显。2013年平装书的平均售价为2.75英镑，同比增长0.7个百分点。

图3 2009~2013年成人小说类图书销售额曲线图

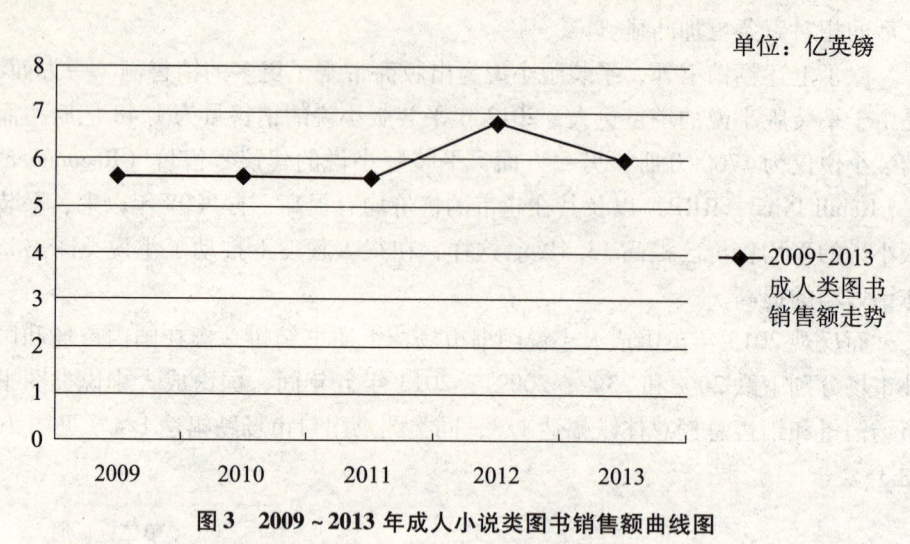

资料来源：英国出版商协会《2013年英国出版业数据年报》

(2) 成人非小说图书市场

相比于成人小说类图书的惨淡经营，成人非小说类图书市场表现出了一定的韧性。《2013年度英国图书出版业统计报告》数据显示，虽然在销量方面，2013年成人非小说图书销量从2012年的1.91亿册缩减到1.85亿册，但是销售总额却有小额上浮，具体数据显示，2012年非小说类图书销售额为8.07亿英镑，2013年销售总额则上升到8.18亿英镑，同比增长1%。与此同时，虽然纸质书市场略有下降，在国内和出口市场都有所下跌，但是电子书市场36%的增长率很大程度上弥补了这一损失。然而，整体来看，电子书销售市场在非小说类图书市场所占的比例还是很小，仅为7%（见图4、图5）。

在2013年英国图书市场整体情况下，成人非小说类图书的表现不算太差。虽然，在纸质书销售领域，国内和出口市场的表现都不佳，但电子书销售的大幅度增长却很好地扭转了非小说图书市场的颓势，并且整体来看销售额有1%的提高。虽然如此，电子书销售在非小说类图书市场的所占比例却远不如小说类图书市场，仅为7%，但是我们认为电子书销售仍有很大的上升空间和发展余地。展望2014年，随着读者对电子产品的熟悉程度加深以及电子阅读平台和媒介的发展完善，我们有理由相信电子书销售将会发挥更重要的作用。

参考类图书的销售一如既往地展现出下降的趋势，2013年参考类图书实

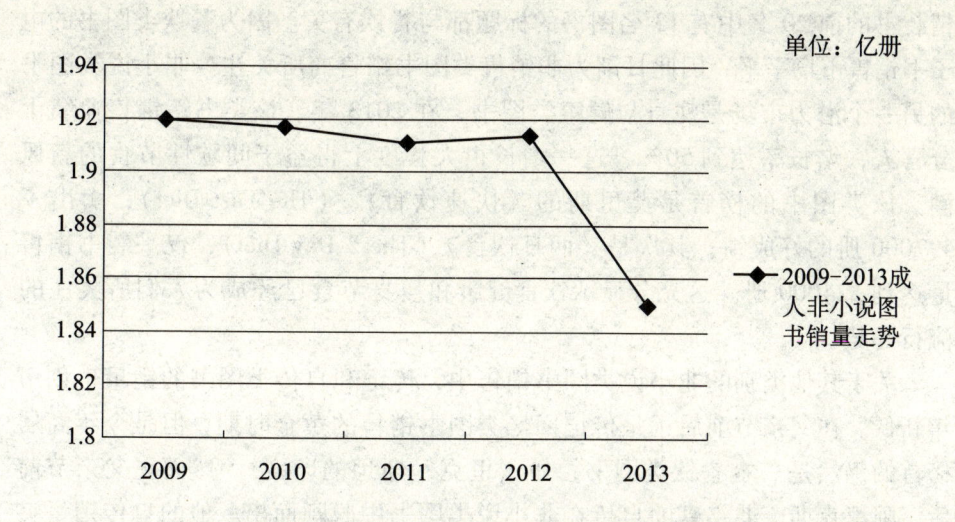

图4 2009~2013年成人非小说类图书销量曲线图

资料来源：英国出版商协会《2013年英国出版业数据年报》

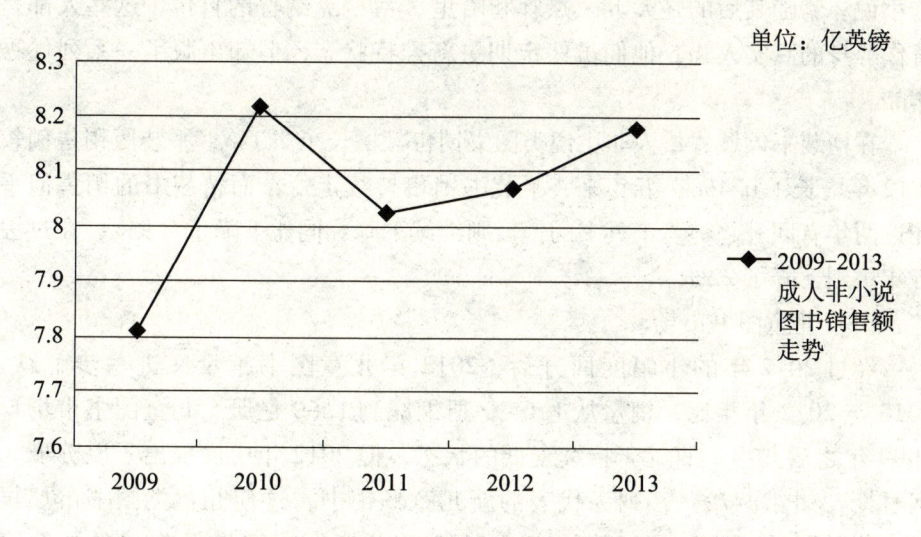

图5 2009~2013年成人非小说类图书销售额曲线图

资料来源：英国出版商协会《2013年英国出版业数据年报》

体销售额下降8%，自2009年起的5年间，该类图书销售总额惨跌22%。

2013年大部分时间，非小说类图书都是由餐饮类图书所主导，其中食谱类图书是占成人非小说类图书份额最大的一部分。事实上，到2013年中期，精装书的前20名中有13名图书的标题都与餐饮有关。因为餐饮类图书的电子书销售市场平平，因此日渐为非销售类图书销售商所关注。非小说类图书的另一个潜力市场是瘦身与健康类图书，在2013年，该类书籍销售业绩十分喜人，增长率达到50%，这一增长很大程度上得益于间歇性节食的新风潮。该类图书的榜首是莫里斯的《快速饮食》（The Fast Diet），卖出了497000册的好成绩；其次是《两日饮食》(The 2-Day Diet)，仅平装书销售量达到124000册。这充分显示饮食健康和瘦身节食已经成为人们所关注的流行趋势。

关于其他类别的非小说类图书销售中，传记和自传类图书的销量也创历年新低。在父亲节前后正是传记回忆类图书销售的黄金时期，但是今年高居榜首的仍然是一本餐饮类图书，如《里克·斯坦的印度》。然而在父亲节前后，阿里克斯·弗格森的自传在非小说类图书中脱颖而出。他的自传销量突破803000册，刷新了自2006年彼得·凯的自传小说创下的纪录，此外，再加上电子书销售量，可以毫无疑问地说，弗格森的自传是有史以来最畅销的自传小说。紧随其后的是大卫·杰森和哈里·雷德克纳普的自传，这些人都是著作等身的真实人物，他们虽然定期更新推特状态，但却出版了一系列优秀作品。

在精装书领域，成人非小说类图书销售额增长了2.1%，平装版销售额较2012年增长了0.4%，五年来，平装书销售持续走低，而精装书的销售似乎在近两年有回升趋势。工具书的销量则继续下降，同比下降了7.9%，在过去五年中则下降了22%。

（3）儿童图书市场

经过2012年的小幅度回升后，2013年儿童图书销量又进一步下跌。2013与2012年相比，销量从1.65亿册缩减到1.60亿册。儿童图书市场自2009年之后几乎一直处于持续走低的状态，但2012年中涌现出了以苏珊·柯林斯"饥饿游戏"系列为代表的新儿童畅销书，这使儿童类图书市场再一次止跌回升。但与2009年相比，2013年儿童图书销量仍有16%的跌降（见图6）。

儿童图书的销售额则从2012的3.22亿英镑跌倒2013年的3.14亿英镑。国内销售额同比下降6.1%，相反出口市场却有小幅回升，增长了3.1个百分点。根据英国出版商协会的统计，2009年儿童图书销售额为3.33亿英镑，到2013年则下降为3.14亿英镑（见图7）。在出口方面，2013年儿童图书出口总量为 0.46 亿册,基本与 2012 年持平,出口额为 0.79 亿英镑,同比增长 3.1%。

单位:亿册

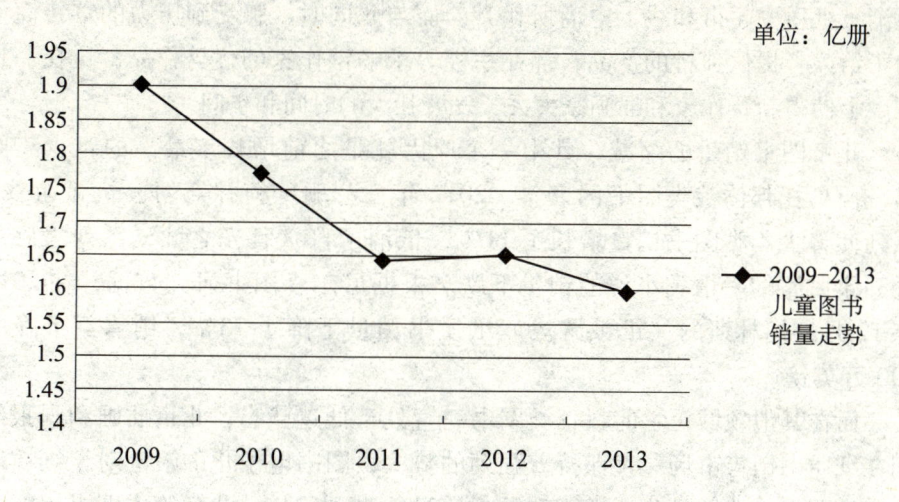

图6　2009~2013年儿童类图书销量曲线图

资料来源:英国出版商协会《2013年英国出版业数据年报》

单位:亿英镑

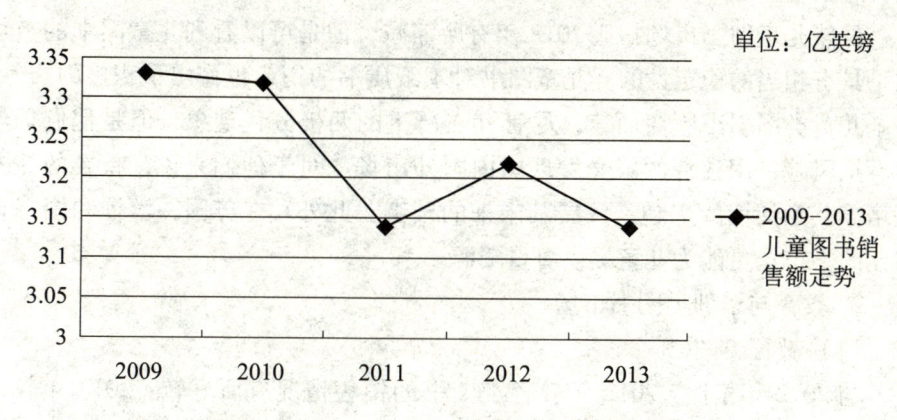

图7　2009~2013年儿童类图书销售额曲线图

资料来源:英国出版商协会《2013年英国出版业数据年报》

英国出版行业所面临的变化是显而易见的,但是儿童图书出版却相对能够保持一个比较强劲和多元化的状态。尼尔森数据显示,父母并不希望孩子们在电子屏幕上花费过多的时间,孩子们则更愿意在平板电脑上玩游戏而非读书。这就使电子书销售在儿童图书市场占有的份额仅徘徊在 5% 左右,因此，在儿童市场，电子书不太可能代替纸质书，而书店将仍然发挥重要的作用。近些年纸质书的销售方式也发生了翻天覆地的变化，传统的零售商已经逐渐被纸质书超市和线上电商所代替。而与此同时，感受到压力的零售商们为了给读者提供独特的产品，都在积极寻求畅销作家的优秀作品，这在一定程度上使得新晋作家和插画家失去了发展壮大的时间和空间。

儿童图书销量的缩减，其中一个原因就是之前增长率最高的青少年图书，反乌托邦体裁类图书的衰落。2012年，苏珊·柯林斯的《饥饿游戏》系列使青少年类图书销量增长了11%，抵消了自《暮光之城》系列之后一系列跟风魔幻爱情类小说的销量下跌。根据尼尔森图书研究数据，在2013年12月，柯林斯的《饥饿游戏》纸质书销量下降了73%，销售额下降了900万英镑。

而在其他领域，学前教育类图书一直处于低迷状态；儿童插画和画报等则在纸质书销售市场一直保持着强劲的势头，图书电子化的浪潮对于纸质版儿童类图书，特别是儿童插画和画报等显得微不足道。儿童绘本图书市场又一次被茱莉亚·唐纳森的图书主导，她的绘本图书在12月月榜上占据了前7位，总销量上涨11%，取得了1200万英镑的好成绩。

虽然儿童图书市场相比2012年有所缩减，但是可以看到儿童图书的市场还是具有相当的稳定性的。儿童图书对于纸质书的销售也作出了积极的贡献。对于儿童类图书出版商而言，尽管存在严重的两极分化现象，但是他们仍然会承担风险，用独特的眼光发现国内国外市场。对于他们来说，首要的任务是培养儿童阅读的兴趣，发展其未来的读者。此外，在英国，学校和图书馆将比图书市场更能为儿童提供海量资源。

2. 教育与培训类图书市场

（1）教育类图书

与2012年相比，2013年教育类图书的销售情况有所好转：2013年教育类图书的销量为0.539亿册，同比增长11个百分点。教育类图书销售总额从2012年的2.91亿英镑提高到2.96亿英镑，增长了1.8%。其中，电子书的销售在2011年以后一直保持着明显的增长，2013年比2012年增长了18.4%，取得了1600万英镑的成绩。2009至2013年间，教育类图书的电子销售额总共提高了近61%。但是从整个电子书市场来看，在教育类图书市场上电子书销售额所占比例极低，仅为5%。相比来说，纸质书销售额的提高不是那么明显，但是也有所增长。从2009到2013年，纸质书销售额也增长了7.5个百分点（见图8、图9）。

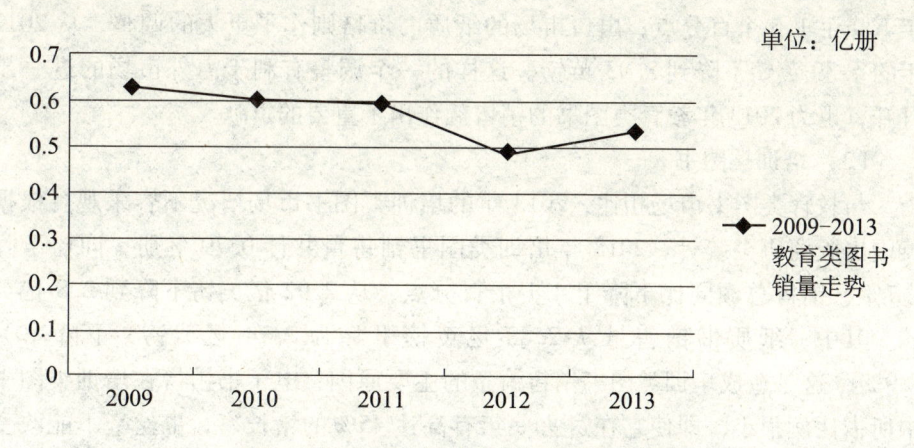

图8　2009~2013年教育类图书销量曲线图

资料来源：英国出版商协会《2013年英国出版业数据年报》

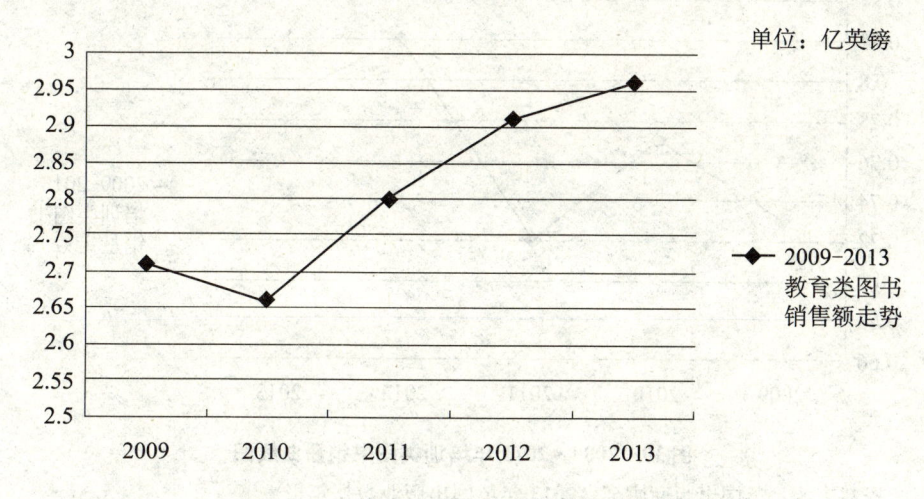

图9　2009~2013年教育类图书销售额曲线图

资料来源：英国出版商协会《2013年英国出版业数据年报》

教育类纸质书销售在2013年国内市场表现不佳，销售额同比下降5.3个百分点；但在出口市场，同类纸质书销售额从2012年的1.06亿英镑增长到1.17亿英镑，增长率达到11.2%。因此，可以看出2013年教材类图书销售额的增长主要是来自于纸质书出口市场的强劲增长。

从出书价格来看，2013年纸质书价格整体作了比较大的调整，尤其是出口图书的价格。2013年国内市场纸质书价格平均为6.77英镑，相比于2012年下降了1.5个百分点；出口市场的纸质书价格则作了更大的调整，从2012年的4.39英镑下降到3.93英镑。这样的一个调整有利于海外市场的进一步打开，也为2013年教育类图书的销售额作出了重要的贡献。

（2）培训类图书

与教育类图书市场相比，2013年的培训类图书市场情况不容乐观。根据英国出版商协会统计，2013年培训类图书销售量共计0.79亿册，同比下降3.7%；销售总额同比下降了4.1个百分点，从2.92亿英镑下降到2.8亿英镑。其中，纸质书销售量从2.88亿英镑下降为2.74亿英镑，下降率为4.9%，这是造成培训类图书销售萧条的主要原因；电子书销售在培训类图书中所占比例很小，即使它在过去一年有高达45%的增长率，也丝毫不能改变整个英语教育类图书市场萎靡的现状（见图10、图11）。

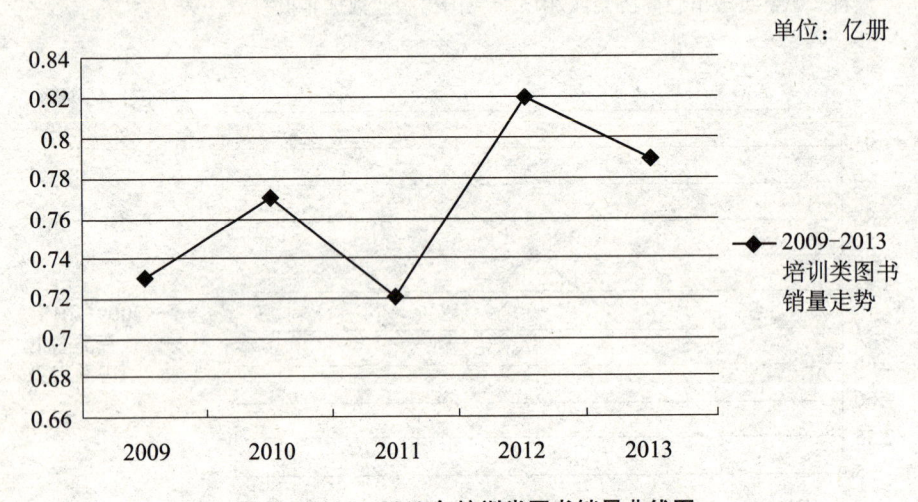

图10 2009~2013年培训类图书销量曲线图

资料来源：英国出版商协会《2013年英国出版业数据年报》

2013年的教育类图书与培训类图书以及往年的同类图书销量相比，情况都不容乐观。除了份额微小的电子书市场有较大幅上升外，纸质书市场和整个培训类图书的整体市场都呈现出下降的趋势。

3. 学术和专业类图书出版市场

学术与专业类图书市场销售情况自2010年开始就呈现颓势，一路下滑。从销量上看，从2012年的0.58亿册下降为2013年的0.54亿册，同比下降了

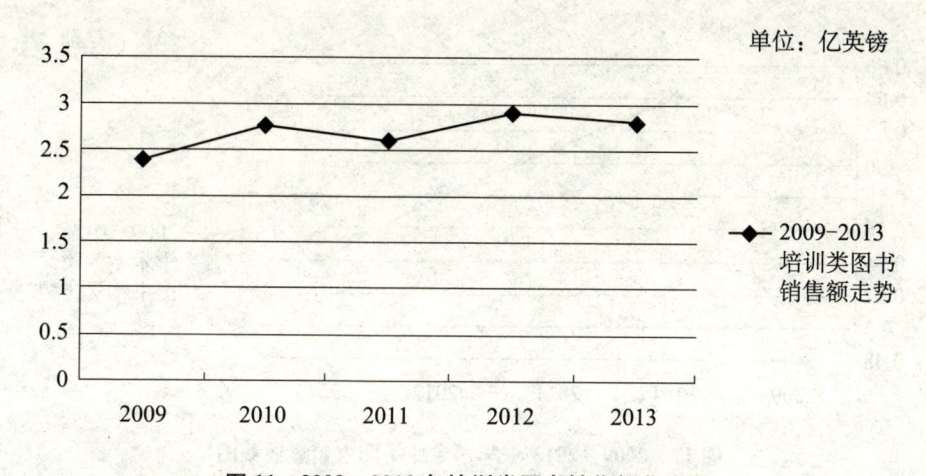

图11　2009~2013年培训类图书销售额曲线图
资料来源：英国出版商协会《2013年英国出版业数据年报》

6.7%，再创历史新低。从销售额上看，2013年学术专业类图书销售额为10.82亿英镑，相比2012年的10.74亿英镑略有上升。

虽然销量从2010年开始在一路下滑，但奇怪的是在2011年之后，销售总额却相对有了小幅度回升。这大致可以从同类书平均价格的变化中找到一部分原因。根据英国出版商协会数据，自2011年之后，学术专业类图书纸质版的销售价格一直处于平稳提升的状态：2011年国内市场均价为14.95英镑，出口市场均价为15.48英镑；2012年国内市场均价为14.84英镑，出口市场均价为15.91英镑；2013年国内市场均价增长为16.12英镑，增长率达8.6%，出口市场均价保持2012年水平不变。可以看到学术专业类图书纸质版的均价在5年之内基本上一直处于增长状态，五年间增长率达10.4%。因而，该类图书才能在销量连年下滑的环境下，保持销售额的相对稳定（见图12、图13）。

根据英国出版商协会数据分析可以看出，电子书市场自2009年以来的强劲增长为维持学术与专业类图书市场的整体稳定发挥了重要的作用。2012年学术与专业类图书销售额为1.81亿英镑，同比增长23.4%；2013年同类图书电子书销售额为2.16亿英镑，同比增长19%。从2009到2013年间，电子书市场销售额总共翻了一番。而与此对应，纸质书的销售额从2010年以来基本上呈现连续下跌的态势。2011年下降率为2.8%，2012年下降率为3.0%，2013年下降率为3.0%，2009年至2013年5年间，纸质书销售额总体下降了

单位：亿册

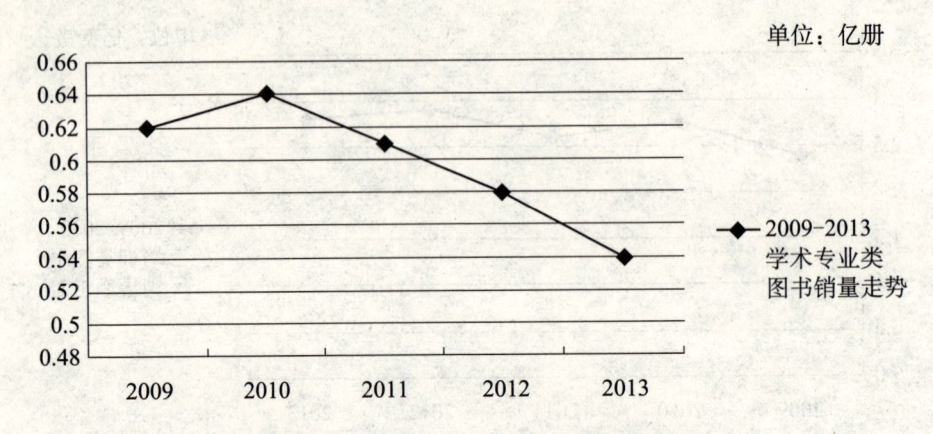

图12　2009～2013年学术专业类图书销量曲线图

资料来源：英国出版商协会《2013年英国出版业数据年报》

单位：亿英镑

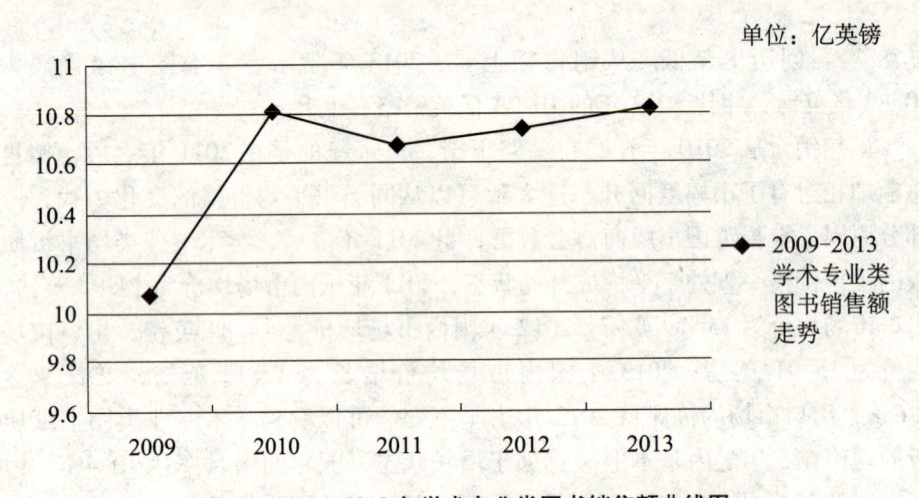

图13　2009～2013年学术专业类图书销售额曲线图

资料来源：英国出版商协会《2013年英国出版业数据年报》

3.8个百分点。可以看到，电子书销售额的强劲增长一方面缩减了传统纸质书的市场，但同时也弥补了学术语专业类图书整体销量的下降。

从国内市场和出口市场的销售情况来看，2013年国内销售市场的情况并不理想。2012年学术与专业类图书国内销量仅为0.27亿册，相比2011年下降了4.1%，销售额为4.14亿英镑，同比下降3.9%；2013年同类图书销量为0.25亿册，同比下降6.7%，销售额为3.99亿英镑，同比下降3.6%。再看国外市场似乎也并不比国内市场好,2013年出口市场销量0.29亿册,同比下降2.4%,销售额为4.67亿英镑,同比下降2.5%。

但是值得注意的是,学术与专业类图书的国内市场和出口市场所占的份额十分接近。并且国内市场所占份额逐渐缩小,相对的,出口市场的所占比例则越来越大,开始超过50%,到2013年基本达到54%。

(三)电子书的发展情况

2013年英国电子书市场继续了2012年的增长,电子书的销售量达69599册,同比增长20%,是2011年的近两倍。这一方面源于《五十度灰》三部曲继续热卖,许多消费者为了方便阅读专门购买了电子书阅读器等终端设备下载该书;另一方面则是因为巴诺书店(美国最大的实体书店)以及亚马逊也加入了电子书的市场,并提供各类硬件和电子书分配系统(见表12)。

表12 2011~2013年英国电子书销售量

单位:册

年份	2011	2012	2013
电子书	35000	57999	69599

资料来源:英国出版商协会《2013年英国出版业数据年报》

2013年英国出版商的电子书销售额为5.09亿英镑,2012年同比增加了19.2%,达到了4.11亿英镑。数据表明,英国图书市场正从实体出版物向电子出版物飞速转变,电子书的销售额在总收入中的比重已从2010年的5%增长到2013的15%。尽管在2013年英国经济增长1.7%,创近五年来最高,但由于电子书增幅减缓,出版物整体销量仍然下滑。其中,学术与专业类电子书的销售额在2013年仍然是电子书领域销售额最大的,但是已从2008年的85%下降到了42%,销售额为2.16亿英镑。大众图书占电子书销售额的比重已从2009年的14%增长到2013年的55%(见表13)。

表13 2011~2013年英国出版物销售额

单位:百万英镑

年份	2011	2012	2013
电子书	258	427	509
纸质出版物	2967	3039	2880
总体	3030	3466	3389

资料来源:英国出版商协会《2013年英国出版业数据年报》

2013年最畅销的电子书为保拉·霍金斯（Paula Hawkins）的作品《城铁女孩》（The Girl on the Train）。该书超过了持续热销的《五十度灰》，成为2013年英国最畅销电子书。电子书中的小说类出版物销售量远高于非小说类出版物。2012年引爆图书市场的《五十度灰》在2013年仍然热销，可见英国电子书市场仍未出现特别成功的电子版图书。在2013年英国亚马逊畅Kindle电子书销售排行榜中，成人类电子书占据绝大多数，仅有两本儿童类电子书入围前二十。《梦想和希望的小铺子》和《小小绘画家》分列第5、13位（见表14）。

表14 2013年英国亚马逊畅Kindle电子书销售排行榜

排名	书名	类型	作者
1	《城铁女孩》（The Girl on the Train）	成人/社会	保拉·霍金斯（Paula Hawkins）
2	《消失的爱人》（Gone Girl）	成人/婚姻	吉莉安·菲林（Gillian Flynn）
3	《五十度灰三部曲》（Fifty Shades Trilogy）	成人/色情	E. L. 詹姆斯（E. L. James）
4	《无声的尖叫》（Silent Scream: An edge of your seat serial killer thriller）	成人/惊悚	安吉拉·马尔森斯（Angela Marsons）
5	《梦想和希望的小铺子》（The Little Shop of Hopes and Dreams）	儿童/童话	菲欧娜·哈珀（Fiona Harper）
6	《无限接近》（Closer Than You Think）	成人/社会	凯伦·罗斯（Karen Rose）
7	《荆棘鸟》（The Thorn Birds）	成人/历史	科林·麦卡洛（Colleen Mccullough）
8	《隐姓埋名》（Hide Her Name）	成人/情感	纳迪安·多丽丝（Nadian Dorries）
9	《懒虫》（Sleepyhead）	成人/社会	马克·比林汉姆（Mark Billingham）
10	《黑色回声》（The Black Echo）	成人/惊悚	迈克尔·康奈利（Michael Connelly）

资料来源：英国亚马逊Kindle平台

在2013年《书商》Bookseller畅销书排行榜中，前50名的电子书共有15本，比去年增加6本。值得一提的是，较2012年排行榜，《饥饿游戏》《偶发空缺》《恋爱求证》和《百岁老人跷家去》依然热度不减，再次入围（见表15）。

表15　2013年《书商》畅销书排行榜中进入前50名的电子书

排名	书名	作者	纸质书销售量（册）	销售额（英镑）
1	《我的自传》（My Autobiography）	Ferguson, Alex	803084	10237931
2	《地狱》（Inferno）	Brown, Dan	640676	6429064
4	《快餐》（The Fast Diet）	Mosley & Spencer	497736	2304895
7	《魔鬼牙医》（Demon Dentist）	Walliams, David	396178	2483974
9	《不太可能》（The Unlikely）	Joyce, Rachel	324545	1657310
11	《偶发空缺》（The Casual Vacancy）	Rowling, J K	321940	1637518
14	《布里奇特·琼斯：为男孩疯狂》（Bridget Jones: Mad About the Boy）	Fielding, Helen	295510	2996596
16	《与你纠缠》（Entwined with You）	Day, Sylvia	255713	1043105
23	《百岁男人》（The Hundred-Year-Old Man）	Jonasson, Jonas	223966	1601575
31	《恋爱求证》（Is it Just Me?）	Hart, Miranda	199259	1317570

资料来源：《书商》

（四）主要出版相关企业情况

根据国际出版咨询公司鲁迪格·威辛巴特出版的《2014全球出版业50强收入排名报告》（榜单以2013年度数据作为排名依据），英国图书出版社在排行榜中占据5席。培生集团以64.48亿英镑的年收入连续5年稳居榜首，励德爱思唯尔出版集团紧随其后，位居第二。牛津大学和英夫曼公司分列第17、20位，剑桥大学出版社的名次较去年有大幅提升，从第48位跃至第38位（见表16）。

表16　入围2013全球出版业50强排行榜的英国图书出版商

2013排名	2012排名	出版商	2013收入（亿英镑）	2012收入（亿英镑）
1	1	培生（Pearson）	64.48	59.47
2	2	励德爱思唯尔（Reed Elsevier）	47.32	38.53
17	16	牛津大学出版社（Oxford University Press）	8.14	7.30
20	20	英富曼（Informa）	7.69	7.31
38	48	剑桥大学出版社（Cambridge University Press）	2.81	2.57

资料来源：根据鲁迪格·威辛巴特图书咨询公司所提供数据整理，该排名由美国《出版商周刊》、英国《书商》杂志、法国《图书周刊》、德国《图书报道》和巴西《出版新闻》共同发布 http://www.wischenbart.com/upload/Global-Ranking-2013_ Analysis_ Wischenbart. pdf

2013年，英国图书销售额下降2%，达34亿英镑。尽管如此，就上榜的这五家英国出版社而言，它们在2013年的利润增长均仍保持较高的水平。从销售额来看，在2012年排名前五位的五大出版社（培生集团、励德爱思唯尔、牛津大学出版社、英富曼、剑桥大学出版社）仍位列全球出版社前50强，其中培生集团以64.48亿英镑的销售额位居榜首；励德爱思唯尔公司位居第二，销售额为47.32亿英镑；位于第三名的是牛津大学出版社，销售额为8.14亿英镑；第四名是英富曼，销售额为7.69亿英镑；排名第五的是剑桥大学出版社，销售额为2.81亿英镑。

具体到英国上榜的五大出版商——培生、励德爱思唯尔（英国、荷兰、美国合资）、牛津大学出版社、英富曼以及剑桥大学出版社在2013年总收入达到130.44亿英镑，占到全球前50大出版商总收入的四分之一。从收入上看，英国出版社在世界上的地位仅次于美国。

与其他地区出版社相比，英国这五家出版社在2013年全都保持增长态势，市场表现相当抢眼。这五家出版社市场表现抢眼的原因之一是培生集团旗下的企鹅出版社与兰登书屋的合并。由于这两家出版社的主要市场都集中在STM和教育学术出版领域（科学Science、技术Technical、医学Medical），使得合并后的企鹅兰登书屋的市场份额更加集中，收入不断增长。相比于2008年，新合并的企鹅兰登书屋STM出版收入增长42%，教育出版收入增长34%，学术出版收入增长30%。

总的来说，培生、励德爱思唯尔、牛津大学出版社、英富曼以及剑桥大学出版社这五大出版社在英国的市场地位较为稳固，这种势头在未来仍将继续。

三、期刊业发展状况

（一）概　况

根据英国《媒体周刊》2013年发布的数据，英国2013年订阅量排名前三的杂志分别是电视指南类杂志《电视周刊》（What's on TV）、健康类杂志《瘦身世界》（Slimming World Magazine）、时尚类杂志《魅力》（Glamour）。《电视周刊》的总订阅量高达1051129份，超过《瘦身世界》和《魅力》的总和。

多数主流杂志总体订阅量呈增长趋势，但纸质版订阅量呈下降趋势。比如女性杂志中,《魅力》总订阅量达 415258 份,同比增长 2.5%,其电子版订阅量同比增长 12.5%。时尚杂志《Vogue 服饰与美容》(Vogue)订阅量达 201077 份,同比增长 2.1%,其中电子版增长率高达 124.5。其英国用户订阅比例增长 10.6%(见表 17)。

男性杂志中《智族》(GQ)表现最为突出,总订阅量达 127040 册,同比增长 2.6%。但令人意外的是,《智族》的电子版订阅量却下降了 3.6%。但同样面向男性读者的科技类杂志《连线》(Wired)却取得了不错的成绩,总订阅量增长 18.1%,达到 57497 份。

在排行榜中,电子订阅量最高的是《瘦身世界》,高达 7738 份。最低的是《妇女周刊》,尚不足 300 份,远低于其他杂志。此外,《家居女人》和《OK!杂志》的电子订阅量突飞猛进,同比分别增长 289.1% 和 138.9%。

表 17　2013 年消费类杂志购买量排行榜前十

排名	名称	总发行量(册)	纸质版发行量额(册)	电子版发行量(册)	电子版同比增长	纸质版同比增长
1.	《电视周刊》(What's on TV)	1051129	1049558	1571	—	-14.1%
2.	《瘦身世界》(Slimming World)	458517	450778	7739		0.7%
3.	《魅力》(Glamour)	415258	410480	4778	12.5%	-3.2%
4.	《好管家》(Good Housekeeping)	414542	410981	3561	5.4%	0.4%
5.	《新》(New!)	378311	373972	4339		-7.3%
6.	《家居女人》(Woman & Home)	356282	353169	3113	289.1%	0.2%
7.	《谈天说地》(Chat)	331102	329821	1281		-5.3%
8.	《时代杂志》(Time Magazine-EMEA (excluding BI/SA))	317039	310899	6140		-3.6%
9.	《OK!杂志》(OK! Magazine)	308220	301355	6865	138.9%	-12%
10.	《妇女周刊》(Woman's Weekly)	307357	307086	271	—	-3.1%

资料来源:《媒体周刊》(Media Week)

据广告协会(Advertising Association)统计,英国 2013 年的广告投入达到了 178 亿英镑,比 2012 年上升了 3.2%,延续了上涨势头。同时 2014 年英国广告投入将上涨 5.3%,达到 188 亿英镑。英国的天空广播公司(British Sky

Broadcasting Ltd）依然占据广告主第一名位置。莫里森超市（Wm Morrison Supermarkets Plc）由2012年的第三名上升为2013年的第二名，新品牌广告投资额较2012年增长278万英镑（见表18）。

表18 2013年 广告主前十

排名	广告商	新品牌广告投资额（英镑）	占总广告投资额比重（%）
1	英国的天空广播公司（British Sky Broadcasting Ltd）	53468237	23
2	莫里森超市（Wm Morrison Supermarkets Plc）	38374189	34
3	阿斯达百货有限公司（Asda Stores Ltd）	36729222	42
4	乐购公司（Tesco Plc）	35026037	33
5	英国电信（Bt Ltd）	32187941	19
6	阿尔迪连锁超市（Aldi Stores Ltd）	23466368	25
7	DFS家具控股股份有限公司（Dfs Furniture Co Ltd）阿尔迪连锁超市（Aldi Stores Ltd）	23076454	48
8	马莎百货公司（Marks & Spencer）	21115690	39
9	爱顾商城（Argos Ltd）	20859029	38
10	森宝利超市（Sainsburys Supermarkets Ltd）	18561463	29

资料来源：《媒体周刊》

2013年英国在杂志品牌上的广告总投入为1082万英镑，同比增长1.11%，但仍低于2012年的水平。从2012年至2013年，英国的杂志品牌在英国广告投入总额中所占的比重下降，分别为6.50%和6.15%（见表19）。

表19 2012~2013年广告投入领域比重分布

英国广告投资2012~2013	2012广告投入（万英镑）	2013年广告投入（万英镑）
电视	4480	4650
电视视频点播	104	180
广播	553	575
国家新闻品牌	1533	1533
地区新闻品牌	1402	1315
杂志品牌	1101	1082
购物中心	2127	2123
电影院	213	186
因特网	5420	5951
总投入额	16933	17595

资料来源：英国广告协会 http://www.adassoc.org.uk

（二）分类期刊情况

根据英国期刊协会（Periodical Publishing Association，PPA）的统计，截至 2013 年年底，儿童类期刊发行量达到 2068438 册，比 2012 年增长了 14.61%。其中发行量最高的是由英国儿童出版商 Redan Publishing 出版的《开心学——粉红猪小妹》(Fun to Learn-Peppa Pig)，达到了 98922 册，同比上升了 13.86%，单册售价为 1.99 英镑。

青少年杂志截至 2013 年年底共发行 141121 册，比 2012 年下降了 14.82%。其中发行量最高的是由英国即刻媒体公司（Immediate Media Company）出版的《流行音乐巅峰》(Top of the Pops)，达到了 56004 册，同比下降了 23.59%，单册售价为 3.99 英镑。

计算机类期刊截至 2013 年年底共发行了 481686 册，比 2012 年下降了 11.31%。其中，纸质版发行量为 438808 册，同比下降 14.82%；电子版发行量为 42878 册，同比增长 45.23%。纸质版发行量最高的杂志由丹尼斯（Dennis）出版有限公司出版的《计算机》(Computer active)，其发行量为 91346 册，比 2012 年下降了 7.32%，单册售价为 1.99 英镑。电子版发行量最高的杂志是《英国苹果杂志》(MacFormat)，其发行量为 8037 册，同比上升 138.13%。

乡村生活类期刊截至 2013 年年底共发行了 2805534 册，比 2012 年增长了 3.93%。其中，纸质版发行量为 2804742 册，同比增长 3.91%；电子版发行量为 792 册，同比增长 162.25%。纸质版发行量最高的杂志是由"国民托管组织"(National Trust)出版的《英国国民托管组织杂志》(The National Trust Magazine)，达到 2043876 册，比 2012 年上升了 4.90%。电子版发行量最高的杂志是《乡间生活》(Country Life)，达到 464 册，比 2012 年上升了 211.41%。

大众兴趣类期刊截至 2013 年年底共发行了 1628738 册，比 2012 年下降了 10.89%。其中，纸质版发行量为 1625056 册，同比下降 10.97%；电子版发行量为 3682 册，同比增长 51.46。纸质版发行量最高的杂志是由保罗·巴赫创办的《传说杂志》(Saga Magazine)，其发行量为 488074 册，比 2012 年下降了 17.45%，单册售价为 2.50 英镑。电子版发行量最高的杂志是《特技》(SFX)，达到 2480 册，同比上升了 10.57%。

家庭兴趣类杂志截至 2013 年年底共发行了 753130 册，比 2012 年上升了 2.82%。其中，纸质版发行量为 750149 册，同比增长 2.58%；电子版发行量为 2981 册，同比增长 142.16%。纸质版发行量最高的杂志是由英国皇家园艺学会（RHS Media）出版的《花园》（The Garden），其发行量为 377205 册，比 2012 年增长了 3.20%，单册售价为 4.25 英镑。由即刻媒体公司（Immediate Media Company）出版的《园丁世界》（BBC Gardener's World）获得了最高的电子版发行量，达到了 1627 册，同比上升了 191.58%。

业余爱好类期刊截至 2013 年年底共发行了 4380632 册，比 2012 年增长了 8.9%。其中，纸质版发行量为 4313353 册，同比增长 8.25%；电子版发行量为 67279 册，同比增长 77.49%。纸质版发行量最高的是由皇家鸟类保护协会（Royal Society for the Protection of Birds）出版的《自然之家》（Nature's Home），其发行量为 598243 册，比 2013 年下降了 0.44%。电子版发行量最高的杂志是 N Photo，达到了 6767 册，同比上升了 22.09%。

汽车和摩托车类期刊截至 2013 年年底共发行了 2263203 册，比 2012 年下降了 3.24%。其中，纸质版发行量为 2238919 册，同比下降 3.88%；电子版发行量为 24284 册，同比增长 135.63%。纸质版发行量最高的是由华纳集团（Warners Group）出版的《大篷车俱乐部杂志》（The Caravan Club Magazine），其发行量为 361144 册，比 2012 年下降了 1.91%，单册售价为 4.20 英镑。电子版发行量最高的是《疯狂汽车秀杂志》（BBC Top Gear Magazine），达到了 13402 册，同比上升了 135.99%。

音乐类期刊截至 2013 年年底共发行了 461618 册，比 2012 年下降了 8.82%。其中，纸质版发行量为 437941 册，同比下降 10.67%；电子版发行量为 23677 册，同比增长 47.68%。纸质版发行量最高的是鲍尔消费者传媒（Bauer Consumer Media）出版的 Mojo，达到了 74203 册，比 2012 年下降了 11.32%，单册售价为 4.99 英镑。电子版发行量最高的是《未来音乐》（Future Music），达到了 4965 册，同比上升了 8.41%。

新闻和时政类期刊截至 2013 年年底共发行了 1702329 册，比 2012 年增长了 8.92%。其中，纸质版发行量为 1672047 册，同比增长 7.96%；电子版发行量购买量为 30282 册，同比增长 113.84%。纸质版发行量最高的是由 Pressdram 集团出版的《侦探》（Private Eye），其发行量达到 224162 册，比 2012 年下降了 0.28%，单册售价为 1.50 英镑。电子版发行量最高的是《经济学人——英国版》（The Economist-United Kingdom Edition），达到 12642 册，同比上升了 83.78%。

体育类期刊截至 2013 年年底共发行了 1234072 册，比 2012 年增长了

1.74%。其中，纸质版发行量为 1206588 册，同比增长 0.86%；电子版发行量为 27484 册，同比增长 65.17%。纸质版发行量最高的杂志是由英国射击和保护协会免费赠阅的《射击与保护》（Shooting and Conservation），达到了 122582 册，比 2012 年增长了 2.47%。电子版发行量最高的杂志是《专业单车》（Cycling Plus），达到了 5515 册，同比上升了 25.966%。

电视类期刊截至 2013 年年底共发行了 4251685 册，比 2012 年下降了 14.00%。其中，纸质版发行量为 4245779 册，电子版发行量为 5906 册。纸质版发行量最高的是由 H. Bauer 出版的《电视选择》《TV Choice》，其发行量达到 1374813 册，比 2012 年增长了 11.77%，单册售价为 0.45 英镑。电子版发行量最高的杂志是《剧透》（Inside Soap），达到 2212 册，同比上升了 127.34%。

男性生活类杂志截至 2013 年年底共发行了 2254316 册，比 2012 年下降了 2.99%。其中，纸质版发行量为 2154071 册，同比下降 4.41%；电子版发行量为 100245，同比增长 42.63%。纸质版发行量最高的杂志是由候选人媒体有限公司（Shortlist Media Ltd）免费赠阅的《候选人》（Shortlist），其发行量为 534692 册，比 2013 年增长了 0.56%。电子版发行量最高的杂志是 T3，达到了 22319 册，同比上升了 100.03%。

女性生活时尚类杂志截至 2013 年年底共发行了 6048218 册，比 2012 年下降了 6.40%。其中，纸质版发行量为 5973482 册，同比下降 6.70%；电子版发行量为 74736 册，同比增长 26.82 册。纸质版发行量最高的杂志是由约翰刘易斯合伙公司（John Lewis Partnership）出版的《约翰刘易斯版》（John Lewis Edition），其发行量为 497512 册，比 2012 年增长了 0.30%。电子版发行量最高的是《浮华世界》（Vanity Fair），达到了 8674 册，同比上升了 12.24%。

女性兴趣类周刊发行量截至 2013 年年底共发行了 5561891 册，比 2012 年下降了 7.25%。其中，纸质版发行量为 5542038 册，同比下降 7.51%；电子版发行量为 19853 册，同比增长 287.45%。由 H. Bauer 出版集团发行的《放松时刻》（Take a Break）获得了最高的纸质版发行量，其发行量为 696507 册，比 2012 年下降了 7.07%，单册售价为 0.90 英镑。电子版发行量最高的杂志是《OK！杂志》，达到了 6865 册，同比上升了 138.95%。

女性兴趣月刊类截至 2013 年年底共发行了 12344311 册，比 2012 年增长了 2.42%。其中，纸质版发行量为 12276377 册，同比增长 2.22%；电子版发行量为 67934 册，同比增长 60.09%。由阿斯达公司免费发行的《阿斯达杂志》（Asda Magazine）纸质版发行量遥遥领先，达到 1983433 册，比 2012 年增长了 1.18%。电子版发行量最高的杂志是《BBC 美食》（BBC Good Food），达到了 11420 册，同比上升了 20.39%。

参考文献

1. 英国出版商协会. www.publishers.org.uk
2. 英国专业出版商协会. www.ppa.co.uk
3. 尼尔森图书数据公司. www.nielsenbookdata.co.uk
4. 英国广告协会. www.adassoc.org.uk
5. 英国出版商协会《2013 年英国出版业数据年报》（UK Publishing Industry Statistics Yearbook 2013）
6. 亚马逊网站. www.Amazon.uk

法国出版业发展报告

王 珺

一、出版业发展背景

（一）经济环境

根据法国国家统计和经济研究所（Institut National de la Statistique et des Etudes Economiques，INSEE）公布的数据，2013 年，法国国内生产总值21137 亿欧元，年经济增长率为 0.2%，低于之前普遍估计的 1%。经济增长低迷、偏高的赤字和债务水平使得标准普尔、惠誉等国际信用评级机构先后质疑法国财政的可信度，于2013 年 11 月将法国主权信用评级从"AAA"降至"AA＋"。法国家庭平均消费支出也持续低迷。2013 年的 12 个月间，有 7 个月的家庭平均消费支出增幅为负值，其中波动最大的是能源类或食品类支出。有消息称，部分法国民众为了减少日常食品购买支出而降低对食品品质的要求。这样的消费心理对民众支出文化产品和服务费用十分不利。

在对外贸易方面，2013 年，法国进口总额为 4968.31 亿欧元，与 2012 年相比下滑了 2.3%。法国贸易逆差状况有所改善，逆差总额收窄到 611.89 亿欧元，与 2012 年相比减少了 60.52 亿欧元。贸易逆差的改善主要来自进口的萎缩，除中近东地区的进口业务在 2013 年有明显增长之外，法国与欧盟、非洲这两个重要地区的进口业务都有不同程度的衰退。出口方面，法国对欧盟和第三世界国家的出口都有下降，只是降幅低于进口而已。由此可见，对外贸易并不能对法国经济状况起到积极作用。

（二）政策法律环境

法国文化部是推动该国书报刊及其他文化产业发展的主要行政管理部门，教育部、外交部等在各自领域与文化部形成互动，保证法国政府对包括出版业在内的本国文化产业的支持。

在法国整体经济状况吃紧的背景下，法国文化部获得的财政预算支持持续减少。2013 年，法国文化部计划争取财政经费 736.4 亿欧元，比 2012 年减少2%。从2013年法国文化部在支持书报刊及文化产业的总支出上看，实际年度支出7.82亿欧元，与计划支出的7.84亿欧元相差200万欧元，整体支持力度下降（见表1）。

表1　20012~2013年文化部用于书报刊及文化产业方面的预算

单位：亿欧元

预算种类	2012	2013
文化部总预算	754.3	736.4
书报刊及文化产业总预算	8.08	7.84
报刊预算	5.33	5.16
图书与文化产业预算	2.75	2.68

资料来源：《法国文化部预算报告（2013）》（Projet de loi de finance，2013）

当然，除法国文化部以外，法国政府其他部委也在预算中列支了部分扶持相关文化领域活动的经费。2013年，包括教育部、外交部、国防部、内政部、财政部等13个法国政府部门共向文化领域提供财政经费37.05亿欧元。其中，教育部和外交部最多，分别列支22.23亿欧元和8.17亿欧元。

法国对独立书店的支持已经持续多年。近年来，法国文化部为帮助独立书店免受大型网络书店和数字化阅读的冲击采取了许多措施，其中最为突出的就是直接增加资金支持和通过禁止网络书店免费送货的法律。2013年，法国文化部拨付900万欧元用于启动"书店扶持计划"（plan librairie）。

在法国文化部财政预算一再被缩减的状况下，2013年，法国国家图书中心对以图书和期刊为主的出版领域的各类活动、机构和人员的资助、补贴和贷款帮助金额不降反升，达到3965.7万欧元，比上一年增长了31.1%（见表2）。

表2　2012~2013年国家图书中心资助情况表

单位：万欧元

资助项目	2012	2013
法国作家资助	204.4	216.5
国外译者资助	31.5	43.5
文化资源获取资助	35	31.5
文学活动	247.5	225
图书与期刊的出版资助	572.7	648.9
推广发行资助	305.1	1207.9
数字化资助	931.7	862.2

续表

资助项目	2012	2013
推广机构及活动补贴①	523.1	515.6
促进专业化发展的借款	174.4	214.6
总资助金额	3025.4	3965.7

资料来源：《法国图书周刊》（Livres Hebdo）总第1004期

从两年间中心资助金额变化情况可以看出，法国努力扶持法国原创作品的创作和译介，加强图书与期刊出版环节的资金注入，大力扶持以独立书店为代表的图书发行及零售渠道，保护出版产业链下游的多样性。与此同时，法国国家图书中心考虑到数字时代文学活动和境内外大型图书推广活动的作用有所减弱，减少了对上述活动的资助额度；考虑到出版社之前获得的促进企业数字化发展的资金使用不充分，减少了数字化资助中对出版社的资助额度，仅维持对法国国家图书馆数字化工作的经费额度不变。

（三）国民阅读状况

根据法国益普索市场调查公司（Ipsos）与《法国图书周刊》（Livres Hebdo）联合进行的阅读情况调查②，2013年，法国有69%的15岁及以上读者在过去的12个月内读了至少一本书③。在所有进行过阅读活动的人中，一年读书在1~4本的占22%，读5~19本的占28%，读20本以上的"书虫"占18%。

与图书阅读情况调查相伴随的还有图书购买习惯的调查。2013年，法国有53%的人一年至少买了一本书，25%的人一年买了1~4本，16%的人一年买了5~11本，11%的人购书12本以上。在接受调查的读者中，2.6%的人曾经至少买过一本电子书。④

面对越来越多的图书品种，读者仅依靠传统的畅销榜单似乎已经不能做

---

① 这里指法国出版国际推广办公室（Bureau International de l'Edition Française, BIEF）在法国境外参展、巴黎图书沙龙（Salon du livre）等代表法国图书业全貌的相关活动。

② 2011年以来，法国文化部等官方机构没有开展全国范围内的国民阅读情况调查，相关研究由各市场调查机构、行业协会等进行。

③ 此次调查开展于2014年3月，结果收入法国文化部发布的《图书经济状况年度数据（2012~2013）》（le secteur du livre：chffre-clés 2012~2013），但数据并不能与之前文化部发布的2008年阅读状况数据相比较。该项调查对1000名15岁（含）以上法国人进行面对面的信息采集，阅读的图书不包含电子书，但包含连环画和漫画；阅读活动不包含为工作、研究、学习等进行的专业化阅读和为孩子读书的行为。

④ 该调查是法国TNS公司接受法国文化部委托所做，共采集样本3000个，涉及15岁（含）以上读者，所购图书为纸质或电子书，但不包含教材和成套的百科全书。

出最适合的选择。昆特公司（Kurt Salmon）的调查结果显示[①]，69%的法国读者认为书价过高并期待能得到更为个性化的图书内容推荐服务，62%的人更倾向于其他读者的推荐，43%的人愿意在社交网站上分享自己的读书感受。

在报刊阅读方面，奥迪报刊调查公司（AudiPress）2013年针对法国管理阶层、公务人员等精英人群的调查表明，法国此类人群对传统报刊青睐有加。有超过95%的精英人群每个月至少阅读一种报刊。当然，此类人群阅读报刊的载体并不仅限于传统的纸质版。浏览报刊是精英人群使用移动设备的第四大用途，排在处理电子邮件、查看天气预报、使用社交网络之后。

二、图书业发展状况

（一）概况

1. 出版情况

在读者需求日益多元的大背景下，法国图书出版出现了品种持续增长、印数下降的趋势。2013年，法国出版商协会会员出版品种突破9.5万种，比2012年增长10.6%。如果将法国登记注册的5000多家图书出版机构都作为调查对象[②]，那么法国年图书出版品种有望超过10万种。同年，法国图书总印数下降了9.3%，平均印数减少18.1%，平均印数已不足6000册（见表3）。

表3 2011~2013年图书出版情况

分类	2011	2012	2013
种数（种）	81268	86295	95483
新书	41902	44678	46619
再版书	39366	41616	48865
总印数（千册）	620062	630913	572033
新书	379483	387389	353393
再版书	240579	243524	218640
平均印数（册）	7630	7311	5991

资料来源：法国出版商协会《法国出版业国内及国际数据年度报告》（2012年、2013年、2014年）（Repères statistiques France et International 2012. 2013. 2014.）

[①] 此次调查开展于2014年6月，是对法国、英国、美国和中国读者阅读需求的对比研究，共收集约4000个样本。

[②] 法国出版商协会是法国图书出版业行业协会，其会员由法国重要且活跃的出版社组成，其统计数据占行业真实数据的绝大部分。法国出版社登记制，根据法国国家统计和经济研究所公布的数据，目前登记注册的出版社有5000余家。

再版书一直是法国出版社的出版重点。2013年，法国再版书品种占出版总品种的51.2%，成为再版率的新高点。从总印数上看，再版书占38.3%，与2012年比例基本持平。

2013年，法国翻译出版的图书品种仍在增长，但增速放缓，仅为2.7%，2011年以来首次低于整体图书品种增幅。从语种上看，英语、日语、西班牙语、斯堪的纳维亚语、俄语、东欧语言等6类的翻译图书在3年时间内处于不断增长的状态，德语、意大利语、汉语、韩语、荷兰语、葡萄牙语、阿拉伯语、波兰语等都有不同程度的波动。2013年，法国翻译出版的汉语图书达到近三年高峰，出版102种，比2012年增加36种；其中，汉语小说翻译出版33种，比2012年增加16种（见表4）。

表4　2011~2013年翻译图书出版种数

单位：种

语种	翻译图书整体情况			翻译小说情况		
	2011	2012	2013	2011	2012	2013
合计	10226	11313	11623	3624	3633	3961
英语	6130	6653	6993	2724	2680	2919
日语	898	1191	1296	45	47	50
德语	669	754	714	119	121	171
意大利语	466	554	511	110	121	135
西班牙语	367	403	450	178	181	171
斯堪的纳维亚语①	230	242	260	153	176	172
俄语	96	117	118	41	52	62
东欧语言	75	86	120	35	48	54
汉语	84	66	102	31	17	33
韩语	54	87	60	9	11	20
荷兰语	88	102	96	25	12	25
葡萄牙语	49	76	70	25	43	39
阿拉伯语	79	91	89	19	21	22
波兰语	37	41	35	15	11	10
其他语言	904	850	709	89	92	78

资料来源：《法国图书周刊》2012年总904期，2013年总第948期，2014年总第992期

从图书出版种类上看，文学、社会与人文科学、儿童与青少年读物三类已经超过总品种数的一半；文学、儿童与青少年读物、教学用书的印量则相

---

① 指瑞典语、丹麦语和挪威语。

对较高。除此之外，连环画、生活实用图书也占有较大市场份额。

与两年前相比，2013 年法国出版的教学用书，科技、医药与管理，词典与百科全书，地图这四类图书在种数和总印数上都有不同程度的下滑。如果说教学用书是因为法国各级学校教改进入一个相对平稳进行的阶段，甚至一些原定计划因诸种原因暂停或调整，那么其他几类图书的减少与数字化时代民众信息获取习惯的改变有着千丝万缕的关系。资源数据库，移动终端上的字典、翻译软件和地图检索的功能都大大超越了纸质图书，先出版数字产品，再出版纸质版本成为这几类图书惯有的模式（见表 5）。

表 5 2013 年图书出版细分市场

类别	图书出版种数（种）			图书出版总印数(千册)			比例（%）	
	新书	再版书	合计	新书	再版书	合计	种数	总印数
教学用书	2951	6822	9773	32250	47219	79468	10.2	13.9
科技、医药与管理	1177	2628	3805	4311	1665	5976	4	1
社会与人文科学	6510	8441	14950	18978	10873	29851	15.7	5.2
宗教玄学	716	3396	4112	2773	3204	5977	4.3	1
词典与百科全书	443	256	699	8424	3137	11561	0.7	2
文学	11582	8436	20019	95816	49257	145073	21	25.4
文献、时事与随笔	2764	2660	5424	11498	3515	15013	5.7	2.6
儿童与青少年读物	6058	7004	13062	62842	51840	114682	13.7	20
连环画	3221	2937	6159	49267	23625	72892	6.5	12.7
艺术	2221	744	2965	8050	1286	9336	3.1	1.6
生活实用图书	8021	4379	12391	48853	19012	67865	13	11.9
地图	954	1159	2114	9992	4006	13998	2.2	2.4
文献资料	10	1	11	339	0	340	0	0.1
合计	46628	48863	95484	353393	218639	572033	100	100

资料来源：法国出版商协会《法国出版业国内及国际数据年度报告》（2012 年、2013 年、2014 年）

根据法国国家统计和经济研究所公布的数据，2013 年，法国各类图书定价比上一年增长 0.4%，增幅低于同期法国各类消费品定价增长幅度。从种类上看，文学类图书定价同比增长 1.3%，教学用书、词典与百科全书增长 1%，儿童与青少年读物、生活实用图书及其他类图书定价同比下降 0.6%。

2. 发行零售情况

法国图书业的销售情况不容乐观。2013 年，法国出版社销售额持续下降，年降幅近 4%，是三年来降幅最大的一年。实物销售和版权转让的收入同时减少，表明两年间法国出版社的盈利方式受到了一定挑战。即便将数字出版

（主要是电子书）的收入计算在内，法国出版社整体的收入情况也是处于减少的状态。从销售量上看，2013 年比 2012 年减少了 1408.5 万册，降幅为 3.19%。实际上，出版社销售量的持续减少已经有 6 年了，销量累计减少了近 6000 万册（见表 6）。

表 6　2011~2013 年出版社图书销售情况

销售情况	2011	2012	2013
销售额（百万欧元）	2804	2771	2687
实物销售	2669	2639	2559
版权转让	135	133	128
销售量（千册）	450579	440900	426815

资料来源：法国出版商协会《法国出版业国内及国际数据年度报告》（2012 年、2013 年、2014 年）

可喜的是，出版社印量的减少幅度远远大于销量的降幅。这表明出版社通过减少印量的方式应对销售艰难的问题获得了一定成效。2013 年，出版社平均销售册数与平均印数的比例回升到 74.6%，是 5 年来的最高值。另一方面看，平均销售册数持续减少，出版种数连年增加，出版社以增加细分品种来应对市场或读者需求的多样化（见表 7）。

表 7　2011~2013 年出版社图书平均出版和销售量

类别	2011	2012	2013
平均印数（册）	7630	7311	5991
平均销售册数（册）	5544	5109	4470
平均印销比例（%）①	72.7	69.9	74.6

资料来源：法国出版商协会《法国出版业国内及国际数据年度报告》（2012 年、2013 年、2014 年）

2013 年，法国发行渠道实现税前销售收入 44.01 亿欧元，比 2011 年减少 4.05%。其中，发行商收入占全部收入的 76%、俱乐部占 7.9%、直邮和网络销售占 6.6%、批发商占 7.9%、集体和政府采购占 0.3%，其他渠道占 1.2%。与往年相比，大的发行商在全部渠道中的比例有所下降，直邮和网络销售、批发商两个渠道有所增加。

在零售方面，也出现"大减小增"的状况。一级书店和文化用品大卖场销售占比下降，包含独立书店在内的二级书店、网络书店等的比例有所增加。

---

① 据法国出版商协会相关数据计算得出，即平均销售册数占平均印数的百分比。

独立书店等微小渠道的发展与近年法国政府对此类渠道的扶持有一定关系（见表8）。

表8 2011~2013年零售渠道份额变化表

单位：%

标准	2011	2012	2013
一级书店	29.6	29.5	28.3
二级书店①、网络书店及其他②	26.1	26	27.4
文化用品大卖场③	27.6	28.5	27.6
超市	16.7	16	16.7

资料来源：法国出版商协会《法国出版业国内及国际数据年度报告》（2012年、2013年、2014年）

3. 图书贸易情况

（1）图书进出口

在经历了3年图书出口增长之后，2013年，法国图书出口额较上年有2380万欧元的减少，降幅为3.3%，下降幅度略低于出版社年图书销售降幅。同年，法国图书进口额同比减少2200万欧元，图书进出口贸易恢复原来的逆差状态（见表9）。

表9 2011~2013年图书进出口额

单位：百万欧元

年份	2011	2012	2013
出版社年销售额	2669	2771	2559
出口额	701	712.5	688.7
向法国海外省出口额	56.2	49.8	47.2
进口额	688.1	724.2	702.2

资料来源：法国出版商协会《法国出版业国内及国际数据年度报告》（2012年、2013年、2014年）

图书出口额的下降与向重点地区和国家出口不理想有直接关系。2013年，受网上图书销售的冲击，法国对欧盟的比利时、德国，美洲的加拿大、美国的出口都有不同程度的减少；马格里布地区的突尼斯，近中东的黎巴嫩等都因地区局势动荡而对法国图书需求减弱。当然，有些市场的表现良好。亚洲

---

① 一级书店是指经营10000种图书以上的书店，二级书店一般经营几千种图书。
② 含文化用品专营店、报刊亭等。
③ 如福纳克（Fnac）、维珍（Virgin）、文化视野（Cultura）等经营图书、文具、音像制品、相关耗材等文化产品的综合性卖场。

成为法国唯一一个连续三年实现图书出口增长的地区，2013年，法国图书向亚洲出口较上年继续增长9.2%，其中对中国和日本的增幅分别达到了31%和21.5%；法国教材在一些非洲法语国家受到欢迎，刚果（布）进口法国教材更是出现了将近翻三番的增长，跃居法国图书第一大非洲出口目的国；即便是同在欧洲，荷兰和俄罗斯对法国图书的需求仍十分旺盛（见表10）。

表10　2011～2013年图书主要出口地

单位:%

地区	2011	2012	2013
欧盟	44.7	46.2	45.4
北美	15	14.5	13.9
西欧非欧盟国家	13.4	13.2	14.4
法国海外领地	9.3	8	8
马格里布地区①	5.5	6.5	6.1
非洲法语区②	5.3	4.7	5.3
近中东地区	2.2	2.3	1.9
亚洲与大洋洲	1.9	2.3	2.7
拉丁美洲	1.4	1.3	1.2
东欧	—	0.3	0.6
安的列斯群岛	—	0.3	0.2
非洲非法语区	—	0.4	0.2

资料来源：法国海关2014年公布的官方数据

（2）版权贸易

法国出版商与全球业界的版权贸易一直比较活跃，这在日益完善的法国出版商协会统计数据上也有明显体现。2013年至少输出了1种图书版权的出版社有143家，至少引进了1种图书版权的出版社有68家，参与版权输出和引进业务的出版社数量分别比上一年增长19.3%和14.4%。其中，一些出版社常年进行对外版权贸易。2012～2013年实现版权持续输出的法国出版社有86家，实现持续引进的有42家。

从版权贸易数量上看，法国图书版权输出和引进都持续增长。2013年，可统计③的输出图书种数比上一年增长近10%，引进图书增长更是高达

---

　① 非洲西北摩洛哥、阿尔及利亚、突尼斯三国的总称。
　② 特指非洲撒哈拉沙漠以南地区。
　③ 2012年，252家回复法国出版商协会年度调查问卷的协会会员中有125家提供了版权输出数据，81家提供了版权引进数据；2013年，248家中有119家提供了版权输出或引进数据。

38.1%。从图书种类上看,儿童与青少年读物、连环画、小说、社会与人文科学、文献、时事与随笔等是法国重要的输出类别,仅儿童与青少年读物一类就占全部输出品种的三分之一强。值得注意的是,法国生活实用类图书得到国际出版界的认可,2013 年年输出 985 种,第一次超过文献、时事与随笔类图书,成为法国第五大版权输出品种(见表11)。

表11 2011~2013 年图书引进和输出情况

单位:种

重点类别	引进			输出		
	2011	2012	2013	2011	2012	2013
合计	1265	1962	2710	9664	10798	11892
连环画	313	403	1001	3274	2895	2578
儿童与青少年读物	101	298	341	1537	3167	4124
小说	346	730	941	1794	1621	1758
社会与人文科学	100	181	121	1121	1233	1226
生活实用	37	127	83	224	632	985
文献、时事与随笔	444	134	112	850	816	604

资料来源:法国出版商协会《法国出版业国内及国际数据年度报告》(2012 年、2013 年、2014 年)

排在前五位的版权输出语言变化较大。2012 年,汉语成为第一大输出语言,其次分别是西班牙语、德语、意大利语和英语。2013 年,除汉语仍保持第一不变外,其他语种有所变化,依次为意大利语、西班牙语、德语和韩语,英语仅排在第六位。中国大陆对法国图书版权的需求旺盛,2012 年和 2013 年增幅分别为 35.7% 和 23.4%(见表12)。

表12 2009~2011 年向汉语地区转让版权情况

单位:种

年份	2011	2012	2013
总量	9664	10798	11892
汉语区	910	1235	1524
中国大陆	831	1103	1315
中国台湾	78	132	186
中国香港	1	—	23

资料来源:法国出版商协会《法国出版业国内及国际数据年度报告》(2012 年、2013 年、2014 年)

4. 畅销书情况

法国畅销书在 2013 年在销量和销售额上都比 2012 年有所增长。进入

《法国图书周刊》2013年畅销书综合榜单的50种图书共销售1200多万册，实现销售收入1.55亿欧元，分别超过了2012年的1012多万册和1.42亿欧元。同时，单品销售量成绩也有所提高。2013年单册销量超过40万册的有4种图书，超过30万册的有7种，2012年则分别为3种和5种（见表13）。

与前两年相比，2013年法国畅销书品种主要集中在口袋书，小说，连环画、随笔、纪实等四个种类，往年有上榜图书的儿童与青少年读物、生活实用、美文均没有突出表现。无论是成人还是少儿虚构类作品，从英美引进的全球畅销书销售最为抢眼，法国本土虚构作品难与其一较高下。

表13　2011~2013年畅销书出版和销售情况

类别	品种（种）			销量（万册）		
	2011	2012	2013	2011	2012	2013
口袋书	27	22	25	620.26	456.16	539.31
小说	15	17	15	332.73	353.03	379.91
儿童与青少年读物	0	4	0	0	74.25	0
连环画	1	4	4	12.8	76.65	179.53
随笔、纪实	3	2	6	168.88	26.18	102.09
生活实用	3	1	0	43.65	25.95	0
美文	1	0	0	13.38	0	0
综合畅销书榜	50	50	50	1191.7	1012.22	1200.84

资料来源：《法国图书周刊》2012年总第894期，2013年总第938期，2014年总第982期。

在连环画类畅销书中，法国本土漫画是当之无愧的销售冠军。2013年，"高卢英雄历险记"系列的新书《阿斯特克斯与皮克特人》（Astérix chez les Pictes）于10月下旬出版发行，仅10周时间就销售了128.75万册，成为当年法国畅销书榜上唯一一本单册销量超过百万册的图书，销量是排在第二名的《五十度灰》第二卷的2.5倍。

2013年有两种及两种以上图书上榜的作者有5位，E.L.詹姆斯（E.L. James）凭借《五十度灰》（Fifty shades）系列三部曲实现147.31万册的销量，成为法国当年销量最高的作家。在其他畅销书作者中，马克·列维（Marc Levy）、纪晓姆·穆索（Guillaume Musso）和哈尔朗·科邦（Harlan Coben）是多年来法国知名畅销书作家，当年6种图书的销量占到畅销榜总销量的13.1%。

在出版社方面，2013年共23家出版社的图书进入《法国图书周刊》年度畅销榜，销量超过百万册的有4家，占畅销书总销量的59.6%。口袋出版社（Pocket）和口袋书出版社（Livre de poche）分别以10种和8种上榜图书，销售252.52万册和145.1万册成为当年畅销书品种最多的两家出版社。

（二）主要企业情况

2012年以来，法国出版界经历着并购、出让、整合等频繁的调整。强强联手使一些出版集团的实力迅速壮大，经营困难且没有快速改善的良策使连锁书店面临着解体的窘境。

1. 出版企业情况

十大出版集团中，前9名除排名之外没有变化。其中，萨吕特出版社、媒体参与集团、阿尔班·米歇尔集团、艾泰集团的销售额在2013年有不同程度的增长，其他6家出版集团均有下降。与2012年相比，2013年阿歇特出版集团的员工数量减少幅度超过5%，萨吕特出版社员工增加19.7%，其他集团人员规模相对稳定。

两年间，法国出版领域最大的并购案非伽利玛母公司玛德里高集团收购意大利控股的弗拉马里翁集团莫属。这一并购使玛德里高集团在全球出版业50强排名上升16名至第31位。另外，阿歇特出版集团收购美国珀尔修斯出版公司（Perseus），将增强其在大众出版领域的实力；阿尔班·米歇尔集团收购法国一重要出版社德威持出版社（De Vecchi）。并购的同时，出版集团也在努力整合和开辟业务领域。阿歇特出版集团一方面规划自己在英语区的青少年出版业务，另一方面，受亚马逊电子书平台的冲击，集团努力开辟属于自己的电子商务平台（见表14）。

表14　前10家出版集团情况

2013年排名	出版社	所属国家	销售额（百万欧元） 2013	2012	2011	员工数量 2013
1	阿歇特出版集团（Hachette Livre）	法国	2066	2077	2 038	6935
2	埃蒂迪出版集团（Editis）	西班牙	662	693	705.6	—
3	玛德里高集团*（Madrigall）	法国	417	421	—	—
	其中：弗拉马里翁有限公司（Flammarion SA）	法国	237	264	277	—
	其中：伽利玛出版社（Editions Gallimard）	法国	130.8	131	140.7	—

续表

2013年排名	出版社	所属国家	销售额（百万欧元）			员工数量
			2013	2012	2011	2013
4	萨吕特出版社（Editions Lefebvre Sarrut）	法国	404.7	333.1	359.3	2035
5	媒体参与集团（Média-Participations）	比利时	348.3	337.7	340.3	1154
6	法国娱乐集团**（France Loisirs）	美国	341.5	351	350 *	—
7	马尔蒂尼埃集团（La Martinière Groupe）	法国	238	264	258	835
8	阿尔班·米歇尔集团（Albin Michel）	法国	167.8	165.2	166.4	483
9	地图出版社（Editions Atlas）	意大利	161.8	169.5	175.2	171
10	艾泰集团（ETAI）	法国	138	120	130	2322

资料来源：《法国图书周刊》2012年总第925期，2013年总第969期，2014年总第1013期

＊2012年9月，伽利玛母公司法国玛德里高集团以2.51亿欧元成功收购意大利RCS媒体集团（RCS Media group）旗下弗拉马里翁。

＊＊2011年5月，属于德国贝塔斯曼集团的直接集团法国分公司被美国私募股权基金纳加非（Najafi）收购，因此其2011年财政年度截止于5月31日。该表中2011年销售额为《法国图书周刊》估算值。

2. 零售企业情况

近两年，法国图书零售行业处于一个动荡的状态，连锁机构和独立书店都出现了倒闭的情况。2013年，法国大型连锁书店维珍和以网络书店起家的书章（Chapitre）相继倒闭，排名前400名的书店中有25家关门歇业。

从排名前10位的连锁书店来看，除出版之家的零售点比上一年减少了28个之外，其他9家的零售店均与上一年持平或略有增加。但销售情况不甚理想，除得希特和北方白鼬的图书销售稍有增加，其他连锁书店都有不同程度的下滑，不提供或无法获取图书产品销售数据的连锁店比以往又有增加。

当然，在困难之中也有希望。2013年，法国书店400强共实现图书销售收入8.96亿欧元，比2012年增加近1亿欧元。其中，排名最后一位的书店的销售收入从2012年的34万欧元增加到43万欧元。另外值得一提的是，2013年年底进入破产程序的书章公司将其旗下57家零售点分别出售，其中有9家零售点进入当年法国书店50强的排名（见表15）。

表 15 2011～2013 年图书零售渠道十强

2013 年排名	公司名称	零售点（家）①	图书零售销售额（百万欧元） 2013	2012	2011
1	福纳克②（Fnac）	102	452	459*	573
2	阿克提西亚集团（Actissia）	253	—**	—	—
3	亿乐客（Leclerc）	—	—	—	356
4	文化空间（Cultura）	60	p170	—	—
5	吉贝尔·约瑟夫（Gibert Joseph）	30	83.5	85.4	81
6	出版之家（Maison de la presse）	669	79.4	80	81
7	维珍（Group Virgin）	26	—	79	91.7
8	得希特（Decitre）	9	64.2	63	61.9
9	北方白鼬（Le Furet du Nord）	16	50	47.8	46.9
10	接力（Relay France）	540	49	50	51.4

资料来源：《法国图书周刊》2012 年总第 901 期，2013 年总第 946 期，2014 年总第 990 期。

*2014 年的修订数据。

**2013 年，阿克提西亚集团 2013 年整体销售额达到 4.6 亿欧元。因分支书章公司在 2013 年面临破产，且之前经营状况一度恶化，该集团已有 4 年未公布年度图书销售相关数据。

（三）电子书销售情况

2012～2013 年，法国出版商电子书收入持续增长，2013 年更是突破 1 亿欧元，占当年法国出版商销售收入③的 4.1%，年增长 28.6%，比两年前增加了一个百分点。从收入来源看，电子书下载、在线阅读、内容许可使用等非物理介质的出版收入成为出版商电子书收入的主体，占到法国出版商电子书整体收入的八成以上，而五年前此比例还不到五分之一（见表 16）。

表 16 2012～2013 年出版商电子书收入情况

单位：万欧元

	分类	2012	2013
物理介质出版	CD/DVD	981.89	869.32
	USB 介质	181.73	226.54
	其他介质	7.59	33.13
	总计	1171.21	1128.98
	占数字出版总量的比例（%）	14.3	10.7

① 指 2013 年的零售点数量。
② 此处福纳克的图书零售收入指其在法国的实体卖场和网上书店的收入。
③ 这里的销售收入指出版商图书实物、版权转让与数字出版收入之和。

续表

分类		2012	2013
非物理介质出版	整册下载	1405.2	3192.72
	章节下载	908.66	844.11
	网页在线阅读	3202.32	3338.96
	App 移动阅读	27.06	35.09
	内容许可使用	1306.99	1546.24
	其他	154.65	444.88
总计		7004.9	9401.7
占数字出版总量的比例（%）		85.7	89.3
数字出版收入总额		8176.11	10530.68

资料来源：法国出版商协会《法国出版业国内及国际数据年度报告》（2013 年、2014 年）。

从数字内容类别上看，大众类电子书的增长更为明显。虽然社会与人文科学类图书仍占电子书一半以上的份额，但以儿童与青少年读物、文学类和生活实用类图书为代表的大众图书发展势头迅猛，年增长分别为 204.5%、127.7% 和 117.5%，成为 2013 年法国电子书销售的显著特点。在畅销书方面，电子版的销售比重占到销量的 7%~8%（见表 17）。

表 17　2012~2013 年不同类别数字图书收入比例情况

单位：%

类别	2012	2013
教学用书	6.2	5.2
科技、医药与管理	1.5	1.9
社会与人文科学	70.2	57.6
宗教玄学	0.5	0.5
词典与百科全书	1.6	1.8
文学	9.4	16.6
文献、时事与随笔	1.7	1.2
儿童与青少年读物	1.2	2.8
连环画	1.3	1.3
艺术与生活实用图书	6.4	10.8
地图	—	0.2

资料来源：法国出版商协会《法国出版业国内及国际数据年度报告》（2013 年、2014 年）。

不同类别图书的销售和阅读方式有所不同。社会与人文科学类图书多以章节为单位销售，在线阅读的比例较大；生活实用类及教学用书以 CD、DVD

为主；文学类图书主要是整册下载。

出版商数字出版收入的快速增长得益于诸多有利因素，其中之一是多种阅读终端被法国读者使用。根据法国捷孚凯公司的调查数据，2013 年底，法国人持有的电子阅读器总数超过 50 万台，主要以亚马逊的 Kindle、福纳克（Fnac）的 Kobo 和 Bookeen 为主。2013 年末，法国家乐福在法国本土推出了 Nolim 阅读器，销量也令人满意。同时，法国民众平板电脑和智能手机的持有数量为阅读器的 60 倍左右，为数字出版的进一步发展提供了有利条件。另一重要因素当然出现在出版行业内部。出版商加大数字内容的投放，在夏季假期、重要节日加大营销力度并延长促销时间；实体书店与网络书店加强线下和线上的互动与合作方便读者快速获取，这些举措顺应着读者阅读习惯的变化，也为拓展大众图书的数字出版市场积累着经验。

三、报刊业发展状况

在法国，报纸和期刊是大众媒体的重要组成部分[①]。在过去的三年中，包括全国性时政报刊、地区性时政报刊、大众报刊、科技与专业报刊、免费新闻报刊、免费通告在内的纸质媒体在多个重要指标上都有所下滑。但与此同时，这些纸媒的电子版和网络传播却有所发展。

（一）整体情况

自金融危机以来，法国报刊种数持续下滑。根据《法国文化数字（2014 版）》公布的最新数据，2011 年，法国共出版各类报刊 4367 种，比上一年又减少 163 种，降幅近 4%。所有报刊种类中，免费通告的出版种数降幅最大，仅 2011 年就比上一年减少了 323 种，6 年间更是缩减了 322%（见表 18）。

表 18　2009～2011 年各类报刊出版种数

单位：种

报刊分类	2009	2010	2011
全国性时政报刊	85	88	95
地区性时政报刊	444	451	448
大众报刊	1960	2019	2158
科技与专业报刊	1385	1364	1375

---

① 法国文化部将报纸和期刊视为"定期出版物"，以"定期出版物"为统计指标，故此处对报刊进行整体分析。

续表

报刊分类	2009	2010	2011
免费新闻报刊	125	138	144
免费通告	560	470	147
总计	4559	4530	4367

资料来源：《法国文化数字（2014版）》(*Chiffres Clés* 2014, *statistiques de la culture*) la Documentation Française, 2014, P133

大众报刊是法国报刊种类中占据最大市场份额的一种。全法国49%的报刊种数、29%的发行量和38%的报刊出版商收入都是大众报刊实现的。而占报刊种数30%的科技与专业报刊仅占整体发行量的3%和出版商收入的9%。与此形成对比的是，地区性时政报刊种数占法国报刊总量的10%左右，其发行量却占整体的35%，出版商收入也是报刊出版商整体收入的三分之一以上。

从发行量上看，2011年报刊纸质版本的总发行量较上一年减少了15%，5年间减少了28%。纸质版本的减少波及了除免费新闻报刊之外的所有报刊种类，其中免费通告减少尤为明显，2011年的此类报刊发行量比上年减少42%。2013年，法国共计发行纸质版38亿份，比2012年下降了4.9%。

2012年，法国纸质报刊出版机构实现营业收入89.7亿欧元。其中，报刊零售收入28.32亿欧元、订阅收入25.69亿欧元、商业广告收入27.5亿欧元。2013年，法国纸质报刊出版机构营业收入下降到82.5亿欧元。金融危机过后，法国纸质报刊的商业广告收入已经连续6年走低，自2009年开始就一直低于零售收入。在纸质报刊收入持续走低的情况下，只有报刊订阅收入保持着平稳态势，6年间增长了0.97亿欧元（见表19）。

表19　2010~2012年纸质报刊出版商销售额情况

单位：亿欧元

报刊分类	2010	2011	2012
全国性时政报刊	13.1	13.4	12.6
地区性时政报刊	29.7	29.5	29.6
大众报刊	35.4	34.4	34.1
科技与专业报刊	8.1	8.2	8.1
免费新闻报刊	3.3	3.7	4.5
免费通告	3.8	2.4	0.9
总计	93.3	91.5	89.7

资料来源：《法国文化数字（2014版）》P134

根据法国文化部的统计数据，2012年，法国报刊媒体实现广告收入

32.09亿欧元，略低于电视媒体的广告收入，远远高于广播、网络和电影的广告收入。其中，法国纸质报刊共实现广告收入27.5亿欧元，比2009年减少了4.39亿欧元。法国报刊订阅、零售、广告等收入比例的变化正逐渐影响报刊出版商的经营模式，加大订阅优惠，适当提高报刊定价。

数字报刊的发行在法国方兴未艾。2013年，法国数字版报刊共计发行4390万份，是一年纸质发行量的1.2%，比2012年增长了60%。同时，报刊相关网站的网页点击量达到86亿人次，比2012年增长8.1%；报刊相关App的点击量达到33亿人次，比上一年增长104.5%。然而，目前数字内容的收入还远不能够补贴纸质报刊下滑带来的损失。法国文化部的数据显示，2013年，法国300家规模以上报刊出版商的数字报刊收入占总营业额的比例也仅为5%。

根据法国国家统计和经济研究所公布的数据，2012年法国民众用于报刊的支出为68.01亿欧元，比上一年减少0.5亿欧元，占当年国民日常消费总额的0.6%。

（二）大众期刊情况

法国大众期刊发行量持续减少已经成为一种常态。2011年，人们还在感叹大众期刊已经跌破年18亿册发行量大关时，或许没有想到，时隔两年，这一发行量正在向16亿册逼近。2013年，法国通过各类渠道发行的大众期刊为16.36亿册，比上一年减少了7954万多册，降幅达4.9%，创近年来新高。其中，传统的零售和订阅方式为发行作出的贡献在不断减少，上门和其他支付方式的销售量在以百万计增加（见表20）。

另一个值得注意的方面是，法国传媒发行量监督协会（Office de Justification de la diffusion，简称OJD）自2011年对大众期刊电子版销售量进行统计以来，这一数据增速惊人。2013年，法国大众期刊电子版第一次突破千万册大关，比上一年增长78.85%，是2011年的3.7倍。即便如此，大众期刊电子版仍是极微小的市场，2013年发行量仅占总发行量的0.63%。

表20　2011～2013年大众期刊境内发行量统计

单位：份

发行方式	2011	2012	2013
付费发行	1763980993	1686913310	1609293254
零售	940084817	872422926	808636877
订阅	603099631	579579446	551340689
上门销售	205913005	216041554	224953193

续表

发行方式	2011	2012	2013
其他方式	12081629	13098942	14041967
数字版本	2801911	5770442	10320528
免费发行	31497866	28144267	26222777
发行合计	1795478859	1715057577	1635516031

资料来源：法国传媒发行量监督协会

从不同种类的法国大众类期刊发行量比例上看，三年间只有女性、青少年这两类的发行比例稳中有升，其他种类不是起起伏伏，就是有所下滑。事实上，如果考虑到每年发行总量都在下降的现实状况，那么各类杂志只是降幅多少而已（见表21）。

表21　2011～2013年各类大众期刊发行量比例

单位：%

分类	2011	2012	2013
电视指南	40.59	40.99	40.61
女性	22.02	22.21	22.29
新闻时事	21.61	21.43	22.21
娱乐	9.83	9.53	9.16
家居	3.1	3	2.86
青少年	2.12	2.17	2.19
机构杂志	0.52	0.49	0.5
男性	0.21	0.18	0.16
总计	100	100	100

资料来源：法国传媒发行量监督协会

2013年，法国最畅销的十种期刊除了排名变化之外没有变动。《电视频道》和《家庭与教育》都比前一年提升了一个名次，但真正实现单期平均发行量增长的只有《家庭与教育》一种。其余9种期刊，单期发行量降幅少则近万册，多的达到8万多册（见表22）。

表22　2011～2013年单期平均发行量排名前10位的期刊

2013年排名	杂志名称 法语刊名	杂志名称 中文译名	单期平均发行量（份） 2013	单期平均发行量（份） 2012	单期平均发行量（份） 2011
1	TELE Z	Z电视节目	1308880	1392306	1481233
2	TELE 7 JOURS	7日电视节目	1284329	1332184	1371053
3	DOSSIER FAMILIAL	家居档案	1066327	1076023	1124434
4	TELE STAR	电视明星	944284	1004286	1037954

续表

2013年排名	杂志名称		单期平均发行量（份）		
	法语刊名	中文译名	2013	2012	2011
5	TV GRANDES CHAINES	电视频道	917478	956023	1005264
6	TELE LOISIRS	电视娱乐	891929	968327	1026936
7	TELE 2 SEMAINES	两周电视	878190	936010	1003514
8	FAMILLE ET EDUCATION	家庭与教育	829998	817986	—
9	FEMME ACTUELLE	流行女性	752671	805353	898822
10	NOTRE TEMPS	我们的时光	729845	871634	900712

资料来源：法国传媒发行量监督协会

（三）科技与专业期刊情况

发行量的减少在法国科技与专业期刊中也是普遍现象。2013年，科技与专业期刊在法国境内的累计发行量比上一年减少了323.9万册，降幅达到5.9%。虽然免费发行量也同期减少了80.5万册，但免费发行占总量的比例却在2013年有小幅增加，达到25.5%。与十年前相比，法国科技与专业期刊的境内发行总量减少了一半还多（见表23）。

表23　2011~2013年科技与专业期刊境内发行量统计

单位：份

发行方式	2011	2012	2013
付费发行	41383657	39370105	36936315
零售	1912489	1742865	1552446
订阅	39318222	37477187	35185322
其他方式	73504	39559	20102
数字版本	79442	110503	178445
免费发行	13395536	13529557	12724832
发行合计	54779193	52899662	49661147

资料来源：法国传媒发行量监督协会

2013年，农业、旅游、协会刊物、专业技术、建筑、汽车这7类刊物的付费发行量占整体的比例都有所增长，但各类期刊发行量占比排名没有变化（见表24）。

表24　2011~2013年各类科技与专业期刊付费发行量比例

单位：%

分类	2011	2012	2013
农业	36.04	36.44	37.59
经济	13.33	14.03	14

续表

分类	2011	2012	2013
旅游	11.59	11.46	11.86
协会刊物	9.13	9.52	9.88
专业技术	8.57	8.26	9.56
建筑	7.71	7.89	7.93
医药	6.37	5.37	4.62
汽车	4.13	4.2	4.47
信息	3.13	2.83	—

资料来源：法国传媒发行量监督协会

参考文献

1. Ministère de la Culture et de la Communication, ed. Chiffres clés 2014：Statistiques de la culture. Paris：La Documentation Française, 2014

2. Syndicat national de l'édition, ed. Repères statistiques France et International (12/13). Syndicat national de l'édition, 2013

3. Syndicat national de l'édition, ed. Repères statistiques France et International (13/14). Syndicat national de l'édition, 2014

4. Syndicat national de l'édition, ed. L'édition en perspective (2013). Syndicat national de l'édition, 2013

5. Syndicat national de l'édition, ed. L'édition en perspective (2014). Syndicat national de l'édition, 2014

6. Livres Hebdo. 2013. 2014

7. 法国文化部. www.culture.gouv.fr

8. 法国国家图书中心. www.centrenationaldulivre.fr

9. 法国国家统计和经济研究所. www.insee.fr

10. 法国传媒发行量监督协会. www.ojd.com

德国出版业发展报告

彭 斯

一、出版业发展背景

(一) 经济环境

从2013年起德国经济进入复苏期,保持着适度的增长。个人消费成了经济增长最重要的一个支柱。稳定增加的个人收入和平稳的物价环境增强了国民的购买力。据德国联邦统计局统计,2013年德国国内生产总值28095亿欧元,同比增长0.4%,增长率相较上一年下降了0.3个百分点。受欧洲经济危机及门槛国家的影响,德国的外贸经济发展放慢。2013年德国外贸总额19630亿欧元,其中出口总额10938亿欧元,同比下降0.2%,进口总额8962亿欧元,同比下降1.1%。2013年德国印刷业总产值为151.4亿欧元,同比减少4.1%,其中图书类印刷品总产值为10.7亿欧元,同比减少6.4%。

德国图书交易协会对2013年的图书行业情况给出了两点评价:一是稳定的销售额,二是实体书店的积极发展给行业带来了新的信心。2013年德国图书销售额为95.36亿欧元,增长了0.2%,虽然只是小幅度的增长,但相较于2011年和2012年连续两年的下降,2013年保持住了上一年的销售水平。

2013年德国出版行业没有受到经济危机的影响,这与数字化的发展有关,并且随着德国出版集团Weltbild的破产,德国的出版行业还将出现新的生机。由于销售下滑,德国出版集团Weltbild没能经受住图书贸易市场的危机,而相反的,其他出版社都在探寻新的经营模式,比如App,消费者可以直接通过这些"移动的"图书经销商购买图书。

2013年对于实体书店来说是一个转折点,经过几年的销售额下滑,2013年实体书店的销售额首次得到增长。与实体书店相比,线上图书销售额第一次出现了下滑,其中可能有两个原因:一是消费者经过思考最终决定回归实体书店购买图书,二是对于一些大型线上销售集团如"亚马逊"的负面新闻。

根据捷孚凯市场调查集团 (Gesellschaft für Konsumforschung, GfK) 2014

年德国购买力的调查：2013 年德国总的购买力为 17054 亿欧元，年人均购买力为 21179 欧元。在购买力中包括了国民的可支配收入和国家的转移支付，如退休金、失业救济金和子女补贴费。从不同的地区来看，年人均购买力的情况也有很大的不同。汉堡以年人均购买力 23469 欧元排名第一，巴伐利亚洲和巴登符腾堡洲排名第二、三位，年人均购买力分别为 23168 欧元和 22760 欧元。与此相比，德国东部的联邦州购买力则弱了许多，排名最末的萨克森—安哈尔特州的年人均购买力比排名第一位的汉堡少将近 6000 欧元，为 17336 欧元。

而由 Nexiga 集团进行的图书人均购买力的调查显示，德国主要的图书购买力集中在法兰克福周围。在这些城市中，陶努斯山麓巴德索登以人均 158 欧元排名第一，紧随其后的巴特洪堡人均图书购买力 154 欧元。莱茵河畔因格尔海姆排名第三。但是值得一提的是，图书购买力相对较低的城市，其购买总额只有高购买力城市的购买总额的一半，可见在德国图书购买力分布并不均衡。

（二）国民阅读状况

根据德国四家出版集团阿克塞尔·施普林格（Axel Springer）、鲍尔媒体集团（Bauer Media Group）、古纳亚尔（Gruner + Jahr）、博达媒体集团（Hubert Burda Media）共同开展的消费者分析（VA），一项最新的媒体市场研究"最好的计划"（best for planning）给出了德国 14 岁以上人群 2013 年最喜欢的休闲活动的排名。在此排名中前十位分别是：看电视、在家休息、阅读日报、和家人共享天伦、听音乐、上网、烹饪、使用电脑和阅读杂志。"读书"排名第十四位，相较于去年的第十一位又下降了三位。在所有受访者中，20.7% 经常看书，28.2% 偶尔看书，28.2% 几乎不看书，22.9% 从不看书。"听有声读物"在排名中也有所上升，排在第四十五位，1.7% 的受访者经常听有声读物，6.2% 的受访者偶尔听有声读物。

2013 年 3 月德国图书交易协会在 5000 位 14 岁以下的儿童中，开展了一项调查。调查显示，79.2% 的儿童把读书当成一项有意义的爱好，90.2% 的儿童认为应当在读书中成长。由此可以看出，德国儿童的读书情况相较于成人更为乐观。

多年来在阿伦斯巴赫市场研究公司进行的市场与媒体分析中德国图书的阅读者和购买者都是其重要的研究对象。研究结果表明，60% 的受访者在过去的一年中购买过图书，而 2012 年的结果为 59%。43% 的受访者购买 3 本以上的图书，这一数字也超过了去年的水平。27% 的受访者购买 5 本以上的图书，比去年提高了一个百分点。12%的受访者购买10本以上图书，而购买超过20本图书的受访者占5%。由于此项研究的对象为印刷图书的购买者，所以这些研究数据与2012年相比变化幅度不大，电子书的购买情况不包含在内。

从性别来看，女性仍是最重要的图书购买群体，超过2/3的受访女性在2013年购买过图书，男性受访者中只有53%购买过图书。但是这一比例分配在电子书的购买中略有不同。

从年龄段来看，德国图书的购买情况也愈发乐观。调查数据显示，14到19岁的受访者中有59%在2013年购买过图书。与五年前相比，2009年这一数字还为57%。

从人口规模来看，大城市（十万居民以上）中65%的受访者在2013年购买过图书，但是小型城市（五千到两万居民）中的受访者购买电子数更多（见表1）。

表1 2013年德国成年人图书购买情况调查

单位：%

项目	是	1~2本	3本以上	5本以上	10本以上	20本以上
性别						
女	67	17	50	31	14	6
男	53	16	36	22	10	4
年龄						
14~19岁	59	20	39	21	8	2
20~29岁	60	18	41	25	11	4
30~39岁	62	19	44	27	13	5
40~49岁	64	18	46	29	14	6
50~59岁	63	16	46	29	14	6
60~69岁	62	15	47	30	13	5
70岁以上	50	12	38	23	10	4
教育程度						
初中	41	15	26	14	6	2
中学或职高	63	19	43	25	10	4
高中或大学	81	15	66	45	23	9
家庭收入						
1000欧元以下	49	14	36	22	10	4
1000~1500欧元	48	15	32	20	9	3
1500~2000欧元	53	16	37	22	9	4
2000~2500欧元	58	17	40	24	10	4
2500~3000欧元	60	17	43	25	12	4
3000欧元以上	70	17	53	34	16	7

续表

项目	是	1~2本	3本以上	5本以上	10本以上	20本以上
职业						
学生	72	18	55	23	16	5
全职工作	59	18	41	24	11	5
兼职工作	72	18	54	35	17	7
无业	57	14	43	27	12	4
退休	54	13	41	26	11	4
人口规模						
5000人以下	54	16	38	23	10	4
5000~20000人	57	16	41	25	10	4
20000~100000人	61	17	44	27	13	5
100000人以上	65	16	48	30	15	6
总计	60	16	43	27	12	5

资料来源：《图书与图书贸易数据》

从阅读的情况来看，德国14岁以上的受访者中，14到19岁的受访者是阅读频率最高的人群，在他们中有44%每天或每周多次阅读，当然这与他们在学校读书有关。除他们以外，另一个阅读的主要人群集中在60到69岁和70岁以上的受访者中。与图书的购买情况相同，图书的阅读者中，从性别看，女性的阅读频率高于男性的阅读频率，是主要的图书使用者。

而对14岁以下儿童的调查显示，14%的儿童每天阅读图书。但是女童和男童的阅读频率有很明显的差别。21%的受访女童几乎每天读书，而男童只有7%。而每周读书的女童和男童人数比例差别则大大减小，分别37%和32%（见表2）。

表2 2013年德国成年人图书阅读情况调查

单位:%

项目	每天或每周多次	每周或每两周一次	每月一次或很少读书	总计
性别				
女	46	19	35	100
男	30	18	52	100
年龄				
14~19岁	44	18	38	100
20~29岁	33	19	48	100
30~39岁	34	20	46	100
40~49岁	36	20	44	100

续表

项目	每天或每周多次	每周或每两周一次	每月一次或很少读书	总计
年龄				
50～59 岁	40	19	42	100
60～69 岁	42	19	39	100
70 岁以上	42	16	42	100
教育程度				
初中	25	15	59	100
中学或职高	37	20	43	100
高中或大学	57	21	22	100
家庭收入				
1000 欧元以下	36	17	46	100
1000～1500 欧元	35	15	50	100
1500～2000 欧元	35	17	48	100
2000～2500 欧元	37	17	46	100
2500～3000 欧元	37	20	44	100
3000 欧元以上	43	21	37	100
职业				
学生	58	17	25	100
全职工作	31	20	49	100
兼职工作	46	22	32	100
无业	43	17	40	100
退休	42	16	42	100
人口规模				
5000 人以下	34	16	51	100
5000～20000 人	35	19	46	100
20000～100000 人	39	18	43	100
100000 人以上	43	20	37	100
总计	38	19	43	100

资料来源：《图书与图书贸易数据》。

（三）有声读物购买情况

在对德国图书购买情况的调查中，有声读物被单独作为一个研究项目进行了统计分析。根据 GfK 的消费者购买调查，2013 年约 4.1% 的德国成年人购买过有声读物，比 2012 年增长了 0.3%。有趣的是，有声读物的购买者中男女的差异并没有一般图书那么大，其中在 2013 年购买过有声读物女性受访者占 4.3%，男性占 3.9%，相较于 2012 年的 4.2% 和 3.4% 均有所提高（见表3）。

表3 2013年德国成年人有声读物购买情况调查

单位:%

项目	是	1本	2本以上	3本以上	4本以上	5本以上
性别						
女	4.3	2.6	1.7	0.8	0.4	0.4
男	3.9	2.4	1.5	0.6	0.5	0.3
年龄						
14~19岁	1.8	1.5	0.3	0	0	0
20~29岁	3.7	2.2	1.5	0.4	0.1	0.1
30~39岁	6.0	3.2	2.8	1.0	0.8	0.4
40~49岁	5.3	3.2	2.1	1.1	0.8	0.6
50~59岁	4.3	2.2	2.1	0.8	0.5	0.4
60~69岁	4.3	3.1	1.2	0.6	0.4	0.4
70岁以上	2.5	1.6	0.9	0.3	0.2	0.1
教育程度						
初中	1.9	1.1	0.8	0.3	0.2	0.2
中学或职高	4.1	2.5	1.6	0.6	0.4	0.4
高中或大学	5.3	3.2	2.1	0.9	0.6	0.4
家庭收入						
1000欧元以下	2.1	1.5	0.6	0.4	0.2	0.2
1000~1500欧元	3.7	2.0	1.7	0.5	0.4	0.4
1500~2000欧元	2.5	1.7	0.8	0.4	0.4	0.2
2000~2500欧元	4.3	2.9	1.4	0.5	0.3	0.3
2500~3000欧元	4.7	2.5	2.2	0.6	0.4	0.2
3000欧元以上	5.4	3.2	2.2	1.1	0.6	0.5
职业						
学生	2.1	1.3	0.8	0	0	0
全职工作	5.1	3.0	2.1	1.0	0.7	0.4
兼职工作	5.2	3.0	2.2	0.7	0.6	0.6
无业	4.2	2.5	1.7	0.7	0.4	0.3
退休	3.2	2.2	1.0	0.4	0.3	0.2
人口规模						
5000人以下	3.6	2.5	1.1	0.3	0.3	0.3
5000~20000人	4.1	2.5	1.6	0.8	0.6	0.5
20000~100000人	4.3	2.5	1.8	0.6	0.3	0.3
100000人以上	4.2	2.6	1.6	0.7	0.5	0.3
总计	4.1	2.5	1.6	0.7	0.4	0.3

资料来源:《图书与图书贸易数据》

二、图书业发展状况

(一) 概 况

1. 出版情况

经过2012年短暂的停滞,2013年德国出版社出版成绩喜人,出版新版图书(初版和再版图书)93600种,尽管没有超过2007年96479种的历史记录,但是比2012年增长了2.7%。回顾近十年的数据,德国的图书行业非常高产,2013年比十年前的图书出版新版种数增长了8.2%。

在2013年出版新版图书中,初版的图书占87.7%,共计81919种,比2012年的79860种增长了2.6%。从初版和再版之间的比例关系看,德国图书出版一直在向增加初版的比重倾斜,在20世纪90年代中期,初版和再版的比例还为7比3。

同2012年的排名基本一致,纯文学类图书的初版种数排名第一位,共计15610种,占全部初版种数的19.1%。排名第二位的德国文学类图书在2013年成为了一个闪光点,初版数共计11894种,占全部初版种数的14.5%,比2012年增长了5.7%。儿童以及青少年图书排名第三,初版数共计8268种,比2012年的7857种增长了5.2%。在过去的几年中,儿童以及青少年图书在初版种数所占比例不断上升,2009年只有9.1%,2013年则已经增长至10.1%,在销售总额中,儿童及青少年图书所占的比重也在不断上涨(见表4)。

表4 2012~2013年各类图书在所有初版图书中所占份额

单位:%

类别	2012	2013
纯文学类图书	18.6	19.1
德国文学类图书	14.1	14.5
儿童和青少年图书	9.8	10.1
教材类图书	3.7	5.5
医学类图书	4.6	5.1
神学和基督教类图书	4.1	4.5
法律类图书	4.6	4.2
管理类图书	3.6	3.9
经济类图书	3.2	3.2
社会科学和社会学类图书	3.4	3.6
心理类图书	2.6	2.7

续表

类别	2012	2013
纯文学类图书	18.6	19.1
教育类图书	3.7	3.5
家政类图书	2.5	2.7
其他类图书	21.4	17.4

资料来源：《图书与图书贸易数据》

教材类图书后来居上，在2013年其初版种数大幅增加。2012年教材类图书的初版总数比2011年减少将近1300种，减幅30.8%。2013年教材类图书初版共计4522种，同比增长了51.7%，在全部初版图书中所占的比重也由3.7%增长至5.5%。教材类图书的波动与德国的学校政策和教材数字化的影响有关，但是这并不意味着传统的教材不再需要出版。

除此之外，其他一些种类图书的初版数量也有明显增长，如医学类图书2013年初版总数4197种，同比增长14.7%；家政类图书（特别是饮食类图书和手工类图书）的初版总数同比增长11.2%，符合当今自己DIY的流行趋势。

近年来，口袋书在初版图书中所占的份额保持增长趋势，2013年口袋书的初版种数基本保持了2012年的水平，但略有下降，从13.8%下降至13.4%，共计10978种，但2009年，其份额还为11.7%。2012年初版的口袋书中有将近一半都为纯文学图书，2013年纯文学口袋书初版种数为5442种，比2012年减少220种，下降了4%。儿童和青少年图书初版种数也略有下降，从2012年的1177种下降至1129种。但是值得关注的是2013年连环画口袋书的出版种数有了较大幅度的增长，共计787种，比2012年增长了将近14.7%。

在2013年的初版图书中，84.6%为德语图书，7.1%为英语图书，5.6%为多语种图书，而其他语种图书如法语、西班牙语、意大利语等在全部初版图书中所占的比重则远小于这三个语种的图书。从地域角度来看，几年来，柏林和慕尼黑在初版图书种数上都远高于其他地区及城市，2013年柏林以9278种排名第一，慕尼黑以8238种排名第二。

2. 销售情况

2013年德国的消费价上涨1.6%，相较于2011年的2.1%和2012年的2.0%，2013年的物价上涨率有所降低。作为消费品的图书，德国2013年图书的价格上涨2.6%，相比2012年的1.9%提高了将近两个百分点。

根据德国国家图书馆（Deutsche Nationalbibliothek）的统计数据，2013年德国初版的纸质图书的平均价格为26.76欧元，相较于2012年的25.63欧元有所上涨。从图书类别来看，各类图书的平均价格均有所上涨。自然科学类和数学类图书的平均价格由2012年的50.60欧元增长至53.07欧元，依然位列榜首；第二位的综合类、信息类、信息科学类图书由2012年的44.45欧元增长至48.54欧元，增长了将近4欧元；排名较后的文学图书也由2012年的15.93欧元上涨至17.76欧元；纯文学类图书在图书市场上作为一个重要的图书类别，经过2012年的价格下跌后，今年又有所上涨，从13.29欧元增长至14.05欧元（见表5）。

表5　2013年初版图书的平均售价排行

单位：欧元

图书类别	2013年
自然科学和数学	53.07
综合类、信息类、信息科学类	48.54
语言	39.05
社会科学	37.71
科技、医学、应用科学	35.98
宗教	28.26
哲学和心理学	27.77
历史和地理	26.85
艺术和娱乐	26.33
文学	17.76

资料来源：《图书与图书贸易数据》

2013年由于许多出版社将纸制图书和电子图书相结合列入自己的出版计划，使得德国出版社销售额有所增长。根据德国图书交易协会2013年的最新统计（该项调查由于每年数据都有所更新，以最新一次为参考），德国出版社2012年的销售额约为57.79亿欧元，2013年为58.25亿欧元，同比增长0.8%。自1992年起，德国出版社的销售额就不断提高，但是近几年的增长幅度有所放缓。

从出版社各业务板块来看，图书作为出版社的核心业务，2013年销售额增幅为0.8%，2012年为0.6%。互联网业务作为销售额增长的重要支柱，2013年销售额增幅为9.1%，与2012年和2011年两位数的增幅相比有所下降。出版社副业的销售额继2011年和2012年下降4.1%和0.5%之后，2013年下降6.1%，而在2009年和2010年其销售额还呈明显上涨趋势，2009年增幅曾高达20.1%。德国广告业务经过3年的销售额增长，2013年首次下降，减幅3.1%。其他产品业务作为2011年增幅最大的模块，在2012年销售额下降1.5%之后，2013年又下降0.7%。

从出版社规模来看，大部分出版社销售额在2013年都有所增长，特别是年销售额在2500万欧元以上的大型出版社的销售额增幅超过平均水平，为1.7%；年销售额在1250万～2500万欧元的出版社销售额增长率比2012年更高，为5.3%；销售额成绩最好的一类出版社为年销售额在12.5万～25万之间的小型出版社，继2012年增长10.7%以后，2013年增长9.8%；只有年销售额在50万～100万欧元和100万～250万欧元的出版社销售额在2013年有所减少，减幅分别为2.0%和3.3%。

从出版社的地域分布来看，德国出版社的销售业绩主要集中在南部和西部的出版机构。2013年北威州的出版社销售总额以38.6亿欧元遥遥领先于其他州，排在第二位的是巴登符腾堡州，销售总额为18.5亿欧元，巴伐利亚州以15.2亿欧元排行第三。

总体来看，德国出版社的销售情况在未来也会愈发乐观。2013年只有19.9%的受访出版社预计其销售业绩会下降，而2012年这一比例还为21.4%。39.7%的受访出版社认为在未来的一年中，销售额将会明显高于2013年，其余40.4%的受访出版社认为在未来的一年中能保持2013年的消费水平。

3. 国际贸易情况

（1）进出口贸易

根据《图书与图书贸易数据》最新统计的数据，2012年德国印刷品进口总额为10.52亿欧元，仅为印刷品出口总额的一半。其中，图书与图画书的进口额为6.22亿欧元，占全部印刷品进口总额的59.2%，2011年这一份额还为56.3%，这一大幅增长主要归因于从英国进口图书的总额增加，从2011年1.27亿增至2012年的1.56亿欧元，增幅达到23.6%，而2011年的增幅为14%，这一趋势表明，英语图书在德国的市场上有着越来越高的需求。近年来，亚洲印刷品市场的飞速发展，亚洲成了德国图书进口第二大贸易伙伴，2012年德国从亚洲进口印刷品的总额占全部进口总额的19.5%，2011年为17.9%，2008年仅为14.8%。特别是中国，近五年都是德国的第二大印刷品进口国，仅次于英国。

2012年德国印刷品出口总额为20.46亿欧元，其中图书出口总额为11.78

亿欧元，占全部出口总额的57.6%。图画书的出口总额依然成绩喜人，2008年其出口总额还为1300万欧元，而如今已达到3000万欧元，占全部印刷品出口总额的1.5%（见表6）。

表6 2012年德国印刷品对外贸易情况

单位：千欧元

	欧洲	非洲	美洲	亚洲	澳洲	总计①
进口						
图书	387608	925	38374	151365	660	578932
图画书	6701	11	93	36716	0	43521
报纸②	9453	1	44	86	1	9585
期刊	354211	76	6518	1426	20	362251
乐谱	7649	0	1982	323	3	9957
制图产品	14912	12	74	2120	44	17162
日历	17230	76	288	13233	5	30832
总计	797764	1101	47373	205269	733	1052240
出口						
图书	1026894	11673	79269	55411	5236	1178488
图画书	29131	45	123	739	61	30099
报纸	65112	152	1	1	0	65266
期刊	657766	647	3343	6786	614	669156
乐谱	169655	46	3725	2488	103	23327
制图产品	22653	680	129	2350	142	25968
日历	45012	710	3234	4051	637	53644
总计	1863533	13953	89824	71826	6793	2045948

资料来源：《图书与图书贸易数据》

由于同为德语国家，德国印刷品的最大出口国为奥地利和瑞士，但这两个邻国2012年从德国进口的印刷品总额相较于2011年都有所降低，其中奥地利降低2.5%，瑞士降低了5.1%。

对英美国家的印刷品出口出现了一个短暂的繁荣阶段，那是因为许多德国出版社直接出版了许多英语图书，特别是在一些专业书籍领域。由于近年来市场需求的不断增加，对英国的印刷品出口额持续增长，2012年英国超过了法国成为德国第三大印刷品出口国，出口总额将近1.12亿欧元，同比增长了25.4%。而在美国，德国出版的图书也十分畅销，对美国的出口总额增长

---

① 不包括附加产品。
② 包括那些每周至少出版4次的印刷品。

了19.3%，共计620万欧元（见表7）。

表7　2012年排名前10的图书进出口对象国

单位：千欧元

排名	进口对象国		出口对象国	
	国别	金额	国别	金额
1	英国	156392	奥地利	307344
2	中国	133799	瑞士	247984
3	法国	41937	英国	111567
4	意大利	40533	法国	93534
5	美国	36243	美国	61640
6	中国香港	33043	荷兰	45046
7	捷克	26888	意大利	39699
8	瑞士	26674	西班牙	28394
9	奥地利	26031	波兰	22123
10	荷兰	21515	捷克	19731

资料来源：《图书与图书贸易数据》

（2）翻译图书

2013年德国出版社出版翻译图书11567种，与2012年的11564种相比，基本保持了上一年的水平，但是由于出版社缩减初版图书总数，2013年翻译图书在新版图书中所占份额由2012年的12.7%下降至12.4%。其中，初版的翻译图书10731种，比2012年的10862种下降了1.2%，占德国所有初版图书的13.1%，比2012年下降了0.5个百分点。

就语种而言，2009~2013年德国翻译图书中排名前四位的都是英语、法语、日语和意大利语，其他语种还包括瑞典语、西班牙语、荷兰语、俄语、拉丁语、冰岛语、挪威语、丹麦语和葡萄牙语等，但是这些语种的排名每年有所不同。2013年德国翻译图书中译自英语和法语的图书约占翻译图书的七成。由于版权购买问题，2013年译自英语的图书相较于去年有所下降，为6861种，同比下降6.6%。值得一提的是，德国翻译图书很大程度上也会受到"法兰克福效应"的影响，也就是法兰克福书展的主宾国对当年的翻译图书出版情况有很大的推动作用。2013年法兰克福书展的主宾国为巴西，2013年译自葡萄牙语的图书种数达到了90种，排名进入前十名，占全部初版德语翻译图书的0.8%。而译自芬兰语图书的地位也是逐年提高，特别是芬兰作为2014年法兰克福书展的主宾国，展出超过了120种译自芬兰语的图书。

从图书类别上看，2013年纯文学类图书在翻译图书中的比重依然最大，共计4048种，在翻译图书中所占比重39.3%；儿童和青少年类图书在翻译图书中的地位也不可小觑，2013年共初版2005种，在翻译类图书中所占比重为18.7%，较之2012年无论在出版种数上还是所占比重上都有所增长，可见德国的儿童和青少年图书也变得越来越国际化。

（3）版权输出

从2010年起，德国输出版权的数量就在逐年下降。2013年德国输出版权数量为6466项，与2012年的6855项相比下降了5.7%。排名前十的德国版权输出对象国分别为中国、西班牙、意大利、捷克、波兰、法国、俄罗斯、南非、荷兰。其中中国已经连续四年排名第一，其他国家的排名每年都略有不同。

就地域而言，2013年德国向欧洲输出的版权数量大幅下降，由2012年的4527项减少至2013年的4182项。其中，排名第四位的捷克，从2012年的413项减少至330项，但是在过去的五年中，德国向捷克输出的版权数在2006年曾达到过693项的记录，约为2013年的两倍。向波兰输出的版权数也有大幅下降，从367项减少至286项，而波兰在2009年还曾排名第一，而如今已降至第五位。尽管如此，波兰和捷克依然是德国在欧洲国家中重要的版权输出伙伴，而对其他欧洲国家输出的版权数量在2013年也不容乐观，其中俄罗斯从2011年的644项降至2012年的307项，而2013年又降至281项，由2011年的排名第二降至2013年的排名第七。其他国家如匈牙利由259项降至232项，保加利亚由137项降至77项，只有极少数国家有所上升，如罗马尼亚由85项增加至111项，塞尔维亚由61项增加至100项。

亚洲市场占德国版权贸易总量的两成多。近年来，中国成了德国稳定而可靠的伙伴。2013年德国共向中国输出版权998项，比2012年略有减少，但是由于德国向世界各国输出版权的总数减少，向中国输出的版权数在全部输出版权数中所占的比例由2012年的15.3%增长至2013年的15.4%，而2009年此份额还仅为7.8%。2013年对日本输出的版权数也有所下降，由2012年130项下降至2013年的113项。在亚洲的传统贸易伙伴中，只有对中国台湾的版权输出数有所增加，由80项增加至101项。

特别值得注意的是，2013年对英美市场的版权输出表现优异，尽管按语种来看，对象语言为英语的版权输出总数由529项下降至444项，但是对英美两国出版社的版权输出都有所增加，英国由124项增加至158项，美国由

156项增加至196项。此外，南美洲国家也蕴藏着潜力，巴西作为2013年法兰克福书展的主宾国，在过去的一年中，德国向巴西输出版权132项，基本保持了2012年的水平。

就语种而言，2013年德国版权输出对象语言排名前五位的依次是汉语、西班牙语、英语、意大利语和捷克语，与去年排名前五位的语种相同，仅位次稍有变化。在德国版权输出总量中所占份额分别为16.7%、8.2%、6.9%、5.8%和5.0%。汉语连续四年位列第一，且所占份额持续增长。就图书类别而言，2013年儿童和青少年图书成了德国版权输出的重要支柱，为2357种，占全部版权输出的36.5%，2012年为31.6%。排位第二的为纯文学类图书，为1146项，占全部版权输出的17.7%，其中，文学类图书的主要购进国为英语、西班牙语和法语国家。排在第三位的是指导类图书，共输出版权987项，占全部版权输出的15.3%。

4. 电子书市场情况

2013年德国电子书市场继续发展，占整个出版市场销售额的3.9%，而2012年仅占2.4%（私人使用，不包括教材和专业书籍）。2012年共售出电子书1320万册，约为2011年的三倍，而2013年电子书的销量继续增长，共售出电子书2150万册，比2012年增加了超过60%。

在德国交易协会开展的2013年电子书研究中给出了这样的总结：电子书在德国的图书市场上将持续发展并且这种发展将越来越明显，它将覆盖更多更广的消费群体。根据捷孚凯市场调查集团的消费者调查，2013年德国有4.1%的14岁以上的受访者下载过电子书，2012年仅有2.3%，而从年龄划分来看，不仅是年轻人，50~59岁的受访者中也有6.3%购买过电子书。在2013年德国电子书的购买者达到了340万人次，而2012年为240万人次，2010年仅为70万人次。2013年平均每人每年购买6.4本电子书，而2012年为5.5本。由此可见，德国的电子书市场正以惊人的速度向前发展。

2013年德国图书出版商的销售额中电子书的销售额占到9.4%，比去年略有降低，但是许多出版社仍在发展新的电子书业务，2014年，预计德国图书出版商的销售额中电子书的销售额将占到11.9%。2013年65%的出版社都开展了电子书业务，越来越多的出版社将目光投向了这一蕴藏着巨大商机的新市场，但是94%的综合零售书店认为，电子书将会补充纸质书业务，但并不能将其代替。2014年6月在柏林举行了"电子书展"，这是德国第一次成熟的电子书展。

根据 VLB 数据库（Datenbank-Einträger VLB）和德国国家图书目录（DeutschenNationalbibliographie）对德国出版社出版的电子产品的统计数据显示，2013 年德国出版社申报的新出版电子书超过 75000 种，比 2012 年增加了超过 25000 种。从图书种类来看，纯文学类图书不再独占鳌头，占全部新出版电子书的 20.1%，退居第二位；而排名第一位的变为了人文科学、艺术、音乐类图书，占 27.7%，2012 年其份额还仅为 8.1%，这一发展可归因于出版社广泛持续的后备计划效应，加之出版电子书总数的大幅增长，一些图书种类的份额相对有所下降；此外排名第四位的社会科学、法律和经济类图书相较 2012 年其份额也有很大程度的增长，由 7.7% 增长至 12.5%。

目前大部分的电子书读者都是通过电子阅读器或者平板电脑阅读电子书，还有 13% 的德国电子书读者用智能手机来阅读，因此越来越多的出版社致力于出版短篇连载的电子书（见图 1）。

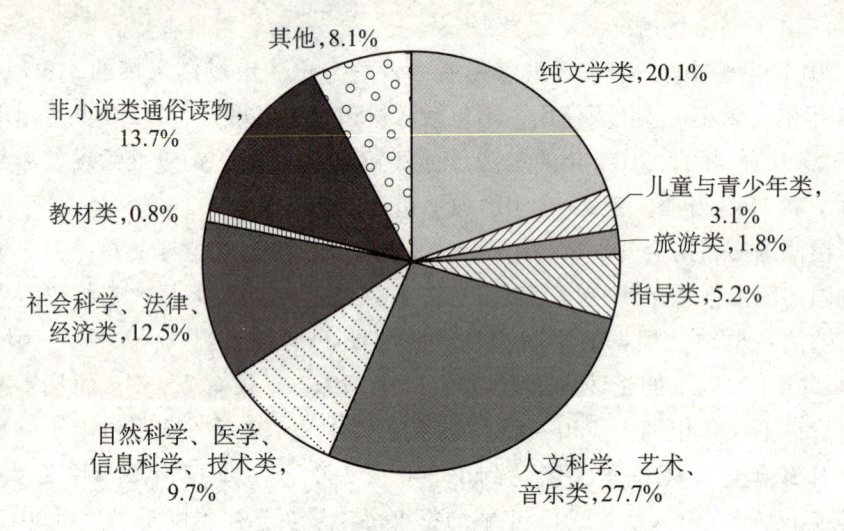

图 1　2013 年德国新出版电子书种类

资料来源：《图书与图书贸易数据》

5. 企业数量情况

据《德语区书业黄页》（Adressbuch für den deutschsprachigenBuchhandel），2013 年德国有约 22500 家出版发行企业，其中约 16000 企业为出版社或出版机构，约占 2/3。德国联邦统计局的销售税统计对年销售额（不含增值税）在 1.75 万欧元以上的企业进行统计调查，从总体来看，无论是出版社、图书零售企业还是图书和专业期刊零售企业，总体数量都有所减少，相应地，各个销售额档次的企业数相较于2011年也有所减少。2012年德国有缴税义务的图书出版社共2209家。其中，505家出版社年销售额在1.75万欧元至5万欧元之间，属于销售额最低的级别；22家出版社年销售额在5000万欧元以上，属于销售额最高的级别。2011年德国有缴税义务的图书零售企业共4038家，其中有将近一半的企业集中在销售额10万至25万欧元和25万至50万欧元之间，分别为1072家和929家；销售额较低级别的图书零售企业也不在少数，销售额在1.75万至10万欧元之间的图书零售企业共有1026家，而仅有9家企业年销售额超过5000万欧元。2013年德国有缴税义务的图书和专业期刊零售企业共6554家。其中有3459家企业年销售额在10万至50万欧元之间；有35家企业年销售额在500万~1000万欧元这一最高销售级别。

而从地域来看，出版机构和发行机构数量比较集中的几座城市2013年的机构数相较于2012年大多也有所减少。其中，柏林和慕尼黑两座城市在出版发行机构数量上仍然齐头并进，2013年柏林有出版机构178家，慕尼黑有出版机构134家，排在前五位的还有斯图加特85家、汉堡83家、科隆74家。2013年柏林有发行机构226家，慕尼黑126家，紧随其后的还有汉堡136家，科隆130家（见表8）。

表8 2011年有缴税义务的出版发行企业情况①

销售额级别	图书出版社	图书零售商	图书和专业期刊零售企业
1.75万~5万	505	508	818
5万~10万	397	518	900
10万~25万	453	1072	1937
25万~50万	243	929	1522
50万~100万	200	622	868
100万~200万	142	228	317
200万~500万	119	91	112
500万~1000万	65	28	35
1000万~2500万	42	23	—
2500万~5000万	21	10	—
5000万及以上	22	9	—
总计	2209	4038	6554

资料来源：《图书与图书贸易数据》

① 不包括销售额（不含增值税）在1.75万欧元以下的企业。

（二）细分出版市场情况

从版本分类上看，2013年德国图书出版业精装书/平装书所占市场份额有所增加，为72.2%；口袋书占总销售额的23.9%，同比略有下降；有声读物占总销售额的3.9%，比2012年略有增加。从内容分类上看，2013年德国图书出版业总销售额中，纯文学类图书占33.8%，比2012年增加了1.2个百分点，纯文学类图书也是口袋书销售的一个最重要的支柱，约占口袋书总销售额的近七成，同时占有声读物总销售额的四五成；儿童和青少年类图书占15.8%，占精装书/平装书总销售额的16%左右，在有声读物总销售额中的比重超过40%；指导类图书各占14.5%，在精装书/平装书总销售额中的比重超过16%；教材教辅、非小说类通俗读物各占9%左右，在精装书/平装书总销售额中的比重均超过一成（见表9）。

表9　2011～2013年各类图书在总销售额中所占比重（按版本划分）

单位:%

类别	总计 2011	总计 2012	总计 2013	精装书/平装书 2011	精装书/平装书 2012	精装书/平装书 2013	口袋书 2011	口袋书 2012	口袋书 2013	有声读物 2011	有声读物 2012	有声读物 2013
纯文学类	34.4	35.0	33.8	21.2	21.2	20.8	70.9	72.6	71.3	46.9	46.6	44.3
儿童和青少年类	15.7	15.6	15.8	17.1	16.8	16.6	8.7	8.8	9.3	36.1	37.2	41.7
旅行类	6.1	6.1	6.3	7.8	7.8	8.0	2.0	2.0	2.1	0.6	0.4	0.3
指导类	13.6	13.8	14.5	16.5	16.9	17.7	6.3	5.8	6.2	6.8	7.1	6.4
人文、艺术、音乐类	4.5	4.4	4.5	5.5	5.6	5.6	1.8	1.7	1.6	1.4	1.5	1.5
自然科学、医药、信息和技术类	4.5	4.4	4.3	6.1	6.0	5.8	0.6	0.4	0.4	0.3	0.3	0.2
社会科学、法律和经济类	2.6	2.5	2.6	3.0	3.0	3.0	1.6	1.5	1.6	0.4	0.4	0.3
教材教辅	8.8	8.9	9.0	11.9	12.1	12.0	0.6	0.6	0.8	3.7	3.4	2.6
非小说类通俗读物	9.7	9.3	9.3	10.8	10.5	10.5	7.4	6.6	6.8	3.8	3.1	2.7
总计	100.0	100.0	100.0	100.0	100.0	100.0	100.0	100.0	100.0	100.0	100.0	100.0

资料来源：《图书与图书贸易数据》

具体说来，纯文学类图书占德国图书市场销售额的33.8%，稳居第一位。在纯文学类图书市场上，叙事文学分别占精装书/平装书、口袋书和有声读物的四五成，悬疑类图书占精装书/平装书的两成，占口袋书和有声读物的三成。2013年纯文学类图书市场排名前三位的依然是：叙事文学，悬疑类，科幻类，所占市场份额分别为51.9%、26.2%、6.5%，其中科幻类较之2012年略有下降。在有声读物中，悬疑类、连环画、卡通、幽默和讽刺类也占据较高的份额，达到12.8%（见表10）。

表10　2011～2013年纯文学类图书内部销售额比重

单位：%

类别	总计 2011	总计 2012	总计 2013	精装书/平装书 2011	精装书/平装书 2012	精装书/平装书 2013	口袋书 2011	口袋书 2012	口袋书 2013	有声读物 2011	有声读物 2012	有声读物 2013
叙事文学	49.2	51.7	51.9	49.5	50.5	48.1	49.7	53.3	55.7	42.6	46.0	47.2
悬疑类	27.9	25.9	26.2	20.4	21.5	23.3	33.9	29.3	28.3	32.8	29.6	29.9
科幻类	7.4	7.5	6.5	5.5	5.8	5.0	8.9	8.9	7.8	7.9	7.6	8.0
混合选集	0.2	0.2	0.1	0.1	0.1	0.1	0.2	0.2	0.2	0.4	0.2	0.1
抒情诗、剧本	1.2	1.0	1.0	1.1	1.0	1.0	1.2	1.1	1.1	1.7	1.1	1.1
双语类	0.6	0.6	0.5	1.1	1.0	0.9	0.2	0.2	0.3	0.3	0.3	0.2
连环画、卡通、幽默和讽刺类	7.0	7.1	7.8	8.2	6.9	9.0	5.4	6.7	6.2	13.7	14.4	12.8
推荐书	6.4	6.0	5.9	13.9	13.2	12.6	0.5	0.5	0.5	0.6	0.8	0.7
总计	100.0	100.0	100.0	100.0	100.0	100.0	100.0	100.0	100.0	100.0	100.0	100.0

资料来源：《图书与图书贸易数据》

2013年儿童和青少年类图书依然是图书销售的一个重要支柱，其销售额略有增长，由15.6%增至15.8%，且此类图书为2013年德国的图书销售增加了1.3%的销售额。其中图画书在2013年又有新突破，销售额增长了5.2%。2013年11岁以下（含11岁）儿童读物所占份额依然保持第一位，其销售额的所占份额也由27%增长至27.8%，12岁以上（含12岁）青少年读物所占比重有所下降，由26.4%下降至24.7%。2013年11岁以下（含11岁）儿童读物图书中最大的赢家依然是《格雷格的日记》（GregsTagebuch），这部连环画每每出新的一集都会位于纯文学类图书排行榜的前列，其销售额占该组销售额的5.4%（见表11）。

表11　2011～2013年儿童和青少年图书类内部销售额比重①

单位：%

类别	总计 2011	总计 2012	总计 2013	精装书/平装书 2011	精装书/平装书 2012	精装书/平装书 2013	口袋书 2011	口袋书 2012	口袋书 2013	有声读物 2011	有声读物 2012	有声读物 2013
图画书	17.1	18.0	18.7	21.2	22.5	23.7	2.2	2.4	2.2	3.6	3.9	4.2
朗读类图书、童话、寓言、韵文、歌曲类图书	5.0	5.0	5.0	4.8	4.8	4.7	2.4	2.1	1.7	11.5	11.4	12.0

---

① 仅包含零售图书贸易、百货商店现金销售额以及电子商务。

续表

类别	总计 2011	总计 2012	总计 2013	精装书/平装书 2011	精装书/平装书 2012	精装书/平装书 2013	口袋书 2011	口袋书 2012	口袋书 2013	有声读物 2011	有声读物 2012	有声读物 2013
婴幼儿读物、学前读物	5.5	5.9	5.7	5.9	6.3	6.1	2.2	1.8	1.5	6.5	8.9	8.4
11岁以下（含11岁）儿童读物	26.4	27.0	27.8	22.5	22.8	22.9	33.6	35.3	34.8	49.6	50.7	54.1
12岁以上（含12岁）青少年读物	28.2	26.4	24.7	24.7	22.6	20.5	55.2	54.7	56.8	16.5	14.6	11.9
自传类读物	0.2	0.1	0.1	0.1	0.1	0.1	0.3	0.3	0.2	0.1	0.1	0.2
非小说类通俗读物/图画书	10.4	10.0	9.5	12.2	11.8	11.4	2.4	2.0	1.6	7.6	6.9	6.1
游戏类图书、学习类图书	7.2	7.5	8.6	8.5	9.1	10.7	1.7	1.4	1.2	4.6	3.5	3.1
总计	100.0	100.0	100.0	100.0	100.0	100.0	100.0	100.0	100.0	100.0	100.0	100.0

资料来源：《图书与图书贸易数据》

在指导类图书中，饮食类图书一直是最重要的门类，其所占份额也逐年增长，2009年其份额为22.6%，2011年为23.9%，2012年为25.2%，2013年为28.1%，五年来其所占份额增长超过了5个百分点。在饮食类图书中，主题食谱的销售额所占份额最大，占饮食类图书的37.4%，比2012年的34.8%有所增长；其次是基础烹饪图书，占16.4%；排名第三位的是健康饮食类图书。从2012年的3.3%增长至2013年的13.8%，成了2013年饮食类图书中最大的黑马，而烘焙类图书的份额尽管比2012年有所增加，但仍降至第四位，占总销售额的12.5%。

由于许多出版社搜寻一些知名博主并为其出书，此外还致力于推出自己的App、网页和电子书，所以尽管互联网一直被视为指导类图书的大敌，指导类图书仍有积极的发展（见表12）。

表12 2011~2013年指导类图书内部销售额比重

单位：%

类别	总计 2011	总计 2012	总计 2013	精装书/平装书 2011	精装书/平装书 2012	精装书/平装书 2013	口袋书 2011	口袋书 2012	口袋书 2013	有声读物 2011	有声读物 2012	有声读物 2013
爱好、房子	11.3	13.0	13.2	12.6	14.3	14.6	3.3	3.0	2.4	3.7	7.3	7.2
自然	11.5	11.3	10.7	13.0	12.6	11.7	1.4	2.0	3.7	2.2	2.0	2.0
汽车、飞机、船、太空飞行	3.5	3.2	3.3	4.0	3.6	3.7	0.3	0.5	0.4	0.0	0.0	0.0

续表

类别	总计 2011	总计 2012	总计 2013	精装书/平装书 2011	精装书/平装书 2012	精装书/平装书 2013	口袋书 2011	口袋书 2012	口袋书 2013	有声读物 2011	有声读物 2012	有声读物 2013
体育	4.2	4.7	4.8	4.6	5.1	5.1	1.9	2.2	2.8	0.6	0.6	1.3
吃与喝	23.9	25.2	28.1	27.0	28.3	31.5	4.2	3.9	3.5	0.4	0.4	0.1
健康	17.0	17.0	17.4	16.6	16.5	16.3	17.2	17.6	23.5	39.0	37.0	37.0
精神方面	6.2	5.5	4.7	4.9	4.3	3.8	13.9	13.8	11.7	19.6	16.7	14.0
生活帮助、日常	18.5	16.6	14.6	14.1	12.3	10.7	49.9	48.9	45.1	31.8	33.5	35.9
权利、职业、经济	3.9	3.5	3.1	3.2	3.0	2.7	7.9	8.1	6.8	2.7	2.4	2.4
总计	100.0	100.0	100.0	100.0	100.0	100.0	100.0	100.0	100.0	100.0	100.0	100.0

资料来源：《图书与图书贸易数据》

2013年互联网对非小说类通俗读物产生了明显的影响，尤其是词典、工具书销量有所下降，2007年其所占份额还为25.1%，2013年只为14.4%。政治、社会和经济类图书在欧债危机的背景下成了一类重要的图书，其所占份额为31.3%，同比下降了4.5个百分点。2013年有所增长的是历史类图书，从2012年到2013年间，其销售额增长了6.1%，2013年占所有非小说类通俗读物销售额的16.7%，而这一增长也受到一定的历史原因的影响，2013年为莱比锡大会战200周年，2014年为第一次世界大战100周年（见表13）。

表13 2011~2013年非小说类通俗读物图书内部销售额比重

单位：%

类别	总计 2011	总计 2012	总计 2013	精装书/平装书 2011	精装书/平装书 2012	精装书/平装书 2013	口袋书 2011	口袋书 2012	口袋书 2013	有声读物 2011	有声读物 2012	有声读物 2013
词典、工具书	15.5	15.0	14.4	17.1	16.6	15.4	9.6	8.0	9.7	10.5	7.9	9.4
哲学、宗教	6.9	6.3	7.0	6.5	5.5	6.2	7.7	9.2	10.3	16.7	15.5	12.9
心理学、人类学等	9.7	8.7	10.5	8.2	9.7	7.7	15.7	12.7	13.9	12.2	15.4	18.1
历史	14.0	14.1	16.7	13.4	14.0	17.2	15.7	14.3	14.8	24.3	16.5	13.2
艺术、文学	6.4	7.4	8.1	6.2	7.4	8.6	7.9	7.5	6.2	2.2	4.8	5.4
音乐、电影和戏剧	7.8	7.9	7.1	8.6	8.8	7.7	4.6	4.0	4.2	6.6	5.3	9.5
政治、社会和经济	35.2	35.8	31.3	35.9	35.3	30.5	33.0	33.8	34.9	24.6	33.0	30.2
自然和科技	4.4	4.8	4.8	4.0	4.7	4.6	5.8	6.0	6.0	2.9	1.5	1.3
自由类读物	0.0	0.0	0.0	0.0	0.0	0.0	0.0	0.0	0.0	0.0	0.0	0.0
总计	100.0	100.0	100.0	100.0	100.0	100.0	100.0	100.0	100.0	100.0	100.0	100.0

资料来源：《图书与图书贸易数据》

（三）细分发行市场情况

2013年德国图书市场总销售额按最终零售价格估算为95.36亿欧元，同比增加0.2%，经过2011年和2012年连续两年下降，再次实现增长。布尔森协会每年进行各类图书零售渠道的统计，主要涉及综合性图书零售点、出版社直销、邮购图书贸易（含互联网图书贸易）、其他销售点、百货商场和会员制图书俱乐部。主要情况如下：

综合性图书零售点在过去的三年销售额持续下降，2010 年同比下降 2.8%，2011 年同比下降 3%，2012 年同比下降 3.7%，2013 年终于实现了销售额的转折，根据德国图书交易协会的评估，2013 年综合性图书零售点销售额为 46 亿欧元，同比增长 0.9%。出版社直销渠道在 2013 年销售额继续上涨，以 18.76 亿欧元的销售额成为第二大销售渠道，同比增长 1.5%，增长幅度超过 2012 年。

德国邮寄图书一直都是大赢家，特别是通过线上渠道，2013 年德国电商图书贸易销售额占全部图书销售额的 16.3%，共计 15.59 亿欧元，也是过去几年来第一次销售额下降。传统的邮寄图书（不含电商）曾经在图书贸易中起到过重要的作用，但是近年来，其销售额不断下降，2013 年其销售额下降 12.4%，仅占全部图书销售额的 2.3%。

百货商场自 2008 年以来销售额不断下降，2013 年只占据全部图书销售市场的 1.5%，2009 年其份额还为 2.4%。同样下降的还有会员制图书俱乐部销售额，2013 年市场份额占全部图书销售市场的 1.6%。其他销售点，如折扣店、超市或加油站，2013 年销售额为 9.47 亿欧元，比 2012 年略有增长，市场份额占全部图书销售市场的 9.9%（见表 14）。

表 14　2012~2013 年图书贸易企业按最终零售价格计算的销售额及份额

单位：亿欧元

类别	2012 销售额	2012 份额	2013 销售额	2013 份额
综合性图书零售点	45.98	48.3%	46.39	48.6%
其他销售点	9.27	9.7%	9.47	9.9%
百货商场	1.59	1.7%	1.42	1.5%
邮购图书贸易（含互联网图书贸易）	18.15	19.1%	17.77	18.6%
出版社直销	18.48	19.4%	18.76	19.7%
会员制图书俱乐部	1.73	1.8%	1.55	1.6%
共计	95.20	100%	95.36	100%

资料来源：《图书与图书贸易数据》

在德国图书零售贸易中，火车站和飞机场的图书销售额几年来不断增长。

根据德国铁路股份有限公司（DeutschenBahn AG）的报告，2013年德国火车站图书贸易销售额共计4.32亿欧元，同比增长3.8%，火车站图书贸易企业319家，营业面积共计55937平方米，尽管其营业面积相比五年前有所减少，但销售额逐年增加，不过火车站图书贸易的销售额仅占德国全部图书贸易销售额的0.7%。瑞士公司Valora是德国火车站和飞机场图书贸易的领跑者，占德国火车站图书贸易市场份额的38.8%；排在其后的是施密特集团（Schmitt Gruppe），其销售额占德国火车站图书贸易市场份额的18.1%；排在第三位的是LS旅游出版社（LS Travel Retail），占17.9%（见表15）。

表15　2009~2013年德国火车站图书贸易情况

年份	企业数量	营业面积（平方米）	企业平均营业面积（平方米）	营业额（百万欧元）	企业平均营业额（千欧元）
2009	315	58504	185.7	400	1270
2010	298	55122	185.0	402	1349
2011	310	55205	178.1	410	1323
2012	312	56049	179.6	416	1333
2013	319	55937	175.4	432	1353

资料来源：《图书与图书贸易数据》。

三、期刊业发展状况

根据德国期刊出版商协会（Verband Deutscher Zeitschriftenverleger，VDZ）的年度大会报告，综合2013年下半年和2014年上半年的统计结果，在德国14岁以上的公民中有91.5%的受访者阅读期刊，而在14到29岁的青年人中有约九成的受访者都会阅读期刊杂志。随着数字化期刊的发展，平均每期纸质期刊有174万读者，每期电子期刊有131万读者，其中有43.1万读者会同时阅读两种版本的期刊。尽管如此，在公共期刊和专业期刊的版本选择中，仍有超过六成的读者会选择纸质期刊，可见纸质版本的期刊依然占据强势地位。

2013年，以报纸和期刊为代表的传统媒体依然是德国人们最信赖的信息来源，而影响人们在不同的期刊中做出选的三个最重要的原因包括：新闻质量、新闻的丰富性、印刷质量。据统计，2013年德国期刊出版社的工作人员超过60000人，年销售额为146.5亿欧元，其中有108.1亿来自国内，40.4亿来自国外，99.8亿来自纸质期刊，48.7亿来自数字期刊和其他业务。

2013年德国共出版公共期刊1569种，其中有111种为初版期刊。据统计，2013年德国每季度平均公众期刊发行量（包括电子期刊）为1.064亿册，其中季度平均订购总量为4870万册，零售总量为4150万册，与2012年相比，各项均有下降。相比之下，专业期刊的销售量则较为稳定，2013年德国每季度平均专业期刊发行量（包括电子期刊）为1200万册，其中季度平均订购总量为1030万册。

根据媒体研究企业尼尔森公司（Nielsen GmbH）对于德国媒体广告宣传支出的市场份额的调查，2013年德国媒体市场广告总支出约为269亿欧元，其中排名第一位的依然是电视，所占市场份额为45%；第二是报刊，占据市场份额的21.2%；第三就是公共期刊（13.2%），它与专业期刊（1.5%）一起，占据了德国媒体市场广告花费总支出的约15%，与2012年相比排在前三位的载体的广告花费均有所下降。面临巨大的竞争，德国公共期刊2013年的广告收入为35.48亿欧元，同比减少1%，报刊的广告收入为46.33亿欧元，同比减少7.6%，相比这两种传统媒体，其他形式媒体的广告收入在2013年都有所增加，如电视增长5.7%，网络增长3.5%，户外增长11%，电影院增长2.1%。

随着期刊数字化的发展，越来越多的读者选择使用网络阅读，2013年，网络期刊阅读的读者是2012年的3倍，其中使用智能手机阅读的读者是2012年的3.5倍，使用平板电脑的读者是2012年的3.1倍。因此越来越多的期刊出版社把目光投向发展数字化期刊，或者期刊App。

2013年德国专业媒体的发展成绩喜人。根据德国专业期刊联合会（Deutsche Fachpresse）2013年公布的数据，2013年德国专业期刊总营业额为18.35亿欧元，同比增长3.1%，占全部专业媒体收入的57.3%。其中广告营业额比去年增加了3100万欧元，同比增长3.6%。截至2013年，德国共有专业期刊3800中，比2012年增加了43种；全年发行量为5.05亿册，售出比例为43%。相比2012年，数字化专业期刊的销售额增长强度相对减弱，为19%，2012年为62%，其中App销售额增长7%，而2012年为54%；但网页版广告销售额增长29%，2012年为14%，这也成了数字化期刊最重要的销售收入来源，占总额的45%。

德国联邦书报杂志批发商协会（Bundesverband Deutscher Buch-, Zeitungs-

und Zeitschriften-Grossisten e. V., Presse-Grosso)① 的年度调查显示，2013 年德国大宗期刊杂志批发传媒公司共有 61 家，其中直接参与期刊出版的公司有 12 家。2013 年年度期刊大宗批发销售总额为 23560 亿欧元，与去年相比减少了 4.79%，平均每家公司销售额为 386.23 亿欧元；销售总量为 21950 亿册，同比下降 8.01%；期刊供货销售点总量为 115929 个，期刊总类约 6000 种，平均现货种类约为 1850 种；平均单期杂志价格为 1.07 欧元。

参考文献

1. 《图书与图书贸易数据》（Buch und Buchhandel in Zahlen）
2. Verband Deutscher Zeitschriftenverleger. www.vdz.de
3. Deutsche Fachpresse. www.deutsche-fachpresse.de
4. Bundesverband Deutscher Buch-, Zeitungs-und Zeitschriften-Grossisten e. V. www.pressegrosso.de

---

① 联邦书报杂志批发商协会于 1950 年 7 月 20 日在科隆成立，其成员都是从事经济行业批发业务的媒体批发商。该协会从供货商角度研究其成员对于公共机构和商业伙伴以及在零售业和其协会中理想的经济的和媒体政策方面的利益问题。

西班牙出版业发展报告

刘莹晨

一、图书业发展状况

(一) 出版情况

西班牙教育、文化和体育部（*Ministerio de Educación, Cultura y Deporte*）发布的《2013年西班牙国内图书贸易状况》（*Comercio Interior del Libro en España* 2013）数据显示，2013年西班牙共出版76434种图书，较2012年的79175种下降了3.5%。西班牙对图书出版总量的统计主要有两个数据来源。一是国家统计局对申领ISBN号情况的统计，一是教育、文化和体育部对已出版图书种数的统计。此处采取的是西班牙教育、文化和体育部的统计数据（见表1）。

表1 2011~2013年各类图书出版种数情况表

单位：种

项目	2011 种数	2011 百分比%	2012 种数	2012 百分比%	2013 种数	2013 百分比%	2013/2012 变化率
总计	83258	100	79175	100	76434	100	-3.5
文学	15488	18.6	14340	18.1	13071	17.1	-8.8
小说	12642	15.2	11006	13.9	9773	12.7	-11.2
古典小说	1777	2.1	1639	2.1	1714	2.2	4.6
现代小说	5825	7.0	5364	6.8	4841	6.3	-9.7
刑侦小说	1527	1.8	1082	1.4	960	1.3	-11.2
爱情小说	1626	2.0	1440	1.8	1236	1.6	-14.2
科幻恐怖小说	791	1.0	694	0.9	446	0.6	-35.7
情色小说	35	0.0	65	0.1	107	0.1	64.7
幽默小说	197	0.2	141	0.2	103	0.1	-27.4
其他	865	1.0	581	0.7	366	0.5	-37.1
诗歌，戏剧	1088	1.3	1097	1.4	812	1.1	-25.9
其他文学	1757	2.1	2237	2.8	2486	3.3	11.1

续表

项目	2011 种数	2011 百分比%	2012 种数	2012 百分比%	2013 种数	2013 百分比%	2013/2012 变化率
儿童、青年书籍	12299	14.8	13023	16.4	13899	18.2	6.7
非大学教科书	17516	21.0	18249	23.0	15529	20.3	-14.9
儿童教育	3445	4.1	3511	4.4	3081	4.0	-12.2
小学教育	5975	7.2	6278	7.9	5249	6.9	-16.4
中学义务教育	4118	4.9	4185	5.3	3335	4.4	-20.3
学士教育	772	0.9	720	0.9	667	0.9	-7.4
职业培训	498	0.6	371	0.5	313	0.4	-15.5
书籍与配套材料	2709	3.3	3185	4.0	2884	3.8	-9.4
科学技术与大学	5472	6.6	4651	5.9	4820	6.3	3.6
社会科学与人文总计	14863	17.9	12417	15.7	13116	17.2	5.6
社会科学/人文	8787	10.6	6805	8.6	7388	9.7	8.6
法律与科学.经济学	3757	4.5	3586	4.5	3472	4.5	-3.2
宗教学	2320	2.8	2025	2.6	2256	3.0	11.4
实用书	5897	7.1	5470	6.9	5234	6.8	-4.3
大众读物	4732	5.7	4267	5.4	4954	6.5	16.1
字典、百科全书	549	0.7	649	0.8	652	0.9	0.6
漫画	1974	2.4	2678	3.4	2448	3.2	-8.6
其他	4468	5.4	3432	4.3	2711	3.5	-21.0

资料来源：2013年西班牙国内图书贸易状况

根据《2013年西班牙国内图书贸易状况》报告，2013年西班牙图书总印量达到了24634.5万册，较2012年减少了近十分之一多；平均发行量为3223册，较2012年减少了317册。由此可见，西班牙图书出版市场在国家经历了经济危机后，仍未复苏，依然处于负增长的状态（见表2）。

表2　2011~2013年图书印刷情况表

单位：千册

项目	2011 册数	2011 百分比%	2012 册数	2012 百分比%	2013 册数	2013 百分比%	2013/2012 变化率
总计	286462	100	280251	100	246345	100	-12.1
文学	62522	21.8	59276	21.2	49802	20.2	-16.0
小说	56387	19.7	53087	18.9	43838	17.8	-17.4
古典小说	6286	2.2	4976	1.8	5055	2.1	1.6
现代小说	26524	9.3	25471	9.1	19888	8.1	-21.9

续表

项目	2011 册数	2011 百分比%	2012 册数	2012 百分比%	2013 册数	2013 百分比%	2013/2012 变化率
总计	286462	100	280251	100	246345	100	-12.1
刑侦小说	5308	1.9	4761	1.7	4336	1.8	-8.9
爱情小说	14837	5.2	12150	4.3	10000	4.1	-17.7
科幻恐怖小说	1486	0.5	1456	0.5	1330	0.5	-8.6
情色小说	140	0.0	2826	1.0	1579	0.6	-44.1
幽默小说	306	0.1	271	0.1	337	0.1	24.4
其他	1500	0.5	1177	0.4	1312	0.5	11.5
诗歌戏剧	1593	0.6	1819	0.6	1234	0.5	-32.1
其他文学	4541	1.6	4370	1.6	4730	1.9	8.2
儿童、青年书籍	53076	18.5	59568	21.3	58074	23.6	-2.5
非大学教科书	71534	25.0	72175	25.8	52031	21.1	-27.9
儿童教育	13939	4.9	17713	6.3	14935	6.1	-15.7
小学教育	25357	8.9	26103	9.3	17973	7.3	-31.1
中学义务教育	19617	6.8	13455	4.8	7816	3.2	-41.9
学士教育	2390	0.8	1995	0.7	1714	0.7	-14.1
职业培训	1314	0.5	795	0.3	693	0.3	-12.8
书籍与配套材料	8917	3.1	12114	4.3	8901	3.6	-26.5
科学技术与大学	9689	3.4	8238	2.99	7413	3.0	-10.0
社会科学与人文总计	29677	10.4	25606	9.1	25388	10.3	-1.0
社会科学/人文	17175	6.0	13098	4.7	12221	5.0	-6.7
法律与科学.经济学	3960	1.4	3073	1.1	2595	1.1	-15.6
宗教学	8542	3.0	9435	3.4	10521	4.3	11.5
实用书	18178	6.3	19039	6.8	17329	7.0	-9.0
大众读物	21340	7.4	13275	4.7	14180	5.8	6.8
字典、百科全书	3598	1.3	4657	1.7	4628	1.9	-0.6
漫画	11384	4.0	15202	5.4	13970	5.7	-8.1
其他	5464	1.9	3214	1.1	3581	1.5	11.4

资料来源：2013年西班牙国内图书贸易状况

  2013年西班牙出版的图书中，卡斯蒂利亚语图书占出版总数的约76.7%，达到58612种，较2012年减少了5%；出版的加泰罗尼亚和巴伦西亚语图书种数为10268种，较上年增加了3.3%，占总数的13.4%；巴斯克语图书有1562种，基本与上一年度持平，占总数的2%；加利西亚语图书有1747种，占总数的2.3%；其他语种的图书有4246种，较2012年增加了244种，约6%，占图书出版总数的5.6%（见表3）。

表3 2012年~2013年各语种图书出版情况表

单位：种

项目	2012	所占比例（%）	2013	所占比例（%）
总计	79176	100	76435	100
卡斯蒂利亚语	61664	77.9	58612	76.7
加泰罗尼亚/巴伦西亚语	9937	12.6	10268	13.4
巴斯克语	1525	1.9	1562	2.0
加利西亚语	1848	2.3	1747	2.3
其他	4202	5.3	4246	5.6

资料来源：2013西班牙国内图书贸易状况报告

西班牙教育、文化和体育部发布的《2013年国内图书贸易状况报告》中未发布有关其他语种图书出版的细分情况，而根据该部门发布的图书ISBN授予量统计情况来看，2013年西班牙外语图书出版数量占总量的5.1%（见表4）。

表4 2011~2013年外语图书出版情况

单位：个/%

语言	2011 13/12	2011 出版量	2012 占总出版量	2012 出版量	2013 占总出版量	2013 出版量	2013 外语图书占比	2013 占总出版量
英语	2348	2.0	2236	2.1	2517	55.4	2.8	+12.6
葡萄牙语	719	0.6	1006	1.0	757	16.7	0.8	-24.8
法语	661	0.6	886	0.8	865	19.0	1.0	-2.4
德语	165	0.1	205	0.2	136	3.0	0.1	-33.7
意大利语	155	0.1	112	0.1	75	1.6	0.0	-33.0
俄语	67	0.1	119	0.1	92	2.0	0.1	-22.7
希腊语	47	0.0	—	—	—	—	—	—
波兰语	33	0.0	—	—	9	0.2	0.0	+28.6
汉语	18	0.0	—	—	9	0.2	0.0	+80.0
日语	—	—	16	0.0	9	0.2	0.0	-43.8
丹麦语	—	—	9	0.0	—	—	—	—
拉丁语	—	—	9	0.0	—	—	—	—
荷兰语	18	0.0	25	0.0	8	0.2	0.0	-68.0
其他语言	218	0.2	55	0.1	69	1.5	0.0	+13.1
总量	4449	3.7	4678	4.4	4546		5.1	-2.8

资料来源：西班牙教育、文化和体育部

2012年，西班牙翻译图书出版量占图书总出版量的21.1%，较2011年下降了2.4个百分点。

2013年，西班牙翻译图书出版量占图书总出版量的22.3%，较2012年下降了13.9个百分点（见表5）。

表5 2007~2013年各语言翻译图书占图书总体出版量的比例

单位：%

语言	2007	2008	2009	2010	2011	2012	2013
英语	11.4	12.2	10.8	10.7	9.8	11.3	11.6
卡斯蒂利亚语	4.6	3.6	3.2	3.4	3.6	3.5	3.2
法语	2.6	2.9	2.8	2.4	2.2	2.3	2.3
德语	1.4	1.4	1.5	1.1	1.4	1.1	1.4
意大利语	1.2	1.2	1.5	1.3	1.3	1.4	1.4
加泰罗尼亚语	1.1	0.8	0.6	0.7	0.7	0.5	0.5
日语	0.6	1.0	0.9	0.3	0.5	0.6	0.6
葡萄牙语	0.3	0.2	0.3	0.2	0.2	0.2	0.2
希腊语	0.4	0.2	0.2	0.6	0.2	0.1	0.2
瑞典语	0.0	0.1	0.1	0.2	0.1	—	—
丹麦语	—	—	—	—	—	0.1	—
俄语	—	—	—	—	—	—	0.2

资料来源：西班牙教育、文化和体育部。

2012年，翻译自英语的图书出版量占翻译图书出版量的51.2%。在西班牙的不同语言中，卡斯蒂利亚语（西班牙语）仍占主导地位，被大量翻译成其他语言，如加泰罗尼亚语（940种）、加利西亚语（119种）、巴斯克语（387种）以及瓦伦西亚语（94种）。

2013年，翻译自英语的图书出版量占翻译图书出版量的52.3%。在西班牙的不同语言中，卡斯蒂利亚语（西班牙语）仍占主导地位，被大量翻译成其他语言，如加泰罗尼亚语（693种）、加利西亚语（68种）、巴斯克语（287种）以及瓦伦西亚语（73种）（见表6）。

表6 2007~2013年各语言译著占全部翻译图书的比例

单位：%

语言	2007	2008	2009	2010	2011	2012	2013
英语	46.2	49.2	47.3	48.7	46.7	51.2	52.3
卡斯蒂利亚语	18.4	14.4	13.9	15.3	17.1	15.9	14.2
法语	10.4	11.7	12.2	10.9	10.6	10.3	10.2
德语	5.8	5.7	6.3	5.2	6.6	5.1	6.1
意大利语	5.0	4.9	6.7	6.1	6.0	6.2	6.2
加泰罗尼亚语	4.4	3.2	2.6	3.0	3.5	2.5	2.3

续表

语言	2007	2008	2009	2010	2011	2012	2013
日语	2.4	4.2	3.8	1.4	2.3	2.6	2.6
葡萄牙语	1.2	0.9	1.3	0.9	1.1	0.9	1.0
希腊语	1.6	0.9	0.9	2.7	0.8	0.6	0.7
瑞典语	0.2	0.3	0.5	1.0	0.7	—	—
丹麦语	—	—	—	—	—	0.7	—
俄语	—	—	—	—	—	—	0.7

资料来源：西班牙教育、文化和体育部

根据西班牙教育、文化和体育部《2013年图书对外贸易报告》（Comercio Exterior del Libro 2013）发布的数据，2013年西班牙图书出口额约5.26亿欧元，同比2012年5.27亿欧元基本持平。其中，向欧盟地区出口约2.94亿欧元，同比减少了4.7%；向南美洲出口约1.73亿欧元，同比减少3.1%；向北美洲出口约1553万欧元，同比减少11.5%；向欧洲其他地区出口约816.5万欧元，同比增加3.55%；向非洲出口约2.49亿欧元，同比增长了148%；向亚洲出口约181.2万欧元，同比增长14.76%；向大洋洲出口880.4万欧元，同比增长218%（见表7）。

表7　2012～2013年向世界各地图书出口量比较

（单位：千欧元）

地区	2012	2013
欧盟	308884	294354
南美洲	178648	172954
北美洲	17552	15530
欧洲其他地区	7885	8165
非洲	10026	24863
亚洲	1579	1812
大洋洲	2769	8804
总量	527343	526482

资料来源：《2013年图书对外贸易报告》

（二）销售情况

2012年西班牙图书销售总额为2471.49亿欧元，扣除图书折扣和增值税后总额为1688.07亿欧元，同比2011年的1764.03亿欧元下降4.3%。

2012年，除加利西亚外，西班牙地区图书总体销售量下降。加泰罗尼亚填补了上一年被马德里抢占的部分市场份额。从各季度销售额的对比分析上看，第三季度的销售额最大。如果包含2012年西班牙销售权所获得的71.4

亿欧元，西班牙出版行业国内图书销售的净营业额为1759.47亿欧元（2011年为1898.72亿欧元）。2012年图书销售总量为170.24亿册，与2011年相比下降14.8%，图书的平均价格为14.52欧（见表8）。

表8　2008~2012年主要地区图书销售额及市场占有率

单位：百万欧元

	2010		2011		2012		11/12变化率
马德里	1.24088	42.9%	1.23027	44.4%	1.06230	43.0%	-13.7
加泰罗尼亚	1.43497	49.6%	1.33245	48.1%	1.200899	48.9%	-9.3
巴斯克	0.06142	2.1%	0.06329	2.3%	0.05883	2.4%	-7.0
安达卢西亚	0.04971	1.7%	0.04903	1.8%	0.04836	2.0%	-1.4
加利西亚	0.03097	11%	0.02686	1.0%	0.02753	1.1%	1.3
瓦伦西亚	0.03534	1.2%	0.03484	1.3%	0.03292	1.3%	-5.5
卡斯蒂亚莱昂	0.03751	1.3%	0.03560	1.3%	0.03257	1.3%	-8.5
总计	2.89080	100%	2.77234	100%	2.47249	100%	-10.9

2013年，西班牙国内图书销售额为2181.97万欧元（含增值税），上升了218.197万欧元（未扣除图书折扣）。与前几年相比，图书销售量一直呈下降趋势，同比2012年下降11.7%。2013年图书销售总量为153.83亿册，与2012年相比下降9.6%，总体水平上图书的平均价格为14.18欧（见图1）。

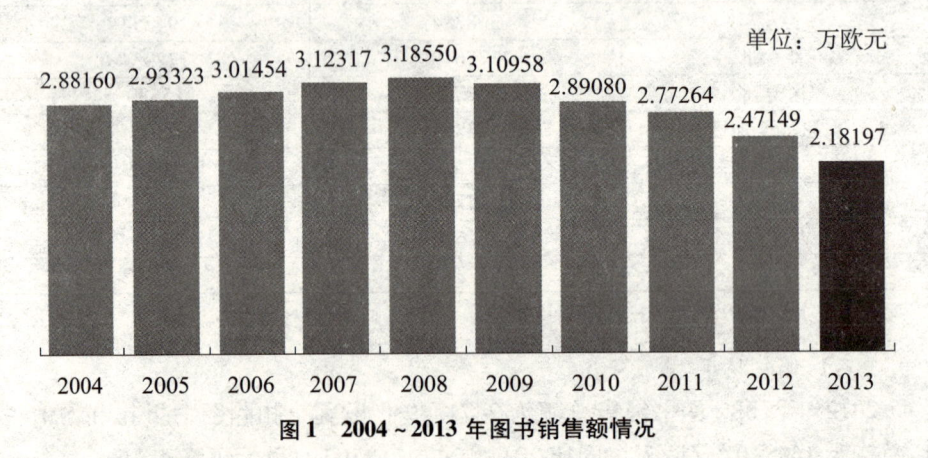

单位：万欧元

2004	2005	2006	2007	2008	2009	2010	2011	2012	2013
2.88160	2.93323	3.01454	3.12317	3.18550	3.10958	2.89080	2.77264	2.47149	2.18197

图1　2004~2013年图书销售额情况

2013年，教材类图书（非大学）、文学类图书、儿童与青年图书和社会科学与人文类图书销售额占图书市场销售份额的77.6%，与2012年相比，销售量均有下降（见表9）。

表9 2011~2013年各类图书销售额情况表

单位：千欧

项目	2011 千欧	2011 百分比%	2012 千欧	2012 百分比%	2013 千欧	2013 百分比%	2013/2012 变化率
总计	286462	100	280251	100	246345	100	-12.1
文学	55083	19.9	56603	22.9	46881	21.5	-17.2
小说	50713	18.3	51873	21.0	42627	19.5	-17.8
古典小说	3278	1.2	3407	1.4	3658	1.7	5.4
现代小说	36622	13.2	30898	12.5	21866	10.0	-29.2
刑侦小说	3806	1.4	5107	2.1	4074	1.9	-21.2
爱情小说	4212	1.5	3494	1.4	4822	2.2	38.0
科幻恐怖小说	1378	0.5	2273	0.9	1543	0.7	-32.1
情色小说	181	0.1	5314	2.1	5183	2.4	-2.5
幽默小说	242	0.1	282	0.1	367	0.2	29.8
其他	996	0.4	972	0.4	1115	0.5	14.7
诗歌，戏剧	762	0.3	965	0.4	807	0.4	-16.4
其他文学	3608	1.3	3764	1.5	3447	1.6	-8.4
儿童、青年书籍	33761	12.2	29625	12.0	26728	12.2	-9.8
非大学教科书	86801	31.3	80318	32.5	72629	33.3	-9.6
儿童教育	13654	4.9	13957	5.6	12803	5.9	-8.3
小学教育	36387	13.1	32938	13.3	30167	13.8	-8.4
中学义务教育	20856	7.5	18703	7.6	16164	7.4	-13.6
学士教育	6771	2.4	6566	2.7	5484	2.5	-16.5
职业培训	1941	0.7	1936	0.8	1547	0.7	-20.1
书籍与配套材料	7193	2.6	6219	2.5	6464	3.0	3.9
科学技术与大学	13367	4.8	9152	3.7	7006	3.2	-23.4
社会科学与人文总计	31643	11.4	26904	10.9	23033	10.6	-14.4
社会科学/人文	13570	4.9	11066	4.5	9297	4.3	-16.0
法律与科学.经济学	14869	5.4	13166	5.3	11559	5.3	-12.2
宗教学	3205	1.2	2673	1.1	2178	1.0	-18.5
实用书	14883	5.4	14021	5.7	14178	6.5	1.1
大众读物	21231	7.7	16212	6.6	14919	6.8	-8.0
字典、百科全书	6455	2.3	4570	1.8	4561	2.1	-0.2
漫画	9440	3.4	5516	2.2	5354	2.5	-2.9
其他	4569	1.6	4228	1.7	2909	1.3	-31.2

（三）畅销书情况

2012年西班牙国内最畅销书作者前三位分别是英国女作家E.L.詹姆斯（E.L. JAMES），美国著名科幻奇幻小说家乔治·马丁（GEORGER.R.

R. MARTIN）和著名作家苏珊·柯林斯（SUSANNE COLLINS），其作品分别是《五十度灰》《冰与火之歌》和《饥饿游戏》，而肯·福莱特（KEN FOLLET）、E. L. 詹姆斯（E. L JAMES）和玛利亚·杜埃尼亚斯（MAR A DUE AS）则被评为最广泛阅读的图书前三位作者（见表10）。

表10 2012年度前十五名畅销书情况

排名	书名	作者	出版商
1	五十度灰 (Cincuenta Sombras de Grey)	E. L. 詹姆斯 (E. L. James)	古典书局 (Vintage Books)
2	冰与火之歌 (Cancion de Hielo y Fuego)	乔治·马丁 (George R. R. Martin)	Debolsillo
3	饥饿游戏 (Los Juegos Del Hambre)	苏珊·柯林斯 (Susanne Collins)	Scholastic
4	遗忘书之墓 (El cementerio de los libros olvidados)	卡洛斯·鲁依斯·萨丰 (Carlos Ruiz Zafon)	行星出版集团 Planeta
5	世纪三部曲 (Trilogia del siglo)	肯·福勒特 (Ken Follet)	Plaza & Janés
6	百岁老人跷家去 (El Abuelo Que Salto Por La Ventana Y Se Largo)	乔纳斯·乔纳森 (Jonas Jonasson)	Salamandra
7	遥远的时间 (Las horas distantes)	凯特-莫尔顿 (Kate Morton)	Suma de Letras
8	遗忘任务 (Misión olvido)	玛丽亚·杜埃尼亚斯 (Maria Dueñas)	Temas de Hoy
9	通往美丽人生的背包 (Una mochila para el universo)	艾尔莎·普西特 (Elsa Punset)	Destino
10	生活与钱包的纠缠 (El enredo de la bolsa y la vida)	爱德华多·门多萨 (Ecuardo Mendoza)	Seix Barral
11	卖掉法拉利的高僧 (El Monje que Vendio su Ferrari)	罗宾·夏玛 (Robin S. Sharma)	Plaza & Janes
12	猿猴的统治 (Simiocracia)	艾利斯·萨洛 (Aleix Salo)	兰登书屋 (Random House Mondadori)
13	今夜说爱我 (Esta Noche Dime Que Me Quieres)	费德瑞克·莫恰 (Federico Moccia)	行星出版集团
14	泛黄的世界 (El Mundo Amarillo)	阿尔贝特·艾斯皮诺萨 (Albert Espinosa)	Grijalbo
15	寂寞的皇后 (La Soledad de la Reina)	皮娜·艾尔 (Pilar Eyre)	La esfera de los Libros

2013年，英国女作家E.L.詹姆斯（E.L.JAMES）的小说三部曲《五十度灰》（CINCUENTA SOMBRAS DE GREY）依然蝉联最畅销书首位（见表11）。

表11　2013年度前十五名畅销书情况

排名	书名	作者	出版商
1	五十度灰 （Cincuenta Sombras de Grey）	E.L.詹姆斯	古典书局
2	地狱 Inferno	丹·布朗 （Dan Brown）	双日出版社 （Doubleday）
3	HQ事件的真相 （La Verdad Sobre el Caso Harry Quebert）	乔艾尔·狄克 （Joel Dicker）	Alfaguara
4	五十度深灰 （Cincuenta sombras más oscuras）	E.L.詹姆斯	古典书局
5	奇异的酶学 （La enzima prodigiosa）	新谷弘实 （Hiromi Shinya）	Alhama
6	五十度自由 （Cincuenta sombras liberadas）	E.L.詹姆斯	古典书局
7	普拉多的老师 （El maestro del Prado）	哈维尔·塞拉利昂 （Javier Sierra）	行星出版集团
8	开枪吧，我已死 （Dispara, yo ya estoy muerto）	莱莉娅·纳瓦罗 （Julia Navarro）	Plaza & Janes
9	赤脚女王 （La Reina Descalza）	伊德方索·法孔内斯 （Ildefonsc Falcones）	Grijalbo
10	遗忘使命 （Misión olvido）	玛丽亚·杜埃尼亚斯 （Maria Dueñas）	Temas de Hoy

资料来源：Europe Press
http：//jackmoreno.com/2014/01/18/10-libros-mas-vendidos-en-espana-en-2013/

（四）电子书情况

根据西班牙教育、文化和体育部发布的《2013年国内图书贸易状况》数据，西班牙电子书的主要出版形式包含PDF、电子出版物（e-pub）、通用电子书、kindle电子书、数字白板以及其他形式等（见表12）。

表12　电子书出版主要形式

方式	2012	2013	12/13 变化率
PDF	57.6%	43.7%	-14.0%
电子出版物（ePUB）	47.6%	51.7%	4.1%
通用电子书	2.9%	1.7%	-1.2%
Kindle 电子书	6.2%	4.6%	-1.7%
电子白板	3.0%	1.4%	-1.6%
其他（html5，flash）	5.7%	51.6%	45.9%

2012~2013年，西班牙电子书销售量逐年增加，与2012年相比，2013年的销售量增加8.1%，与过去四年相比增加13.9%。2012年，西班牙共出版了35545种电子书，2013年增加至38621种，较上一年增加了8.7%。

从西班牙电子书的销售渠道上看，2012~2013年电子书销售渠道主要以出版社电子书专门销售平台（e销售）为主（约占74.5%），尤其是通过普通销售平台，2013年其销售额占35.5%（2012年占45.1%）（见表13）。

表13　2012~2013年电子书销售渠道销售额

单位：欧元

	2012		2013	
电子销售量	74250000	100.0%	80266000	100.0%
出版社网站销售	11128000	15.0%	16473000	20.5%
电子书专门销售平台（e销售）	52485000	70.7%	59794000	74.5%
普通销售平台	33490000	45.1%	28493000	35.5%
出版社自建销售平台	1267000	1.7%	2171000	2.7%
出版社共建销售平台	4188000	5.6%	5860000	7.3%
其他销售平台	13540000	18.2%	23270000	29.0%
书店销售	3919000	5.3%	931000	1.2%
其他销售渠道［谷歌、e-libro（e-book）、app store、亚马逊、图书之家（casa del libro）］	6719000	9.0%	3068000	3.8%

按电子书销售种类情况分析，2012年非大学用书和文学类的小说销量有显著上升。法律图书和经济学类图书尽管仍是最畅销的电子图书，但销量与过去两年相比有所下降。

2013年非大学用书和社会科学与人文类书籍仍然持续占据电子书销售量的大部分比例（两种类型合占约58%），儿童青年电子读物销量较前几年上升（见表14）。

表14 2012~2013年电子书销售额细分情况

(单位：欧元)

	2012		2013	
总计	74250000	100.0%	80266000	100.0%
文学	16805000	22.6%	14296000	17.8%
小说	15281000	20.6%	13389000	16.7%
诗歌、戏剧	109000	0.1%	74000	0.1%
其他文学	1415000	1.9%	833000	1.0%
儿童、青年书籍	2651000	3.6%	4210000	5.2%
非大学书籍	21718000	29.3%	23427000	29.2%
科学、技术与大学书籍	3623000	4.9%	2414000	3.0%
社会科学与人文总计	20385000	27.5%	23147000	28.8%
社会科学与人文	2172000	2.9%	1557000	1.9%
法律与经济学	16508000	22.2%	20347000	25.3%
宗教学	1705000	2.3%	1243000	1.5%
实用书	1804000	2.4%	2362000	2.9%
大众读物	1145000	1.5%	1333000	1.7%
其他	6117000	8.2%	9077000	11.3%

2013年，西班牙图书销售中纸质图书的销售占绝大部分比例（90.9%），其他媒介的图书占5.4%，电子书占3.7%。与其他类型的图书相比，法律类图书在三种媒介（纸质版、电子版和其他媒介）中销售量分布是最平均的，分别是41.1%、17,6%和41.3%。

（五）口袋书发展状况

2013年西班牙口袋书市场依然呈现下降的趋势，在出版种数、销售等方面均有所减少。2013年西班牙共出版4099种口袋书，较上一年度减少了707种，共发行了2176.5万册，较上年度减少了850万册，平均发行量也较上年减少了990册，达到5308册。

（六）图书馆使用情况①

2010年西班牙图书、档案及图书馆总局（La Dirección General del Libro, Archivos y Bibliotecas）首次开展阅读器及电子书籍借阅服务项目。读者可以在任何地方连接图书馆网络，完成用户验证后，就可以进行电子书借阅，用户可将电子书下载到计算机或其他移动设备。该项目于2010年底开始在全国各地15所国家公共图书馆实施，共计投入12.7万欧元，购入677台阅读器，

---

① 因西班牙相关数据滞后，目前课题组只获取到2012年的数据。

平均每间图书馆设有45个阅读器，共收录3384种卡斯蒂尼亚语和其他语言的图书。2012年西班牙图书、档案及图书馆总局开展了第二次电子书籍借阅服务，此次共投入16.6万欧元，投入资金较上年增加了约31%，参与服务的国家公共图书馆达到了51家，较上期新增36家，阅读器数量达到1391台，较上期增长了一倍，图书种数达到了6248种。

《图书馆信息服务的经济及社会价值》（El valor Económico y Social de los Servios de Información：Bibliotecas）和西班牙国家统计局（INE）数据显示，2012年西班牙共有6835间图书馆，其中国家图书馆1间，自治区级图书馆14间，公共图书馆4211间，特殊群体图书馆（非专业）240间，高等教育机构图书馆285间，专业图书馆2084间。公共图书馆登记的成人读者16318045人，儿童4061587人，共登记读者20380002人。从各自治区借阅情况看，图书借阅次数最多的自治区依次是加泰罗尼亚区（12190721次）、马德里大区（8490237次）、瓦伦西亚区（6137684次）和安达卢西亚区（5978412次）。从馆际互借情况看，2012年西班牙各图书馆共借出原版图书574192册，复印版图书382526册，借入原版图书620744册，复印版图书421344册（见表15）。

表15　2012年各类型图书馆图书借阅情况

单位：借阅次数

项目	图书	报刊	有声读物	音像读物	电子书	电子游戏	其他电子读物	其他读物
总计	54849761	1669643	3072062	15433387	568943	238424	3708106	3586430
国家图书馆	787	0	0	0	0	0	0	0
自治区级图书馆	1214865	5197	174036	608861	5167	1726	4030	28
公共图书馆	36974627	1513127	2759684	14370867	124488	235386	297856	287746
特殊群体图书馆（非专业）	212910	11761	81593	8945	19	89	305	1937
高等教育机构图书馆	15481487	56200	14919	241831	285827	0	3359030	3204327
专业图书馆（总计）	965085	83358	41830	202883	153442	1223	46885	92392
宗教机构图书馆	45048	3114	0	124	0	0	0	50
管理机构图书馆	281699	19203	12150	60405	594	294	3399	17546
研究中心图书馆	62236	2192	4	224	20	0	459	215

续表

项目	图书	报刊	有声读物	音像读物	电子书	电子游戏	其他电子读物	其他读物
协会及专业学院图书馆	108035	7969	947	8834	0	182	343	655
企业及贸易公司图书馆	33626	1998	98	9001	150117	0	26	757
档案及博物馆图书馆	29648	1057	506	1043	55	0	30	4
保健中心图书馆	23056	26408	4	107	7	400	41114	28
其他专业领域图书馆	381737	21417	28121	123145	2649	347	1514	73137

资料来源：西班牙国家统计局

（七）出版企业情况

1. 企业规模

西班牙教育、文化和体育部发布的《2013年西班牙国内图书贸易状况》报告数据显示，2013年西班牙共有出版企业1691家，较2012年增加了35家。其中，有809家出版企业为西班牙出版商工会联合会成员单位，较2012年减少了7家，占西班牙出版商数量的47.8%；882家为非会员单位，占出版商整体数量的52.2%（见表16）。

表16　2010~2013年出版企业种数情况

项目	2010 数量（个）	2010 占比（%）	2011 数量（个）	2011 占比（%）	2012 数量（个）	2012 占比（%）	2013 数量（个）	2013 占比（%）
总计	1703	100	1735	100	1656	100	1691	100
协会成员单位	839	49.3	840	48.4	816	49.3	809	47.8
非协会成员单位	864	50.7	895	51.6	840	50.7	882	52.2

在企业规模方面，809家成员单位中，营业额超过6000万欧元的超大型出版社有6家，占0.7%；营业额在1800万欧元至6000万欧元的大型出版社有17家，占2.1%，他们的总销售额占出版行业总销售额的60.8%（2012年62.7%）；营业额在240万欧元至1800万欧元的中型出版社有105家，占13%；另外，681家营业额在240万欧元以下的小型出版社占84.2%。

其中，23家营业额超过1800万欧元的大型及超大型出版社的年图书出版25904种，占全部出版种数的33.9%，图书发行量达到了1317.9万册，占发行总量一半多，平均发行量为 5088 册，超过全国图书平均发行量 3223 册的 57.9%；105 家中型出版社全年出版种数达到 22553 种，占总数的 29.5%，发行量为 677.46 万册，平均发行量为 3004 册，略低于全国图书平均发行量；而近七百家小型出版社全年出版种数为 27978 种，占总数的 36.6%，发行量相对大中型出版社则相对较低，仅为 468.09 万册，平均发行量也仅为全国图书整体平均发行量的一半，为 1673 册。

在地域分布方面，成员单位中，位于马德里自治区的出版商有 328 家，占 40.5%；279 家位于加泰罗尼亚地区，占 34.5%；其余 202 家出版社分别位于巴克斯（37 家）、安达卢西亚（44 家）、加利西亚（40 家）、瓦伦西亚（56 家）和卡斯蒂亚莱昂（25 家）地区。同时，该报告的数据显示，在 809 家联合会成员单位中，有 29.9% 的出版商隶属于其他集团或由其他集团持有一定的股份。

2. 重点企业

（1）行星集团（Grupo Planeta）

行星集团创建于 1949 年，是西班牙的第一大出版集团，2011 年世界第六大出版集团。旗下有许多出版社，并控制着西班牙 Ciculo 读者俱乐部和西班牙 Casa del libro 图书连锁店 50% 的股份。行星集团还是西班牙 Libranda 数字发行平台的创始者之一，该平台创建于 2010 年 5 月，截至 2011 年该平台共收录 4147 种电子书。在 2013 和 2014 年《出版人周刊》（*Publishers Weekly*）发布的全球出版业 50 强榜单中，行星集团分别位列第 7 和第 8 位，2012 年集团总收入为 25.97 亿美元，2013 年下降至 21.61 亿美元。2013 年集团的出版业务销售额从 16.8 亿欧元下降至 15.7 亿欧元。

从 2012 年 6 月起，行星集团在谷歌数字信息平台——Play Libros 为读者图书提供包含所有卡斯蒂利亚语图书的数字目录。有行星集团印章标志的主要书题可以从 play.google.com 网站下载。

2012 年 9 月，行星集团旗下杂志出版社——棱镜出版社（Prisma Publicaciones）与行星集团达成了一项协议，在 20 个国家推出西语时尚潮流周刊《红秀》（GRAZIA），该杂志已成为女性身份和生活方式的标杆。《红秀》通过轻松潇洒的信息撰写和传播方式，把每周搜寻的最新国际潮流动态和地区特色资讯带给当地读者。杂志还把时尚的嗅觉与对顶尖人物的采访以及他们的故事结合起来。信誉、质量、优雅和简洁是其主要资产，它帮助杂志形成了读者圈，不断提高了销量。

2014 年 4 月，行星集团与巴塞罗那大学合作新建了一个授予网络教育学位的国际中心——巴塞罗那国际大学中心（UNIBA）。UNIBA 主要授予在目前的国际形势下，尤其在西语国家中具有发展潜力的学位头衔。行星集团一直积极扩展与高校合作构建网络培训和教学平台，此前，行星集团签署协议购得瓦伦西亚国际大学网络大学 70% 的股份业务，这一协议让瓦伦西亚强化了拓展国际教育的能力，也让集团的大学培训业务得以延伸。由行星集团提供平台，教师、学者、专家队伍参与设计的崭新教学平台行星课堂（AulaPlaneta）充分利用各项新信息技术和交流技术，包括传统文本编辑和视听说音像互动资源，以充分调动学生的能动性和参与度，发挥他们的各项基本技能。

（2）丰泉出版社（Alfaguara）

该出版社于 1964 年由西班牙诺贝尔文学奖获得者卡米洛·何塞·塞拉成立，他在该出版社出版了自己和当时其他作家的作品。丰泉出版社是西班牙文学作品领域数一数二的出版社，并得到了读者的广泛认可。多年以来，丰泉出版社一直致力于出版在西班牙和拉丁美洲写作出来的最优秀的文学作品以及引领文学主流的作品。此外，丰泉出版社将所有西班牙语的作家和读者全部收入在视野之内，其影响力能够覆盖 4 亿名读者。

2012 年，丰泉出版社启动了集结超过 300 拉美最优秀文学书题的丰泉数字化工程，这是继二十年前丰泉全球工程（*Alfaguara Gobal*）后再次搭建的一座文献作品桥梁。数字图书消除了国与国间的边界，并为把最优秀的书籍制作成电子书提供机会。这一年，丰泉出版社出版了《城市与狗》纪念版，这是西班牙皇家学院和西班牙语言学院协会为纪念马里奥·巴尔加斯·略萨作品出版 50 周年所推出的纪念版图书。2013 年，出版社创建 Alfaguara Negra 作品集，这是国际文坛上最具实力和创新性的侦探小说。

对丰泉出版社而言，顺利完成构建文学桥梁的使命的最后一步是"新技术之手"。所有出版的书籍在不同国土、不同地域流通一直是一个挑战，对所有西班牙语国家而言也是一个悬而未决的课题。数字图书为各出版商发行并流通自己的图书提供了机遇。

如今，丰泉出版社的首要任务是继续出版国际文坛最知名并获得国际奖项的作家的优秀作品，同时不忘探寻文学界的新声音和认同文学思维共性的存在，为母语为西班牙语的读者开发一片世界文学的新天地。

2013 年 6 月，由于经济原因，桑蒂亚纳集团（Grupo Santillana）将丰泉出版社出售给兰登书屋（Random House），通过这种方式，一家一直致力于出版拉美文学作品的出版社与一家致力于出版近代美国文学作品的出版社合二为一。

3. 阿纳亚集团（Grupo Anaya）

阿纳亚集团是西班牙教育出版领域的领导企业。1959 年由赫尔曼·桑切斯·胡佩雷斯在萨拉曼卡创建，其早期的出版物已经决定了其未来发展的方向：教育领域。如今，阿纳亚集团是教育、文化、职业教育、娱乐图书的重要供应商，旗下有 8 家分公司和 14 家以上出版社。

2014 年，阿纳亚集团和沃恩集团（Grupo Vaughan）签署了一项协议，计划于 2014～2015 学年共同开发小学和中学英语教学新教材，以适应在不同环境下的教学和教育需求。该项目汇集了沃恩集团几年以来在英语教学的经验和专业知识，并借助阿纳亚集团教育出版工作经验加以实施。因此，沃恩整合各种教育资源，其中学生会话实践修正法在多年的教学实践中屡见成效。据介绍，此项目将在 2014 年春天启动。

4. 桑蒂拉纳国际出版集团（Grupo Santillana）

桑蒂拉纳集团原名桑蒂拉纳出版社，由 Jesús de Polanco 和 Francisco Pérez González 创立于 1960 年，目前在 22 个拉丁美洲国家均建有出版社。2000 年被收归西班牙媒体集团 PRISA 公司所有。

桑蒂拉纳集团在 2012 年的税前营业收入为 1.842 亿欧元，收入的巨大增速得益于在巴西、墨西哥、智利和阿根廷四国收入的增长。对于其在拉丁美洲活动的发展，在 2010 年 4 月，桑蒂拉纳集团入股 DLJ 南美合作伙伴（DLJ South American Partners）总资本的 25%。2012 年桑蒂拉纳集团总收入占 PRISA 公司总收入的 27%。

桑蒂拉纳集团通过整合其在教育领域、教材类书籍和语言类书籍方面的资源和优势，不断扩大在其他领域的活动。如今，集团的产品目录包含适合不同年龄阶段读者的作品，并且不拘泥于单一的流派风格和传输媒介。

同时，为适应时代发展，桑蒂拉纳集团新的数字化业务发展方向主要集中在以下几个方面：创造、管理和设计满足家庭、教育和休闲活动的新的电子设备，形成并满足新的消费形式，如视频游戏和 3D 影视；为 iPad、iPhone 及其他具有 Android 系统的移动设备创建教育应用软件。

二、期刊业发展状况

2012 年西班牙常规媒体（电视、互联网、日报、广播、户外广告、杂志、周日刊）实际广告收入占全部媒体收入的 42.6%，2013 年占总额的 40.7%，同比下降1.9%。

2012年西班牙常规媒体实际广告收入为46300万欧元，同比2011年下降15.8%，2013年为42610万欧元，比2012年下降8%，受经济危机影响，媒体广告业在2012—2013年重现萎缩市场。2008年至2013年间，除了2011年市场状态良好，其余年份市场投资均呈萎缩状态。2012年各常规媒体收入下降，2013年，除互联网广告收入上升1.8%外，各常规媒体收入均下降。

数据显示，电视仍是广告盈利的主要平台，2013年其广告总收入占所有传统媒体的40.0%，与2012年收入相比，2013年跌幅为6.2%。2013年，互联网广告以89630万欧元收益超越日报广告收益稳占广告收入常规媒体第二位，同比2012年（88050万欧元）增长1.8%，市场份额有所上升。日报在2013年的广告收入为66290万欧元，与2012年相比下降了13.5%，是第三大广告收入的常规媒体，其收入占总体市场份额的15.6%。2013年，杂志广告投入收益25390万欧元，在常规媒体广告总收益中排名第六，比2012年（31370万欧元）下降19.1%，2013年杂志广告收入在常规媒体总体广告收入所占的市场份额为6%，相比2012年（6.8%）下降0.8%（见表17）。

表17 2010~2013年常规媒体广告收入状况

单位：百万欧元

常规媒体	2013	2012/2013年变化率%	2012	2011	2010
电影	20.2	-10.1	22.5	25.8	24.4
日报	662.9	-13.5	766.3	967.0	1,124.4
周日刊	38.7	-25.6	52.0	67.1	72.2
户外广告	282.0	-13.6	326.3	394.8	420.8
互联网	896.3	1.8	880.5	899.2	798.8
广播	403.6	-11.0	453.5	524.9	548.5
杂志	253.9	-19.1	313.7	381.1	397.8
电视	1703.4	-6.2	1815.3	2237.2	2471.9
总计	4261.0	-8.0	4630.0	5497.1	5858.8

根据西班牙发行管理办公室（Oficina de Justificación de la Difusión）的数据显示，2012年西班牙共有杂志423种，其中付费购买的杂志236种，免费杂志187种，2013年杂志总数为310种，付费购买杂志190种，免费杂志120种，与过去两年相比，2012年及2013年杂志种类数量呈持续下降趋势。2012年西班牙各类杂志总发行量24100万册，比2011年（30460万册）下降20.88%，2013年杂志总发行量21820万册，比2012年下降9.46%。

根据西班牙阿尔赛传媒公司（Arce Media）调查显示，2012年西班牙杂志出版商总数为73家，比2011年（69家）增加了4家，2013年出版商总数为64家。从杂志流通方式上看，西班牙发行管理办公室调查数据显示，2012年杂志零售仍然是主要的流通方式（88.7%），而且所占比重逐渐上升，订阅占1.3%，自由流通占10.1%；2013年杂志零售占91.4%，订阅占0.7%，自由流通占7.8%。

根据西班牙出版物分销商协会ANDP（Asociación Nacional de Distribuidores de Publicaciones）数据显示，书亭/报刊亭是杂志发售的主要渠道，2012年西班牙书亭/报刊亭的总数为25423个，比2011年（25639个）减少0.85%，2013年总数为24785个。

根据西班牙信息杂志协会ARI（Asociación de Revistas de Información）的数据，2012年西班牙杂志的平均价格为3.25欧元，2013年平均价格为3.22欧元。协会估计2012年西班牙杂志网站总数为353个，2013年网站总数为277个。2012—2013年杂志社主要收入来源为广告收入和纸质版杂志销售收入，其中，2012年杂志广告收入为3700万美元，纸质版杂志销售额为5700万美元，电子版广告收入400万美元；2013年杂志广告收入为3600万美元，纸质版杂志销售额为5900万美元，电子版广告收入400万美元，电子版杂志的销售和其他渠道的收入两年均为100万美元，2012~2013年杂志广告收入呈下降趋势。

根据新闻传播于2014年3月（Noticias de la Comunicación. March 2014）的数据（数据基于商业注册和2012年度财务报表总收入状况），2013年西班牙发行量前10位的出版社依次是：Hola！（你好杂志出版社）、RBA、Hearst Magazines（赫斯特杂志出版社）、G+J/Motorpress、Ediciones Condé Nast（康泰纳仕出版社）、Grupo Zeta（泽塔集团）、Unidad Editorial（联合杂志出版社）、Heres（继承者出版社）、Prisa Revistas（普里沙杂志出版商）和Grupo V（V集团）。

根据西班牙阿尔赛传媒公司（Arce Media）2013年数据，年度发行量前十名广告商依次是：Procter&Gamble（宝洁公司）、Grupo El Corte Inglés（英国宫集团）、L'Oréal（欧莱雅）、Estée Lauder（雅诗兰黛）、Grupo LVMH（LVMH集团）、Grupo Volkswagen（大众集团）、Grupo PSA Peugeot Citroen（法国标致雪铁龙）、Unilever（联合利华）、Ford（福特）和Grupo Benckiser（洁时集团）。年度前十广告类别依次是：时尚饰品、汽车、美容、科普、文

体、旅游、装扮、计算机/通信、媒体、休闲。针对杂志读者群体的调查数据显示，男性读者占群体的 38.9%，女性读者占 47.6%，成人读者占 43.3%。

以杂志发行量统计，各杂志类别中排名前三的杂志分别是（见表18）。

表18 2013年各类杂志发行排名情况

项目	出版社	出刊频率	发行量（册）	读者平均数	单价（欧元）	是否有电子书应用	官方网站
汽车/赛车/摩托车类							
《轻车驾熟》	鲁伊克伊比利亚美洲出版社	月刊	47582	195000	2	是	Autofacil.es
《汽车2000》	V集团	月刊	36998	126000	1	是	grupov.es/revistas/14-coches/revista
《马卡汽车》	联合杂志出版社	月刊	32607	501000	1.9	是	marcamotor.com/revista.html
商业/金融/新闻类							
《金钱市场》	金融服务消费者者协会	月刊	40942	—	1	否	mercado-dinero.es
《开拓者》	赫斯特杂志	月刊	35758	191000	3	是	emprendedores.es/revista
《阿乌斯班》	金融服务消费者协会	月刊	21147	—	2.5	否	ausbancrevista.com
儿童/青少年/漫画							
《氏族杂志》	海因里希鲍尔出版社	月刊	58466	—	3.95	否	Bauer.es
《如你》		月刊	55969	—	2.95	是	Revistacomotu.com
《为你勇敢》		半月刊	51696	230000	1.95	是	bravoporti.com
食品/饮料							
《简便烹饪教程》	RBA杂志社	月刊	112348	763000	1.5	是	Rbarevistas.com
《专业烹饪教程》	RBA杂志社	6份/年	39282	430000	3.5	否	Rbarevistas.com
《全能料理》	诺贝尔视听	月刊	37744	—	4.5	是	thermomixmagazine.com

续表

项目	出版社	出刊频率	发行量（册）	读者平均数	单价（欧元）	是否有电子书应用	官方网站
大众读物							
《非常有趣》	G Y 西班牙出版社	月刊	138744	2204000	3.2	是	Muyinteresante. es
《国家地理》	RBA 杂志社	月刊	136560	1622000	3.5	是	Nationalgeographic. com. es
《新探索》	赫斯特杂志	月刊	69263	825000	2.95	是	quo. es
健康/健身							
《学会生活》		月刊	275039	1286000	2	是	rbarevistas. com/categoria/revista/femeninas/saber _ vivir
《身心》	RBA 杂志社	月刊	43160	220000	3	是	Cuerpomente. es
《健康心态》		月刊	33956	245000	2.5	是	mentesana. es
运动							
《费德卡萨》	V 集团	月刊	19580	—	5.95	是	http：//grupov. es
《跑者世界》	Motorpress-Rodale	月刊	19577	180000	3.8	是	runners. es
《足球运动员生活》	V 集团	月刊	16780	182000	2.5	是	http：//grupov. es
旅游							
《你好！旅行》	你好杂志社	年刊	62606	—	5	是	Hola. com
《国家旅游地理杂志》	RBA 杂志社	月刊	39178	548000	3.5	是	Nationalgeographic. com. es
《康泰纳仕旅行者》	康泰纳仕出版社	月刊	19834		3	是	traveler. es
女刊							
《速度》	继承者出版社	周刊	876925	3532000	1	否	revista-pronto. es
《你好》	你好杂志社	周刊	399007	2428000	2	是	Hola. com
《十分钟》	赫斯特杂志	周刊	237280	1278000	1.8	是	diezminutos. es

资料来源：西班牙杂志信息协会《2013年杂志出版销售概况报告》

参考文献

1. 2012 年西班牙国内图书贸易状况（Comercio Interior del Libro en España 2012）

2. 2013 年西班牙国内图书贸易状况（Comercio Interior del Libro en España 2013）

3. 2012 年西班牙国民阅读习惯与购书情况（HÁBITOS DE LECTURA Y COMPRA DE LIBROS EN ESPAÑA 2012）

4. 西班牙图书 2012~2013 年对外贸易状况（Comercio Exterior 2012 & 2013）

5. 2012&2013 年媒体广告收入状况报告（InfoAdex_ Resumen_ Est_ Inv_ 2012&2013）

6. 2012&2013 年杂志出版销售概况报告（WMT-2014-Spain）

7. 2012~2013 年西班牙贸易报告（Informe COMEX 2013）

8. 西班牙国家统计局数据 www.ine.es

俄罗斯出版业发展报告

王卉莲

一、出版业发展背景

（一）经济环境

全俄社会舆论研究中心（ВЦИОМ）2013年年底调查显示，超过2/3的俄罗斯人（71%）对家庭物质状况表示满意，而2009年这一指标要比现在低10个百分点；超过3/4的受访者（77%）选择节约策略，其中62%的人经常节省，15%的人只是不久前才开始；女性、中老年人和农村居民是较为节省的群体，他们中采取节约措施的比重分别为80%、85%和85%，值得一提的是，中老年女性是最为活跃的阅读群体；近50%的俄罗斯人避免大额消费，其中包括55%的中年人、55%的中等城市居民和63%的低收入人群，他们中不乏阅读爱好者；有20%的受访者表示没有必要节省开支，这部分人包括青年人口、流动人口，他们因忙碌疏于阅读，或者更愿意阅读电子书，其中很多人阅读盗版电子书。

根据罗米尔调查中心（POMИP）的数据，尽管2013年俄罗斯人对食品和非食品类日用品的需求额增长速度较之前四年有所降低，俄罗斯人对上述产品的消费却逐年增长。俄罗斯居民消费需求增速放缓，转向节约模式，仅购买生活必需品。在实体书店不断倒闭的背景下，俄罗斯居民购买力下降将直接导致图书市场发展停滞不前。

（二）国民阅读状况

1. 媒体使用情况

根据TNS俄罗斯调研公司的统计数据，2013年俄罗斯16岁及以上居民的媒体使用时间约为8.5小时/昼夜。在媒体使用总时间中，读书占1.9%，每天约10分钟；读报占1.5%，每天约8分钟；读刊占1.2%，每天约6分钟。对照该公司2008年的调查数据，5年间俄罗斯居民的书报刊阅读行为在媒体使用总时间中所占比重下降了7.4个百分点，其中图书下降2.1个百分点，报纸下降 3.5 个百分点，杂志下降 1.8 个百分点。

5 年间，看电视、听广播、上网在媒体使用总时间中所占比重不断增加，其中看电视、听广播所占比重分别由 44% 增至 48.5%，由 30% 增至 32.6%；上网增速最快，增长了 5.4 个百分点，由 6% 增至 11.4%。

2. 上网情况

根据尤里·列瓦达分析中心对分布在全国 45 个地区 130 个居民点、年龄在 18 岁及以上城乡居民的调查，2013 年约 40% 的受访者每天使用互联网，这一指标 2001 年仅为 2%；37% 的俄罗斯人不使用互联网。受访者中，47% 使用互联网检索有用信息，37% 作为社交工具，29% 用于浏览新闻，28% 上网看电影，27% 上网娱乐，26% 上网听音乐，18% 上网购物和购买各类服务。仅 14% 的俄罗斯居民上网搜索或阅读图书，2011 年这一指标为 8%。最受俄罗斯人欢迎的社交网站，主要是俄罗斯国内网站，位列第一的是同班同学（Одноклассники），第二的是链接（Вконтакте），第三的是 Mail.ru。

3. 电子书阅读情况

俄罗斯数字化教育（Digital Parenting Russia）对 1477 名 7~15 岁的俄罗斯中小学生的调查显示，48% 的学生阅读电子书。就电子书获取方式而言，88% 的学生阅读免费电子书，17% 付费阅读，3% 的学生希望阅读电子书，但不知如何获得，33% 的受访者在线阅读。就电子书阅读设备而言，7~9 岁的学生中有 34% 使用电子书阅读器，41% 使用台式电脑，36% 使用平板电脑，18% 使用智能手机；10~12 岁的学生中有 58% 使用电子书阅读器，38% 使用台式电脑，34% 使用平板电脑，22% 使用智能手机；13~15 岁的学生中有 54% 使用电子书阅读器，36% 使用台式电脑，38% 使用平板电脑，31% 使用智能手机。

对于妨碍中小学生更多阅读电子书的原因，37% 的学生由于没有自己的阅读设备，需向父母或亲戚借用；31% 抱怨家里没有安静的阅读环境；29% 的学生表示在网上找不到需要的电子书。

39% 的受访者在准备功课时，从图书馆或熟人那里借阅纸质书；44% 的受访者用电子设备阅读信息，其中 40% 的人上网获得信息。对于纸版书有何优势这个问题，受访者中有 57% 认为其便于查找需要的页码，48% 觉得可以方便批注，48% 认为可以借给朋友阅读，16% 没有发现优势。43% 的电子书阅读者根据网站评论选择图书，37% 听从父母的意见，27% 考虑朋友的建议。

二、图书业发展状况

（一）出版情况

1. 整体情况

据俄罗斯书库统计，2013 年俄罗斯联邦共出版图书和小册子 120512 种，仅次于中国、美国和英国，位列世界第四，较 2012 年增长 3.1%，较 2008 年减少 2.3%；总印数 5.417 亿册，较 2012 年增长 0.2%，较 2008 年减少 28.8%；总印张 63.883 亿印张，较 2012 年增加 3.3%，较 2008 年减少 34.3%；出版物平均印数 4495 册，较 2012 年减少 2.8%，较 2008 年减少 27.1%；出版物平均印张数 11.79 印张，较 2012 年增长 2.9%，较 2008 年减少 8%；出版物人均占有量 3.78 册，较 2012 年几乎未变，较 2008 年减少 29.3%。

综上，2013 年俄罗斯联邦图书和小册子出版种数、总印张、出版物平均印张数较上一年增长了约 3%，总印数、总印张、出版物平均印数、出版物人均占有量较 2008 年减少 30% 左右（见表 1）。

表 1　2008~2013 年图书和小册子出版情况

年份	2008	2009	2010	2011	2012	2013
出版种数（种）	123336	127596	121738	122915	116888	120512
总印数（百万册）	760.4	716.6	653.8	612.5	540.5	541.7
总印张（百万印张）	9729.8	8042.2	7889.0	7009.5	6186.2	6388.3

资料来源：联邦出版与大众传媒署、俄罗斯书库

按出版装帧形式、版次等不同口径统计的俄罗斯出版情况如下：2013 年俄罗斯出版新版书 101981 种，印数 3.458 亿册，再版书 18531 种，印数 1.959 亿册；系列书 46137 种，印数 3.759 亿册；翻译类出版物 12681 种，印数 7110 万册。

自 2008 年金融危机爆发以来，俄罗斯出版社投资热情降低，再版书出版种数所占比重由 2008 年的 13.7% 增至 2013 年的 15.4%，5 年间其印数所占比重增长了 10 个百分点，由 26.2% 增至 36.2%。近年来，翻译类出版物保持稳定态势，出版种数所占比重在 10%~12%，印数所占比重在 12%~13%。系列书出版种数所占比重保持在 40% 左右，2013 年其印数所占比重逼近 70%，较 5 年前增长了十多个百分点。

从按印数级别统计的图书和小册子出版数据可以发现，2013 年印数在

1000 册以下的图书和小册子出版种数五年间增长了四分之一强，占总出版种数的一半多，而 5 年前在这一印数级别的图书和小册子仅占四成，其印数所占比重一直保持在 3%～4%；印数在 1000 册以上的图书和小册子出版种数五年间减少 30%，所占比重由 60% 左右降至 40% 左右，其印数比重约为 96%～97%（见表 2）。

表 2　2012～2013 年图书和小册子出版情况
（按印数级别统计）

印数级别	种数（种） 2013	种数（种） 2012	2013 较 2012（%）	2013 较 2008（%）	印数（百万册） 2012	印数（百万册） 2013	2013 较 2012（%）	2013 较 2008（%）
500 册以下	50447	53005	+5.1	+27.6	12.2	12.8	+4.9	+19.6
500～1000 册	10986	10946	-0.4	+11.0	10.5	10.3	-1.9	+9.6
1000～5000 册	31489	31630	+0.4	-21.2	102.3	102.6	+0.3	-25.8
5000～10000 册	11249	10373	-7.8	-39.3	91.1	85.4	-6.3	-39.3
10000～50000 册	7609	8184	+7.6	-33.5	167.5	184.8	+10.3	-33.3
50000～100000 册	843	800	-5.1	-14.7	62.7	59.8	-4.6	-14.1
100000 册以上	461	444	-3.7	-19.6	94.3	85.9	-8.9	-25.3
未注明印数	3804	5130	+34.9	+471.3	—	—	—	—
合计	116888	120512	+3.1	-2.3	540.5	541.7	+0.2	-28.8

资料来源：联邦出版与大众传媒署、俄罗斯书库

2. 翻译图书出版情况

就广义而言，翻译类出版物包括译自外语和民族语言的作品、用外语和民族语言出版的作品。目前，俄罗斯统计的翻译类出版物主要是译自外语的作品。2013 年俄罗斯共出版翻译类出版物 12681 种，占总出版种数的 10.5%，印数 7110 万册，占总印数的 13.1%。翻译类出版物共涉及语言 94 种。按出版种数统计，涉及最多的语种是英语，约占六成，共 7364 种，印数 4568.83 万册；其次是法语，约占一成，共 1204 种，印数 733.96 万册；紧随其后的是德语，共 881 种，约占全部翻译类出版物的 7%，印数 455.61 万册。

除译自外语的作品外，2013 年俄罗斯出版 1290 种由俄语译成其他语种的作品，印数 276.2 万册；2197 种以俄罗斯民族语言和外语出版的作品，涉及语种 68 种，其中出版最多的语种依然是英语，出版 875 种，较 2012 年增加近 8%，印数 236.7 万册，较 2012 年减少近 15%。

翻译类出版物主要为儿童作品和文学作品。5 年间儿童作品出版种数所占

比重由14%增至22%，印数所占比重由11%增至20%；文学作品出版种数所占比重几乎没有变化，由31%降至29%，印数所占比重由31%增至41%。

3. 细分市场情况

按目的功用划分，俄罗斯出版物主要分为学术类、教材、文学艺术类和少年儿童类。2008~2013年学术类出版物和教材出版量有所增长，文学艺术类和少年儿童类出版物出版量出现缩减。

2013年俄罗斯出版学术类出版物27120种，较2008年增长30.6%，其印数5年间一直保持在1000万~1100万册；出版教材41067种，较2008年增长9%，其印数保持在2.2亿~2.4亿册；出版文学艺术类出版物17293种，较2008年减少14.1%，印数8250万册，较2008年减少46.5%；出版少年儿童类出版物10950种，较2008年减少3.1%，印数9850万册，较2008年减少34.2%。

2013年学术类、教材、少年儿童类、文学艺术类出版物所占比重较上一年变化不大：学术类出版物占总出版种数比重超过20%，占总印数比重不足2%；教材占总出版种数比重约34%，占总印数比重约45%；少年儿童类出版物占总出版种数比重约9%，占总印数比重超过18%；文学艺术类出版物占总出版种数和总印数比重在14%~15%。参考类出版物所占出版种数比重较上一年没有变化，为2.5%，所占印数比重略有下降，为1.8%。

2011~2013年俄罗斯各类图书销售情况见表3、表4。文学作品和教材是俄罗斯图书市场上的基础板块，占总销售额的近七成。儿童图书所在地区零售中所占比重增加。原因主要在于，未列入联邦教育新标准的示范规划和正式名单中学前教育机构部分的学前教材，全部归入"儿童图书"上架销售。

表3　2011~2013年图书销售情况

单位：%

类别	销售册数变动幅度			销售额变动幅度		
	2011	2012	2013	2011	2012	2013
成人文学作品	-12.93	-4.40	-4.32	-3.88	+2.60	+2.03
儿童文学作品	+7.53	+7.15	-0.50	+3.60	+10.01	+7.68
教材	+6.93	-3.83	-3.07	+4.70	+7.21	+6.23
专业类作品	-7.53	-1.95	-6.66	-5.78	+2.25	-2.29
实用类作品①	-3.63	+1.58	-5.78	-2.33	+4.23	-0.17

资料来源：《书业》杂志

---

① 包括居家、生活、休闲、烹饪、心理、医学、秘籍。

表 4　2011～2013 年各类图书销售额比重情况
（不含财政补助机构采购和电子书销售）

单位:%

类别	2011	2013	2014（预测）	2015（预测）
成人文学作品	24.05	21.63	20.13	18.91
儿童文学作品	19.38	20.04	19.66	19.99
实用类作品	8.88	9.91	10.63	11.15
教材	26.60	24.46	24.12	23.05
专业类作品	10.50	8.37	7.59	6.53
文化、艺术、地方志	3.58	5.04	5.69	6.42
其他	7.03	10.56	12.19	13.95

资料来源：《书业》杂志

4. 畅销书情况

2013 年俄罗斯文学类畅销书榜单不再像往年一样分俄罗斯作者和国外作者两个榜单。在文学类畅销书印数排名前 10 的榜单中，大多为侦探小说家，其中七位为俄罗斯侦探小说作家，均出生于 20 世纪五六十年代。东佐娃、乌斯季诺娃、希洛娃、波利亚科娃、马里宁娜、阿库宁自 2005 年起一直在榜。东佐娃和波利亚科娃的主要创作领域都为讽刺侦探小说，二位作家均在 20 世纪 90 年代末开始从事文学创作。2013 年东佐娃的作品总印数仅为 8 年前的两成，由 2005 年 1250 万册降至 2013 年 283 万册，其他五位作家的作品总印数在 70 万至 90 万册之间，总印数约为 2005 年的 20%～35%。

英国侦探小说作家阿加莎·克里斯蒂自 2008 年起就一直榜上有名，作品总印数保持在 70 万～100 万册。英国爱情小说作家芭芭拉·卡特兰继 2005 年、2011 年后再次上榜，2013 年其作品总印数较两年前没有太大变化，为 65 万册。英国侦探小说作家柯南·道尔继 2010 年后再次位列榜单，2013 年其作品总印数由三年前的 190 万册降至 70 万册。此外，自 2005 年起文学类畅销书榜单中出现频率较多的国外作者还有巴西作家保罗·柯艾略、美国爱情小说作家丹尼尔·斯蒂尔、法国玄幻小说作家柏纳·韦伯、波兰作家维什涅夫斯基。

在儿童类畅销书作者榜单中，丘科夫斯基、斯捷潘诺夫、布拉托、古里娜、诺索夫、安徒生都是自 2005 年起出现频率较高的作家。8 年间其作品总印数由四百多万册降至二百多万册。丘科夫斯基、布拉托和诺索夫为苏俄作家，生于 19 世纪末 20 世纪初，斯捷潘诺夫、古里娜、马利亚连科和乌萨乔夫为当代儿童作家。林格伦和格林兄弟都曾在 2009 年榜单中出现过，其作品总印数由当时的四五十万册增至现在的五六十万册（见表5）。

表5 2013年印数最大的文学类畅销书、儿童类畅销书作者排名情况

排名	文学作品作者	出版种数	总印数（千册）	儿童作品作者	出版种数	总印数（千册）
1	东佐娃（Донцова Д.）	143	2831.5	丘科夫斯基（Чуковский К.）	147	2194.0
2	乌斯季诺娃（Устинова Т.）	55	897.5	斯捷潘诺夫（Степанов В.）	60	1034.4
3	希洛娃（Шилова Ю.）	64	891.0	布拉托（Барто А.）	75	1023.0
4	波利亚科娃（Полякова Т.）	58	826.9	古里娜（Гурина И.）	49	974.0
5	马里宁娜（Маринина А.）	47	748.7	诺索夫（Носов Н.）	74	787.0
6	阿库宁（Акунин Б.）	60	737.9	马利亚连科（Маляренко Ф.）	28	678.0
7	柯南·道尔（Дойль А.）	40	708.4	安徒生（Андерсен Г.）	79	664.4
8	阿加莎·克里斯蒂（Кристи А.）	128	682.6	林格伦（Линдгрен А.）	63	633.5
9	罗伊（Рой О.）	43	657.4	乌萨乔夫（Усачев А.）	68	632.0
10	芭芭拉·卡特兰（Картленд Б.）	67	655.0	格林兄弟（Братья Гримм）	47	564.9

资料来源：联邦出版与大众传媒署、俄罗斯书库

2013年俄罗斯畅销电子书情况见表6。

表6 2013年销售量排名前10的电子书

排名	作者	书名	出版社	年销量
1	詹姆斯	五十度灰	埃克斯摩	5447
2	詹姆斯	五十度黑	埃克斯摩	4304
3	詹姆斯	五十度飞	埃克斯摩	3547
4	阿库宁	黑城	作者	2770
5	布伊达（Буйда Ю.）	蓝血（Синяя кровь）	埃克斯摩	1087
6	格卢霍夫斯基（Глуховский Д.）	地铁2033（Метро 2033）	阿斯特	959

续表

排名	作者	书名	出版社	年销量
7	大卫·米切尔	云图	埃克斯摩、多米诺（Домино）	946
8	乔希·考夫曼	在家就能读 MBA	马恩、伊万诺夫和费尔伯（Манн，Иванов и Фербер）	933
9	奇霍利德（Чихольд Я.）	新型印刷·现代设计者指南（Новая типографика. Руководство для совремменного дизайнера）	阿尔捷米·列别杰夫工作室出版社（Издательство Студии Артемия Лебедева）	916
10	阿拉博夫（Арабов Ю.）	奥尔列安（Орлеан）	阿斯特、阿斯特列利	770

资料来源：www.pro-books.ru

（二）发行情况

根据俄罗斯统计局数据，2013 年俄罗斯书报刊零售额共计 1413.81 亿卢布，在非食品类日用品零售额中所占比重为 1.1%。目前，还没有单独关于图书零售额的官方统计数据。

近年来，关于俄罗斯图书市场容量的非官方统计数据主要有四个来源：一为《图书贸易》杂志，二为埃克斯摩出版社，三为《书业》杂志，四为莫斯科图书之家。联邦出版与大众传媒署起初采用《图书贸易》杂志的估算数据，后来综合几方数据发布自己的数据，再后来主要采用埃克斯摩出版社的估算数据，此次采用的是《书业》杂志的数据。

据《书业》杂志统计，2013 年俄罗斯纸质图书市场容量约为 503.8 亿卢布（不含财政补助机构采购额），较上一年减少 2.61%；俄罗斯纸质图书市场容量（含财政补助机构采购额）为 780.1 亿卢布，较上一年减少 1.01%；俄罗斯电子出版物市场容量为 11 亿卢布，占纸质图书市场总量的 1.41%，较上一年增长 96.43%；图书市场容量（含纸质图书和电子图书）共计 791.1 亿卢布，较上一年减少 0.32%。

图书馆、中小学、高校等财政补助机构的采购额从一定程度上"校正"了俄罗斯纸质图书市场的缩减幅度，降幅仅为 1% 左右。由于财政补助机构采购在俄罗斯图书市场占据较大的份额，未来这一渠道将在一定程度上缓解图书市场的颓势。据《书业》杂志预测，即使电子图书销售额保持大幅增长的态势，2015 年俄罗斯图书市场容量还将有所下降（见表 7）。

表7　2011～2013年图书市场容量

单位：十亿卢布

渠道	2011	2012	2013 市场容量	2013 比重
书店（含地区连锁书店）	26.85	26.02	27.29	34.99%
联邦网络	10.98	8.87	7.86	10.08%
网上书店	5.49	5.93	6.27	8.04%
报刊亭	3.86	3.97	2.99	3.83%
非专业图书零售（含超市）	6.47	6.95	5.96	7.64%
小计	53.65	51.73	50.38	64.58%
财政补助机构（图书馆、中小学、高校）	20.53	20.42	21.93	28.12%
其他销售（直销、团体客户、订购出版物、订阅出版物、俱乐部等）	6.40	6.65	5.69	7.30%
小计	80.58	78.80	78.01	100%
数字出版（B2B+B2C）	0.315	0.56	1.10	—
合计	80.89	79.36	79.11	

资料来源：《书业》杂志

2013年俄罗斯发行市场结构没有重大变化：关闭了一些联邦图书贸易连锁店、报刊亭零售连锁店以及快速消费品零售连锁店，实体图书贸易企业和图书线上交易渠道地位得到加强。

1. 实体书店

据书业专家估算，目前俄罗斯约有1000～1500家实体书店。2013年书店市场容量为272.9亿卢布，所占比重约为整个图书市场的35%。《书业》杂志认为，近两年线下零售额的增长主要依赖地区零售。2013年地区书店在销售册数较上一年减少2.3%的情况下，营业额平均增长4.2%；而莫斯科书店的销售册数减少6.8%，营业额增长仅为2.7%，考虑通货膨胀因素，营业额其实下降了。

2. 联邦图书贸易网络

2013年联邦图书贸易网络市场容量为78.6亿卢布，较上一年减少11.4%，占据10%的图书市场份额。该渠道销售额缩减很大程度上是受"字母"连锁门店减少的影响。截至2013年3月"字母"连锁书店营业面积减少了75%，关闭了80家门店。

此外，宣布破产的企业还有："我的图书"（Мой книжный）连锁书店，2010年由阿斯特-普列斯、因夫拉-姆、凤凰、里波尔、尼奥拉（Ниола）和蜻蜓出版社共同建立；"国际图书"（Международная книга）无限股份公司，是俄罗斯历史最悠久的书刊、音像制品进出口公司,成立于 1923 年,苏联解体后其母公司专注于旅游业务,分成国际图书-图书、国际图书-期刊、国际图书-音乐、国际图书-有价证券、国际图书-信息、发货人等若干子公司;"图书世界"(Книжный мир)连锁书店和奥姆斯克图书大厦。

3. 非专业图书零售机构

2013 年非专业图书零售机构(卖场面积低于 10% 用于售书)售书市场容量为 59.6 亿卢布,约占 7.6% 的市场份额。其图书品种主要有三大类:低价位的成人文学作品、儿童图画书、烹饪与休闲类图书。大部分莫斯科出版社使用该渠道一般通过埃克斯摩和图书林荫道等承担批发物流商功能的机构实现的。2013 年该渠道的主要合作伙伴有:欧尚、麦德龙(Metro Cash & Carry)、马格尼特(Магнит)、儿童世界(Детский мир)、儿童(Дети)、第七大陆(Седьмой континент)、纽带(Лента)。

"欧尚"有 62 家卖场(不含欧尚-公园),其中莫斯科 23 家。"麦德龙"在俄罗斯 49 座城市设有 71 家卖场,其中 60 家销售图书。"马格尼特"在俄罗斯 1868 个居民点设有 8093 家商店,仅在大型超市经营模式下销售图书。"儿童世界"在俄罗斯和哈萨克斯坦的 106 座城市设有 226 家超市,总营业面积 31.64 万平方米。"儿童"拥有 106 家连锁店,其中圣彼得堡 32 家,莫斯科及莫斯科州 69 家。"第七大陆"在莫斯科拥有 138 家超市,其中 7 家为大型超市,均有图书销售,在地区也有超市。"纽带"在俄罗斯各地区有 77 家大型超市。

4. 报刊亭

2013 年报刊亭售书市场容量为 29.9 亿卢布,约占 3.8% 的市场份额。并不是所有出版商都会利用该渠道。原因在于近年来报刊亭数量不断缩减,且出版商准入门槛一直都很高,在报刊亭出售图书要求出版商降低图书售价,提高图书配送物流效率。

与出版商合作的报刊亭运营商主要有:阿里阿-证据与事实(АРИА-АиФ)、戈尔印刷(Горпечать)、铁路普列斯-格普(Желдорпресс-ГП)、普列斯-物流(Пресс-Логистик)、罗斯印刷(Роспечать)、塞尔斯(Сейлс)、媒体信息(МедиаИнфо)、生意人(Коммерсант)、媒体市场特快(Экспресс Медиа Маркет)、俄罗斯邮政(Почта России)、自由报刊(Свободная Пресса)、外省报纸(Газеты Провинции)。

2013 年俄罗斯一些火车站可以与国外大型企业合作售书。此前,国外发行商曾数度进军俄罗斯市场，但均未成功。最近的一次为2008年法国拉加代尔媒体集团向芬兰萨诺玛公司出售其在俄罗斯的入媒（InMedio）和接力（Relay）（共计25个销售点），2年后萨诺玛退出其在俄罗斯的发行业务。2013年俄罗斯铁路有限责任公司（ОАО РЖД）与英国W.H.史密斯公司合作在火车站出售图书、期刊、办公用品及其他商品。W.H.史密斯在莫斯科开设了几十个销售点，随后其业务将遍布俄罗斯全部火车站。其店面在40～100平方米，每平方米投入在3万至5万卢布。

5. 网上书店

据俄罗斯商务咨询公司的《俄罗斯互联网图书贸易市场2013》，2013年俄罗斯图书及其他印刷品互联网贸易约占俄罗斯电子商务市场份额的2%，图书线上交易大多集中在人口10万～50万的俄罗斯城市。根据《书业》杂志的数据，2013年网上书店市场容量为62.7亿卢布，约占8%的图书市场份额。近年来该渠道发展增速逐渐放缓。这与莫斯科地区客户渐趋饱和、地区客户购买观念较为保守以及市场竞争增强有一定的关系。

三年间网上书店的主要发展态势如下：网络读者增加，随着网络服务售后水平不断提高，俄罗斯人越来越倾向于上网购买图书；网上书店数量增加，竞争日益强烈，新的市场参与者不断涌现，非图书线上运营商开始开辟媒体商品业务方向；为吸引读者、保持市场份额，网上书店展开价格战，其平均购书小票额度不断增加，为800～1000卢布；物流得到发展，首都网上书店不断拓展物流覆盖范围，联邦服务平台逐渐形成。

俄罗斯网上书店参与者主要有：奥逊（Ozon.ru）、林荫道（Labirint.ru）、逻各斯-互联网（Read.ru）、我的商店（My-shop.ru）等。

奥逊是俄罗斯网上书店市场的领头羊，占据该市场份额的24%。截至2013年年底奥逊可供书目200万种（含按需印刷品种），月新增书目8000种。其图书平均售价为245卢布（不含运费），平均购书小票为1000卢布（莫斯科为1323卢布）。奥逊拥有图书配送点2100个，覆盖俄罗斯、哈萨克斯坦和拉脱维亚的255座城市。

林荫道为"图书林荫道"公司的分支机构。"图书林荫道"公司拥有自己的出版社、批发仓库、图书连锁店。林荫道占俄罗斯网上书店市场份额的6.7%，跻身俄罗斯网上书店市场前三名。不像其他网上书店以不断拓展可供书目为目标，林荫道有其自身图书特色，可供图书14万种，在俄罗斯境内拥有380个配送点。

逻各斯—互联网占俄罗斯网上书店市场份额的 6% ~ 7%，与"涅瓦""普列斯—物流""中央印刷""乌拉尔—普列斯"奇维邮递（QIWI Post）等公司合作，拥有覆盖俄罗斯 170 座城市共计 1300 个图书配送点，其中莫斯科 320 个，圣彼得堡 200 个。其业务范围不仅涉及纸质图书、游戏、玩具、办公用品，而且还提供报刊订阅服务。

（三）电子出版物出版发行情况

根据《2009 年俄罗斯图书市场》，俄罗斯电子出版物主要包括以下形式：影像/光学类电子出版物，借助阅读器的文件类电子出版物（e-book），网络信息资源，复合（光盘/网络）出版物。根据《2013 年俄罗斯图书市场》，俄罗斯数字内容市场主要涉及游戏、音乐、视频和电子书四大板块。

据杰森伙伴咨询公司（J'son & Partners Consulting）的统计数据，2013 年俄罗斯数字内容市场容量为 140 亿美元，排名在美国、韩国、日本和英国之后，位列世界第五，占 2% 的市场份额，到 2016 年底俄罗斯数字内容市场容量有望达到 250 亿美元。其中，通过智能手机、平板电脑等手机终端销售数字内容约占市场份额的 30%。游戏内容，尤其是在线游戏，在俄罗斯数字内容市场上占据主导地位，占 97%。这正说明该市场不发达，处于起步阶段。专家预测，2016 年随着该市场其他板块的发展，音乐、视频、电子书等所占份额将达到 7%，网上游戏的市场份额将会有所下降。

这里我们重点介绍电子书和电子图书馆系统的出版发行情况。

1. 电子书

电子书是俄罗斯数字内容市场上最具发展前景的市场板块。近年来，电子书市场迅猛增长。根据利特列斯（ЛитРес）公司的统计数据，2013 年俄罗斯 B2C 领域中电子书合法市场容量约为 5000 万卢布，是上一年数额的两倍（2012 年为 2500 万卢布），2012 年又为 2011 年的近两倍，2011 年为 1350 万卢布。据估算，2015 ~ 2017 年这一市场容量将达到 10 亿卢布。

尽管电子书市场巨头对俄罗斯 B2C 领域中电子书市场发展评价颇高，但是《书业》杂志认为该市场发展存在瓶颈。据专家估算，2013 年莫斯科地区注册用户电子书购书额负增长，降幅为 3%。这么说来，俄罗斯 B2C 领域中电子书市场的发展主要依赖俄罗斯其他地区以及海外读者的加入，因此要保持近年来每年 100% 的增幅非常难。

《书业》杂志认为，2013 年下半年正式出台学校教材电子化相关政策，B2B 领域电子书市场发展潜力巨大。俄罗斯教育科学部 2013 年 9 月 5 日第

1047号令要求，自2015年1月起学校教材必须配备电子版。俄罗斯主要教材出版社需要对其数字出版机构重新投资，建立自己的数字教材分销网络。据预测，2015年俄罗斯电子书市场销售额将达到23亿卢布。这很大程度上归功于学校教材电子版的发行。

2013年俄罗斯电子书市场上活跃着利特列斯、阿伊莫比尔科（Аймобилко）、谷歌市场（Google Play）、奥逊（OZON.ru）、奥布瑞商店（Obreey Store）和图书伙伴（Bookmate）六家销售商，一些与利特列斯存在伙伴关系的分销商，如"莫斯科"图书商厦（ТДК Москва）和俄罗斯电信（Ростелеком）等，以及一个封闭的移动互联网生态系统Apple/iTunes。

专家预测，互联网销售商"亚马逊"将成为俄罗斯电子书市场的又一巨头。目前，亚马逊计划在俄罗斯只涉及数字内容业务。在进入俄罗斯市场过程中，亚马逊开始同向俄罗斯电子书销售商提供内容的本土出版社签订合同。目前已得到官方确认，大型儿童出版社"罗斯曼"是与其签订合同的第一家俄罗斯出版社。罗斯曼出版社的电子书在超过20家网上平台进行销售，主要向利特列斯、谷歌市场和iTunes供货。而亚马逊正在洽谈合作事宜的还有其他一些俄罗斯出版社，但目前尚未对外公布相关情况。

利特列斯是俄罗斯电子书市场上的领头羊。根据该公司的统计数据，2013年利特列斯占据俄罗斯数字内容销售市场份额的55%~58%。利特列斯拥有40万种电子书，其中22.5%为俄语图书（约9万种），听书4500种。在供货目录中，46%为文学类图书，25%为商务类图书，教材和儿童图书较为有限，占5%的份额。最受消费者欢迎的图书主要为科幻小说、侦探小说和商务类图书。该公司的合作出版社主要有埃克斯摩、阿斯特、中央印社、里波尔-经典作家、字母-阿季古斯、阿里发-图书等。

利特列斯的电子书每周点击率为55000次，较2012年增加70%，听书点击率为7000次，较2012年增加180%。2013年其销售额较上一年增长106%，电子书平均售价增长17%。如果按网上销售排名前100的电子书来统计，平均售价由116卢布增至135卢布；如果按照全部品种统计的话，其电子书平均售价为88卢布。2013年该公司排名前100的电子书销售额为454万卢布，是上一年的两倍多；一本畅销书的平均点击率增加76%，由1894次增至3339次。

2. 电子图书馆系统

据专家估算，2013年俄罗斯电子图书馆系统总销售额在6000万卢布左右

（2012年为3100万卢布），下一年增幅预测在50%~55%。其主要用户群体为高校、团体和个人。俄罗斯政府要求在高校普遍使用电子图书馆系统，每所高校平均购买3~10个资源库。因此电子图书馆系统的供应量逐年增加，由-25%增至40%，不断开拓相关服务，日益涌现出新的市场参与者。

2013年4月《书业》杂志对主要市场参与者的调查显示，地区高校是俄罗斯电子图书馆系统的最大买家，占总市场份额的50%~85%，而莫斯科、圣彼得堡高校则分别占10%~40%和5%~10%；高校电子图书馆系统大多使用国内资源库，比重占到65%~97%，国外资源库比重不超过20%，国内资源库销售额为国外资源库的3~4倍。

俄罗斯高校电子图书馆系统最受欢迎的国内外资源库主要有电子图书馆（eLibrary）、俄罗斯国家图书馆学位论文库（Электронная библиотека диссертаций РГБ）、大学图书馆在线（Университетская библиотека онлайн）、兰（Лань）和ZNANIUM.Com。

（四）企业情况

据俄罗斯书库统计，2013年俄罗斯有出版机构5727家，较2012年减少2.7%，较2008年减少2%。较为活跃的出版机构统计口径有两种：一是年出版12种及以上图书的出版社，2013年为1291家，较2012年减少2.5%，较2008年减少0.8%。这类出版社如果去掉大学出版社，那么还有831家，再去掉学术中心、博物馆、图书馆和宗教组织等附属出版社，则仅剩642家作为市场主体的独立出版社。二是图书年印数超过1.2万册的出版社，2013年为1064家，较2012年减少8.8%，较2008年减少26.2%。

根据俄罗斯书库图书出版种数和印数编制前20强出版社名单，2013年列入该名单的出版社生产了全国出版品种近三成、总印数65%的图书。2013年底埃克斯摩、阿斯特宣布完成合并，新组建的阿斯特有限公司由埃克斯摩总经理诺维科夫控股95%、阿斯特总经理杰伊卡洛（Дейкало）控股5%。在出版种数和印数方面，2013年合并后的埃克斯摩、阿斯特排名第一，合并后的奥尔玛、教育则紧随其后，位居第二。值得一提的是，前者近年来出版指标持续走低，后者则呈上升态势；与2008年相比，埃克斯摩出版种数减少约14%，印数缩减超过40%，阿斯特上述两项指标缩减分别超过40%和55%；奥尔玛出版种数增加30%，印数增加超过50%，教育上述两项指标增长分别超过70%和30%左右。2013年图书俱乐部"家庭休闲俱乐部"像一匹黑马，进入印数前三强。其印数为上一年的49倍，上一年其印数排名第126位（见

表8、表9)。

表8 2013年出版种数排名前20的出版社情况

排名	出版社名称	种数
1	埃克斯摩和阿斯特	14719
	其中:埃克斯摩(ЭКСМО)	9015
	其中:阿斯特(ACT)	5704
2	奥尔玛和教育	2740
	其中:奥尔玛传媒集团(ОЛМА Медиа Групп)	881
	其中:教育(Просвещение)	1859
3	字母-阿季古斯(Азбука-Аттикус)	1744
4	德罗法(Дрофа)	1585
5	俄罗斯埃格蒙特有限责任公司(Эгмонт Россия Лтд.)	1384
6	俄罗斯信息标准化、计量学及相应评价科技中心(Стандартинформ)	1312
7	考试(Экзамен)	1222
8	凤凰(Феникс)	1116
9	家庭休闲俱乐部(Клуб семейного досуга)	1017
10	里波尔-经典作家(Рипол-классик)	981
11	学院出版中心(ИЦ Академия)	959
12	韦切(Вече)	893
13	罗斯曼(РОСМЭН)	865
14	中央印社(Центрполиграф)	838
15	因夫拉-姆(Инфра-М)	791
16	南乌拉尔国立大学(Южно-Уральский государственный университет)	790
17	文塔纳-格拉夫(Вентана-Граф)	666
18	蜻蜓-普列斯(Стрекоза-Пресс)	610
19	尤拉伊特(Юрайт)	610
20	莫斯科国立开放大学(Московский государственный открытый университет)	556

资料来源:联邦出版与大众传媒署、俄罗斯书库

表9 2013年印数排名前20的出版社情况

排名	出版社名称	印数(千册)
1	埃克斯摩和阿斯特	88627.8
	其中:埃克斯摩(ЭКСМО)	56855.2
	其中:阿斯特(ACT)	31772.6
2	奥尔玛和教育	68895.0
	其中:奥尔玛传媒集团(ОЛМА Медиа Групп)	9068.5
	其中:教育(Просвещение)	59826.5

续表

排名	出版社名称	印数（千册）
3	家庭休闲俱乐部（Клуб семейного досуга）	19175.6
4	巴拉斯（Баласс）	17987.8
5	考试（Экзамен）	17527.7
6	俄罗斯埃格蒙特有限责任公司（Эгмонт Россия Лтд.）	17345.1
7	红鹳（Фламинго）	16361.0
8	德罗法（Дрофа）	16037.7
9	字母-阿季古斯（Азбука-Аттикус）	13259.8
10	罗斯曼（РОСМЭН）	1229.7
11	尤文塔（Ювента）	9833.5
12	文塔纳-格拉夫（Вентана-Граф）	9447.4
13	里波尔-经典作家（Рипол-классик）	7312.9
14	双耳罐（Амфора）	6409.3
15	学术图书/教科书（Академкнига/Учебник）	6152.0
16	俄罗斯词汇（Русское слово）	5809.3
17	美味世界（Вкусный мир）	5350.0
18	21世纪联合会（Ассоциация XXI век）	5277.0
19	二项式·知识实验室（Бином. Лаборатория знаний）	4927.4
20	中央印社（Центрполиграф）	4925.1

资料来源：联邦出版与大众传媒署、俄罗斯书库

三、期刊业发展状况

（一）市场概况

在俄罗斯，期刊属于印刷类大众传媒范畴。印刷类大众传媒分为报纸、杂志和广告类出版物等。2010～2012年俄罗斯印刷类大众传媒逐步克服了2008～2009年金融危机的影响，但仍未恢复至危机前的水平。2013年俄罗斯印刷类大众传媒市场总量1125亿卢布，较2012年减少4.2%，其中零售收入476亿，订阅收入212亿，广告收入437亿。

据联邦通信、信息技术及大众传媒监督局统计，自2013年1月1日至12月6日俄罗斯注册新杂志1657家，共有杂志31979家。俄罗斯和莫斯科的主要杂志社见表10。

表10　依据 AIR* 指标划分的俄罗斯和莫斯科的主要杂志社

出版机构	2012 千人	2012 比重%	2013 千人	2013 比重%
俄罗斯				
1. 博达（Burda）	18563.0	30.8	17848.8	29.7
2. 赫斯特媒体（Hearst Shkulev Media）	13800.3	22.9	13505.0	22.4
3. 萨诺玛独立媒体（Sanoma Independent Media）	11201.5	18.6	11630.3	19.3
4. 7天（7 дней）	7946.5	13.2	7872.2	13.1
5. 驾车（За рулем）	8112.1	13.4	7732.0	12.9
6. 鲍尔传媒（Bauer Media）	8455.4	14.0	7515.4	12.5
7. Эдипресс-Конлига	6164.3	10.2	5707.0	9.5
8. Толока	5070.3	8.4	5411.3	9.0
9. 大众报刊（Популярная пресса）	5136.9	8.5	4467.0	7.4
10. 环球（Вокруг света）	4721.5	7.8	4396.4	7.3
莫斯科				
1. 博达	3900.2	38.8	3802.1	37.7
2. 7天	3180.3	31.6	3285.9	32.6
3. 萨诺玛独立媒体	2456.5	24.4	2532.8	25.1
4. 赫斯特媒体	2371.8	23.6	2277.8	22.6
5. 鲍尔传媒	2022.1	20.1	1714.1	17.0
6. 商务世界（Деловой мир）	2049.4	20.4	1664.3	16.5
7. 驾车	1375.9	13.7	1448.0	14.7
8. Эдипресс-Конлига	1469.0	14.6	1239.3	12.3
9. 环球	1306.3	13.0	1119.0	11.1
10. 阿克塞尔·施普林格俄罗斯（Axel Springer Russia）	1202.9	12.0	1104.5	10.9

资料来源：TNS 俄罗斯，NRS，2012 年 5~10 月，2013 年 5~10 月

*出版社全部出版物在 10 万及以上人口的城市中 16 岁及以上人群中拥有读者的平均数

　　欧美跨国杂志出版集团在俄分支机构是俄罗斯杂志市场上媒体融合的领头羊。赫斯特媒体打造的 Maxim Galaxy，康泰纳仕推出的 Vogue 手机版及其应用，很有代表性。

　　赫斯特媒体旗下的 Maxim 杂志俄罗斯版采用新的经营模式，运用新的跨媒体解决方案，将杂志的纸质版和电子版团队结合起来。其精心打造的信息空间 Maxim Galaxy，包括以 Maxim 命名的杂志、网站、电视、手机版以及 iPad 版等，全球用户超过 600 万。旗下的另一杂志 StarHit 向用户提供手机应

用 StarHit. ru：娱乐新闻。用户可以从杂志、杂志网站及其面向 iPhone、iPad 和 Android 系统的免费应用中获取娱乐信息，还可将信息分享给脸谱、链接、推特上的好友，发送至邮箱，建立筛选材料目录。

2008 年登陆俄罗斯的 Vogue，2013 年 3 月由康泰纳仕俄罗斯推出网站 Vogue. ru。网站分六大块：时尚、收藏、美妆、装饰、出版和 Vogue 电视。Vogue 杂志俄罗斯版每月拥有纸质版读者 86 万人，80 万用户登陆网站，21.5 万推特订户，11.6 万脸谱订户。2013 年将旗下全部数字产品归入 Vogue 俄罗斯品牌，更新了手机网站 m. vogue. ru 的设计和手机应用 Vogue News 的界面，9 月起推出杂志 iPad 版。此外，旗下的男性杂志《智族》（GQ）也在 App-Store 推出带有新功能和界面的报刊亭。

面对媒体融合的大潮，俄罗斯本土杂志出版机构也积极响应。驾车出版社、7 天杂志社、商务世界出版社是较为积极的市场参与者。他们积极尝试各类跨媒体解决方案，取得了不错的效果。但是，数字杂志在俄罗斯的发展并非顺风顺水。一些杂志在全面转型至纯数字版本后发展不畅，导致停刊。而一些大众杂志虽未推出互联网版本，但发行效果却并未受到影响，反而达到了历史新高。

2013 年 4 月俄罗斯老牌汽车杂志《驾车》创刊 85 周年，普京总统表示祝贺。他指出，在过去的日子里杂志不断发展壮大，掌握着汽车领域中务实而有趣的前沿信息；重要的是，直到现在我们还遵循着杂志创办者——那些著名出版人、作者和汽车爱好者们传承下来的传统和原则。杂志社近期推出了《驾车》《摩托》《航程》杂志的 iPad 版，以及针对安卓系统的《摩托》数字版。自 2013 年 1 月起杂志采用增强现实技术（Augmented Reality）。每期杂志至少 10 篇文章采用这项技术。该社的数字杂志在 AppStore 和谷歌市场免费和付费应用排行中均位居前列。

7 天杂志社 2012 年 5 月推出《故事大篷车》（Караван историй）和《故事大篷车精选》（Коллекция каравана историй）的平板电脑版。2013 年上述应用在 AppStore 报刊亭、娱乐类别销售榜单中名列前茅，在 AppStore 俄罗斯板块中进入前 15 强。杂志每期定价 33 卢布，全年订阅价 329 卢布。

商务世界出版社旗下的《汽车与报价》（Автомобили и цены）杂志，在创刊十周年之际推出杂志 iPad 版，成为该社继《美丽与健康》（Красота & здоровье）和《不动产与报价》（Недвижимость & цены）杂志后拥有此版本的第三本杂志。

161

在俄罗斯，智能手机用户中 60% 为高学历人群，76% 业务繁忙，67% 月薪超过 2.5 万卢布。尽管如此，在俄罗斯没有纸质版本的纯数字杂志发展并不顺利。大多数杂志在转向数字版本后发展停滞，甚至停刊。最近的一个例子是"事件"媒体集团出版的《俄罗斯生活》（Русская жизнь）杂志 2012 年 10 月推出纯数字杂志，2013 年 3 月停刊。

博达出版社出版的面向大众读者、售价不高的杂志销售领先：《汽车世界》（Автомир）《丽莎》《丽莎·我的小宝宝》《丽莎·女孩》《良好建议》《良好建议·喜欢下厨》《丽莎·占星》《我的小宝宝·年轻妈妈学校》等。上述杂志还未在互联网上推出。2013 年春博达出版社从阿克塞尔·施普林格出版社购得《计算机画报》（Computerbild）杂志，杂志网站及其编辑团队也一并收入，以期在计算机杂志市场上获得领导地位。

2013 年鲍尔传媒（Bauer Media）出版社业绩不错，尽管其大部分杂志尚未在互联网上推出。该社主打出版物女性杂志发行量创历史纪录。《一切为了女性》（Всё для женщины）12 月份发行量为 50.9 万册，《明星的秘密》（Тайны звёзд）达到 58.5 万册。

2013 年俄罗斯期刊界国际交流较为活跃，一些之前未能成功引进的国外杂志再次登陆俄罗斯，介绍俄罗斯文化的杂志也在国外正式出版。

2013 年 2 月，时尚、艺术、设计、建筑类杂志 Numero 再次登陆俄罗斯。此次 Artcom Media Group 聘请世界著名的时尚评论员、美国 Vogue 杂志编外主编安德烈·莱昂·塔利主持该项目。Numero 杂志 1999 年在法国创刊，2007 年由罗季诺娃出版社引入俄罗斯，但因经济原因未能成功引进，目前该杂志在中国和日本都拥有海外版。

2013 年 9 月，加罗出版社俄罗斯分公司（Les Editions Jalou Russia）使法国著名杂志品牌《巴黎时尚潮》（L'Officiel）在俄罗斯复苏。该杂志俄罗斯版拥有者为罗季诺娃出版社前经理弗拉基米尔·波穆克钦斯基（Владимир Помукчинский）。每期杂志有至少 250 个版面，其中一半直接从法文杂志翻译过来，另一半由俄罗斯本土编辑部采编，杂志俄文版预计每年出版 10 期。

2013 年 3 月，在伦敦正式发行介绍俄罗斯文化的杂志 The Calvert Journal，该杂志由伦敦慈善基金 Calvert22 创办。基金会近三年来致力于推广俄罗斯及东欧国家的文化与艺术。这一项目的发起人是基金会的创办人农纳·马捷尔科娃（Нонна Матеркова）和圣彼得堡国立大学自由艺术与科学系主任、俄罗斯前财政部长阿列克谢·库德林（Алексей Кудрин）。杂志主要设计者为英国著名记者、作家艾可·厄舜（Ekow Eshun）。

（二）发行情况

近年来，印刷类大众传媒广告收入日益缩减，出版商逐步转向以销售为中心的发展模式。这时，零售、订阅市场的作用逐渐凸显。目前，俄罗斯印刷类大众传媒零售系统有约11万工作人员，包括发行、仓储、快递等工作人员。在发行市场中，各渠道所占份额如下：网上书店占14%，邮局网点、手持售卖、街边摊点占9%，报刊亭占41%，订阅占36%。

对当前俄罗斯印刷类大众传媒发行市场来说，报刊亭数量逐年减少是最为严峻的挑战。近两年关闭了约两千家报刊亭。目前，俄罗斯有报刊亭约3万家。就分布密度而言，俄罗斯的报刊亭标准远低于欧盟平均水平。每个欧盟报刊亭平均为1000人服务，捷克、波兰、德国这一指标分别为400、650、700人。而在俄罗斯上述指标为5000人，其中莫斯科为3000人，圣彼得堡为4000人。

发行企业经营状况堪忧。2012年有9家企业破产，2013年仅上半年就有16家企业破产。莫斯科最大的报刊亭零售连锁"德姆-配送"（ДМ-Дистрибьюшен）破产，其股份被卡尔多斯（Кардос）收购，有近百家报刊亭因亏损而关闭。"马克斯普列斯"（Макспресс）连锁店出现财务问题。国际邮递分销处（агентство Интер-почта）因财务问题而破产。该公司在商务、财经报刊团体订阅市场上占据相当的份额，其破产导致很多订户无法收到刊物，相关出版机构也因此遭受经济损失，声誉受到影响。

（三）广告情况

据俄罗斯通讯协会统计，2013年俄罗斯广告市场总量3865亿卢布（含增值税），较2012年增长10%。2013年杂志广告收入217亿卢布，较上一年减少8%，较2008年下降38%（见表11）。

表11 各类媒体广告收入情况

单位：十亿卢布

媒体类别	2008	2011	2012	2013	2013较2012年
电视	138.9	154.6	169.0	184.3	+9%
广播	15.0	13.9	14.7	19.2	+13%
印刷类大众传媒	75.3	47.7	49.8	43.7	-10%
报纸	13.1	10.4	11.2	10.3	-9%
杂志	35.1	23.4	23.7	21.7	-8%
广告类出版物	27.1	13.9	13.7	11.7	-15%

续表

媒体类别	2008	2011	2012	2013	2013较2012年
户外广告	45.8	40.5	44.5	48.0	+8%
互联网	17.6	49.3	66.4	84.6	+27%
其他媒体	3.2	4.8	5.8	6.7	+16%
合计	296.0	310.8	350.2	386.5	+10%

资料来源：俄罗斯通讯协会（AKAP）

2013年俄罗斯中央级报刊广告额（不含增值税）为249.31亿卢布，较上一年减少10.6%。其中，月刊广告额114.88亿卢布，较上一年减少6.1%，所占市场份额为45.8%；周刊广告额49.61亿卢布，较上一年减少13%，所占市场份额为20%。

除女性杂志、船舶杂志、纵横字谜与休闲类杂志的广告额略有增长（2%~5%）外，中央报刊中的其他各类别广告额全线缩减，最大降幅接近50%。

2013年在中央级报刊上刊登广告的27个主要商品类别中，仅有10个类别的广告额实现了增长。广告额排名前三的类别为医药、化妆品、衣服鞋帽，其广告额（不含增值税）分别为33.73亿卢布、29.41亿卢布、26.93亿卢布，较上一年分别增长2.9%、2.4%、5.3%。广告额增幅最大的类别为社会组织，增幅为55.9%；降幅最大的类别为酒水饮料，降幅为94.1%。

参考文献

1. 《俄罗斯图书市场》，联邦出版与大众传媒署
2. 《俄罗斯连续出版物市场》，联邦出版与大众传媒署

日本出版业发展报告

宫丽颖

一、出版业发展背景

(一) 日元贬值促使出口竞争力提高、国内需求复苏

在安倍经济学量化宽松政策的刺激下，2013 年日本经济呈逐步复苏态势。2013 年日元持续贬值，外贸出口同比实现正增长；在超级量化宽松货币政策推动下，内需明显抬头，消费环比增长。受公共投资增加及灾后重建持续等利好因素的影响，政府公共投资仍将保持一定的增长速度，成为经济复苏的重要驱动力。

在广告费用的支出中，据日本广告代理公司电通所发布的《日本的总广告费》中的数据表明，2013 年的总广告费为 5 兆 9762 亿日元，比上一年增长了 1.4%。各媒体类别中电视广告费为 1 兆 7913 亿日元，增长了 0.1%；报纸广告费为 6170 亿日元，同比减少 1.2%；期刊广告与广播广告费分别为 2499 亿日元和 1243 亿日元，同比均略微减少。网络广告费呈现持续增长态势，2013 年日本网络广告费为 9381 亿日元，同比增长了 8.1%。2013 年卫星媒体类广告费同比增长了 9.6%，达 1110 亿日元。促销等其他媒体类广告费为 2 兆 1446 亿日元，同比增长了 0.1%。

(二) 国民阅读状况

以下为日本《每日新闻》报社第 67 次读者舆论调查结果，显示了日本国民的阅读情况。

1. 阅读率

2013 年日本国民的"图书（不含期刊）阅读率"为 54%，"期刊阅读率"为 51%。2013 年日本国民的"综合阅读率"（阅读图书或期刊）为 71%。其中男性"综合阅读率"为 72%，女性"综合阅读率"为 70%。

2. 媒体的接触率与接触时间

在接触图书、期刊媒体的时间上，2013年日本国民一天平均阅读图书时间为57分钟，期刊33分钟，一天平均综合阅读时间为67分钟。其中阅读报纸的国民占69%，上网的国民占57%。调研显示，与上一年相比，阅读图书、上网的国民增多，阅读报纸的国民有所减少，收听收看广播、电视的国民数量几乎无变化。

3. 阅读量与阅读类别

在阅读图书的国民中，每月的阅读量为3.8册；包括不阅读国民在内，每月的阅读量为1.9册。在阅期刊的国民中，每月的阅读量为3.8册；包括不阅读国民在内，每月的阅读量为1.9册。在阅读漫画的国民中，每月的阅读量为5.4册；包括不阅读国民在内，每月的阅读量为1.1册。

2013年日本国民阅读图书的类别中，男性以"兴趣、体育"类为最多，占62%；女性以"生活、烹饪、育儿"类为最多，占65%。居于第二位的是"日本小说"类，男性占41%，女性占49%。

4. 电子书阅读状况

随着电子书内容的充实，专用终端阅读器的推出，日本电子书阅读环境日渐完善。日本有17%的国民阅读过电子书。其中不同年代状况如下，70岁以上占3%、60~69岁占5%、50~59岁占13%、40~49岁占21%、30~39岁占34%、20~29岁占41%。可见，年龄越小，电子书的阅读率越高，电子书的发展前景很乐观。

(三) 图书馆和学校的图书采购及借阅状况

1. 公共图书馆

日本图书馆协会（日本図書館協会）发布的《日本图书馆统计》（"日本の図書館統計"）数据表明，截至2013年4月，日本公共图书馆数量为3248座，比上一年增加了14座。2012年度日本公共图书馆面向个人借出的图书、视听资料等册数为711494千册，与上一年相比减少了0.5%。来馆的人次达到39977千人次，与上一年相比增长了2.1%。自1964年至2011年以来每年个人借出一直呈增加趋势，但由于电子书、网络信息等电子媒体的日渐普及，近两年来个人借出呈现同比减少趋势。2013年度图书馆费用预算为15087503万日元，资料费预算为2937731万日元。图书馆总预算同比增加4.9%，而资料费预算仅增加0.5%（见表1）。

表1　公共图书馆近5年来的图书采购出借情况[①]

年份	图书馆数（座）	馆外个人借出总数（千人）	资料费（万日元）	藏书册数（千册）
2008	3164	691684	3066706	386000
2009	3188	711715	3074181	393292
2010	3210	716181	2941037	400119
2011	3234	714971	2894189	410224
2012	3248	711484	2858814	417547

资料来源：根据出版年鉴编辑部《出版年鉴》出版新闻社各年版数据整理

2. 大学图书馆

2012年4月至2013年3月日本大学图书馆的数量为1425座，比上一年增加了21座。大学图书馆的藏书册数分别为日文图书214714千册，比上一年增加了1.4%；西洋图书为97519千册，比上一年略有减少。2012年度图书采购册数分别为日文图书4783千册，比上一年减少33千册；西洋图书为1226千册，比上一年增加了29千册。2012年度年日本大学图书采购费为6386805万日元，比上一年减少了1.5%（见表2）。

表2　大学图书馆近5年来的统计情况[②]

年份	图书馆数	藏书册数（千册） 日文图书	藏书册数（千册） 西洋图书	年度采购册数（千册） 日文图书	年度采购册数（千册） 西洋图书	图书采购费决算（万日元）
2008	1386	201008	94947	5164	1316	7104241
2009	1396	203147	95044	5131	1275	6812846
2010	1396	207491	95721	5131	1275	6552839
2011	1404	211807	97752	4816	1197	6485355
2012	1425	214714	97519	4783	1226	6386805

数据来源：根据出版年鉴编辑部《出版年鉴》出版新闻社各年版数据整理

二、图书业发展状况

（一）概　况

2013年日本图书销售额为84301459万日元，比上一年减少了2.1%。日

[①] 包括私立图书馆的公共图书馆。图书馆数量、藏书册数为第二年度3月末的数据。
[②] 包括国立大学、公立大学、私立大学。图书馆数量、藏书册数为第二年度3月末的数据，即2011年度藏书量实际为2012年3月末的数据。

本出版物销售额持续下降情况是因为日本经济不景气、少子化现象严重、出版物内容品位不高、网络媒体的冲击等。

1. 新书出版情况

2013年日本新书出版种数为82589种，比上一年增加了0.5%。各类别新书出版种数中，2013年主要出版类别为社会科学类占新书出版种数的19.9%、文学类占16.5%、艺术类（包括漫画书）占16.0%，几年来的排序基本相同（见表3）。

表3 日本各类别新书出版种数对比表

项目	2011年 种数（种）	所占比（%）	2012年 种数（种）	所占比（%）	2013年 种数（种）	所占比（%）
总论	1912	2.4	1981	2.4	2135	2.6
哲学	4292	5.4	4342	5.3	4289	5.2
历史	4655	5.9	4847	5.9	4741	5.7
社会科学	15732	20.0	16094	19.6	16457	19.9
自然科学	6668	8.5	6935	8.4	7140	8.7
技术	8583	10.9	9104	11.1	9067	11.0
产业	3456	4.4	3631	4.4	3505	4.2
艺术	12454	15.8	12763	15.5	13223	16.0
语言	1948	2.5	2053	2.5	1905	2.3
文学	12989	16.5	13893	16.9	13635	16.5
儿童书	4592	5.8	4898	6.0	5013	6.1
学习参考书	1582	2.0	1659	2.0	1479	1.9
总合计	78863	100.0	82200	100	82589	100

资料来源：根据出版年鉴编辑部《出版年鉴2013》《出版年鉴2014》数据整理

在平均定价中，2013年日本新书出版的平均定价为2178日元，与上一年相比跌落了100日元。近年来，廉价图书的持续畅销导致新书的平均定价呈连年下跌趋势（见表4、表5）。

表4 日本各类别新书出版平均定价

单位：日元

类别	2011年	2012年	2012年
总论	3723	3905	3417
哲学	2100	2112	2081
历史	2723	2686	2553

续表

类别	2011年	2012年	2012年
社会科学	3007	3051	2751
自然科学	3482	3329	3253
技术	2752	2481	2401
产业	2509	2521	2482
艺术	1755	1703	1713
语言	2056	2039	2071
文学	1351	1386	1317
儿童书	1320	1310	1292
学习参考书	1072	1082	1073
合计	2318	2278	2178

资料来源：根据出版年鉴编辑部《出版年鉴》出版新闻社各年版数据整理

表5　近年来日本新书出版平均定价状况

单位：日元

年份	定价
2009年	2477
2010年	2363
2011年	2318
2012年	2278
2013年	2178

资料来源：根据出版年鉴编辑部《出版年鉴2014》出版新闻社2014，P41数据整理

不同版型新书出版种数状况以A5版居多，其次依次为B6、B5、A6（文库）、B40版型图书（见表6）。

表6　不同版型新书出版种数状况

版型	2011年（种）	所占比例（%）	2012年（种）	所占比例（%）	2013年（种）	所占比例（%）
A5	22621	28.7	23303	28.4	23273	28.2
A6	9659	12.3	10423	12.7	10215	12.4
B5	15133	19.2	15804	19.0	16047	19.4
B6	19156	24.3	20177	24.6	19662	23.8
B40	4980	6.3	4947	6.0	4996	6.1
其他	7314	9.3	7546	9.2	8396	10.2
合计	78863	100	82200	100	82589	100

资料来源：根据出版年鉴编辑部《出版年鉴2013》出版新闻社2013，P41，《出版年鉴2014》出版新闻社2014，P41数据整理

2. 图书期刊进出口情况

（1）出　口

据财务省发布的《日本贸易统计》数据表明，2013 年日本图书出口额为 1039336 万日元，与上一年相比，增幅达 35.2%。2013 年由于日元下跌、美国等贸易国经济复苏等原因，促使日本图书出口额增长。图书和期刊合计最大的出口国是美国。日本纪伊国书店在纽约、芝加哥、洛杉矶等开业 8 家店铺。亚洲最大的出口地为中国台湾地区，期刊出口居第一位，图书出口仅次于美国，居第二位。纪伊国书店在台北和高雄等地拥有 5 家店铺，代销公司东贩也进入了台湾。

从图书的出口国家和地区来看，除了中国香港（3.5 亿日元，减少 13.9%）与墨西哥（1.3 亿日元，减少 27.4%）外，其他国家均呈大幅增长趋势。其中美国增长 32.8%，达 30.8 亿日元，远超过排在第二位的中国台湾（9.3 亿日元、增长 6.2%）；出口英国达 9.0 亿日元，急速增长 2.5 倍，超过中国（7.9 亿日元、增长 14.3%）、韩国（7.0 亿日元、增长 23.7%），排名第三位。以下依次为泰国、中国香港、菲律宾、新加坡。排名 10 位以外的国家中，澳大利亚 2.5 亿日元，增长了 44.9%；法国 2.2 亿日元，增长了 11.8%；德国 1.3 亿日元，增长了 37.9%，增幅令人注目（见表 7）。

表 7　主要国家图书、期刊的出口额

单位：千日元

国家地区	2013 年		
	图书	期刊	合计
美国	3082505	377259	3459764
中国台湾	928456	941013	1869469
韩国	701819	434147	1135966
中国大陆	792196	271831	1064027
中国香港	34734	695929	1043277
英国	901315	13397	914712
泰国	453111	133891	587002
菲律宾	309960	102837	412797
出口总额	10393677	3301090	13694767

资料来源：根据出版年鉴编辑部《出版年鉴 2014》P319 数据整理

（2）进　口

2013 年日本图书进口额为 2184541 万日元，与上一年相比增长了 9.2%。2013 年图书进口居于首位的是由美国进口的图书，其进口额为

70.1亿日元，比上一年增长了2.3%；其次为英国56.9亿日元，比上一年增长了5.3%，两个国家的图书进口额占总体的近60%，可见英文图书是图书进口的主体。居于第三位的是由中国进口的图书，其进口额为34.3亿日元，比上一年增长了10.2%；排名第五位的是韩国，其图书进口额为16.3亿日元，比上一年增长了2.5倍，可见日本国民对中文和韩文学习热情、研究的高涨。德国排名第四位，法国排名第六位，以下依次为新加坡、中国香港、意大利、巴西（见表8）。

表8 图书、期刊由主要国家进口的进口额

单位：千日元

国家地区	2012年		
	图书	期刊	合计
美国	7009697	3208498	10218195
英国	5686321	—	5686321
中国大陆	3435480	111131	3546611
德国	1778111	3623	1814354
荷兰	118711	1193846	1312557
韩国	1032626	228791	1261417
丹麦	5951	981877	987828
法国	748405	124838	873243
进口总额	21845414	6444017	28289431

资料来源：根据出版年鉴编辑部《出版年鉴2014》P319数据整理

3. 畅销书情况

根据《出版年鉴》数据显示，2013年日本畅销书排行榜前十名作品依次为近藤诚的《不被医生杀死的47条心得》（医者に殺されない47の心得）、百田尚树的《永远的0》（永遠の0）、百田尚树的《被称为海贼的男人》（海賊とよばれた男）、曾野绫子的《对人来说成熟是什么》（人間にとって成熟とは何か）、村上春树的《没有色彩的多崎造和他的巡礼之年》（色彩を持たない多崎つくると、彼の巡礼の年）、池井户润的《迷失一代的逆袭》（ロスジェネの逆襲）、池井户润的《我们是花样泡沫组》（オレたち花のバブル組）、樱木紫乃的《皇家酒店》（ホテルローヤル）以及东野奎吾的《真夏方程式》（真夏の方程式）（见表9）。

表9　2015年最畅销十种单行本

项目	书名	作（编）者	出版社
1	《不被医生杀死的47条心得》	近藤诚	宝岛社
2	《永远的0》	百田尚树	讲谈社
3	《被称为海贼的男人》	百田尚树	讲谈社
4	《我们是花样入行组》	池井户润	文艺春秋
5	《对人来说成熟是什么》	曾野绫子	幻冬舍
6	《没有色彩的多崎造和他的巡礼之年》	村上春树	文艺春秋
7	《迷失一代的逆袭》	池井户润	钻石社
8	《我们是花样泡沫组》	池井户润	文艺春秋
9	《皇家酒店》	樱木紫乃	集英社
10	《真夏方程式》	东野奎吾	文艺春秋

资料来源：根据出版年鉴编辑部《出版年鉴2014》出版新闻社2014，P52、P53数据整理

名列榜首的是近藤诚的《不被医生杀死的47条心得》，该书从医生的角度告诫人们如何面对疾病，如何选择治疗。作者根据自己的临床经验，主张对癌症进行放弃治疗，不要过分相信医生和医院，提出47条心得，引起了很大的社会反响。

排名第三的《被称为海贼的男人（上）》，是一部叙述开创日本石油产业的出光兴产公司发展历史过程的小说。主人公国冈铁造在任何困境中都能顽强地执着地发展自己的公司，最终取得成功。书中塑造的"硬汉子"形象是对当今"宅男"社会现象的挑战。

充满哲理的散文集《对人来说什么是成熟》排名第五位，是一本人生的指南书。位于排行榜第六名的是《没有色彩的多崎造和他的巡礼之年》。该书是作者村上春树发表的第13部长篇小说。描述一位铁道工程师多崎造决定去访问和他绝交的四位挚友。四位好友的名字赤松（赤）、青海（清）、白根（白）、黑埜（黑），都带有颜色，而只有多崎的名字没有颜色。高中毕业后，四个朋友突然宣布和他绝交，使他不解和绝望。为了揭开谜底，多崎决定"巡礼"旅行。该书的主题即人生之旅，对于人活着的意义作出了诠释。

排名第七位的是池井户润的《失落一代的反击》是"半泽直树系列"的第三部小说，该书运用了幽默与讽刺的写作手法，把失落一代与泡沫经济时代两代人对于工作和生活的不同认识，通过IT企业的收买问题将两代人的矛

盾描写得淋漓尽致。

此外，在畅销书中《听的能力——打开心扉的35个暗示》排名第11位，以清新、平易的笔法根据自己经验告诉读者与人进行交流的窍门。该书两年连续成为畅销书，可见日本社会中人们对于人与人交流的重视。渡边和子的人生哲理散文集《放在哪里在哪里开花》居排行榜第15位，告诫读者不要对任何事情持不满的心态。

（二）分类图书市场情况

1. 学习参考书

据文部省的"学校基本调查"（学校基本調査）数据表明，2013年度新学期市场学生总数为1353万人，比2012年度减少了约14万人，少子化倾向依然持续。

2013年学习参考书的新书出版种数为1479种，比上一年减少了10.8%。2013年的学习参考书的新书出版平均定价为1073日元，与2012年的1082日元相比降低了9日元。

在不同类别、不同版型学习参考书的出版状况中，学习参考书主要以自然科学类、语言类、社会科学类、历史类为主。2013年自然科学类学习参考书的出版种数为最多，达549种，以下依次为语言类506种、社会科学类262种、历史类139种（见表10）。

儿童学生人口的减少，私塾与网络教育服务的扩大等使学习参考书市场形势更为严峻。加之2013年为新学习指导要领修订的最后一年，只剩下高中文科科目的修订，对于学习参考书来说是低谷的一年。2013年学习参考书的新书发行种数为4979种，比上一年减少了5.6%，推定发行册数为1156万册，同比减少了21.4%，发行金额为1595千万日元，同比大幅减少了14.0%。

2013年为初中教科书修订的第二年，与上一年相比，初中学习参考书销量增长。由于课程难度有所提高，教学速度加快，学生对学校的学习感到有一定的困难。因此，与教科书相配合的问题集和科目参考书销量较好，如学研出版社的《每一个都容易理解》，文理出版社的《从不懂到明白》热销，今后由于在家自学理念的渗透，基础学习参考书的需求也会增大。

高中学习参考书迎来了文科科目指导要领的修改，以英语为主的新书发行较为活跃，其中销量较好的为旺文社的《英语熟语目标1000》，学研教育出版的《麦当娜古文能力提高版》。高中的学习参考书近一半为应对大学中心考试的参考书，河合出版\骏台文库的参考书销量位于前列。

表10　2013年不同类别、不同版型学习参考书新书出版状况

单位：种

项目	种数	A5	A6	B5	B6	B40	其他
总论	8	0	0	8	0	0	0
哲学	0	0	0	0	0	0	0
历史	139	39	0	65	32	0	3
社会科学	262	63	5	144	17	2	31
自然科学	549	202	5	279	38	2	23
技术	12	0	0	12	0	0	0
产业	2	0	0	2	0	0	0
艺术	0	0	0	9	0	0	0
语言	506	109	33	277	65	10	12
文学	1	0	0	1	0	0	0
合计	1479	413	43	788	152	14	69

资料来源：根据出版年鉴编辑部《出版年鉴2014》数据整理

2. 儿童图书

2013年日本儿童书的新书出版种数为5013种，比上一年增长了2.3%。儿童书的新书出版平均定价为1292日元，几年来儿童书的定价基本持平。

儿童书主要以文学类、艺术类、自然科学类、技术类、言语类、社会科学类、历史类为主。2013年文学类儿童书的出版种数为最多，有2354种；其次为艺术类884种；自然科学类515种。

2013年儿童书推算销售额为770亿日元，与上一年相比减少了1.3%。以往主题图鉴的热销已平缓，特别畅销的商品也很少。但学习图鉴、长期畅销绘本很受欢迎。阅读读物中人气系列图书、儿童文库、学习类漫画书、教养图书销量很好。日本儿童人口持续减少，父母为孩子买书的儿童书消费者结构已稳定。培养未来的读者，推广儿童书阅读是出版业界今后的重要活动之一（见表11、表12）。

3. 漫画书

2013年日本的漫画书与漫画杂志合计销售额为3669亿日元，与上一年相比减少了2.6%，日本漫画市场销售额连续12年呈下降趋势。

2013年日本漫画书的销售额为2231亿日元，比上一年增长了1.3%。

2013年日本漫画书的销售量为43856万册，比上一年增长了0.6%。

在漫画书中，受到关注的是讲谈社的《进击的巨人》（進撃の巨人），反映了弱肉强食的残酷世界，发行数量累计超过3000万册。2013年日本国民漫画、集英社的《海贼王》（ONE PIECE）依旧热销，累计销售突破3亿册（见表13）。

近年来，日本的漫画作品以其尖锐的分析表现手法紧跟时代，通过反映贫富差异、弱肉强食等社会现象，与读者内心产生共鸣。此外，漫画、动画、轻小说、游戏等跨媒体营销也日益成熟。

表11　近年来儿童图书的出版状况

年份	2009	2010	2011	2012	2013
新书种数（种）	4813	4675	4592	4898	5013
平均定价（日元）	1293	1299	1320	1310	1292

资料来源：根据出版年鉴编辑部《出版年鉴》各年版数据整理

表12　2013年不同类别、不同版型儿童书新书出版状况

单位：种

项目	种数	A5	A6	B5	B6	B40	其他
总论	80	14	3	31	22	3	7
哲学	118	23	4	27	30	19	15
历史	226	66	0	98	26	11	25
社会科学	281	59	2	131	33	13	43
自然科学	515	139	11	205	57	23	80
技术	273	49	12	121	31	7	53
产业	118	21	4	49	14	5	25
艺术	884	203	58	325	142	24	132
语言	164	39	2	53	39	7	24
文学	2354	644	69	487	480	404	270
合计	5013	1257	165	1527	874	516	674

资料来源：根据出版年鉴编辑部《出版年鉴2014》数据整理

表13　漫画书的推算销售额状况

年份	销售额（亿日元）	同比变化（%）
2004	2498	98.0
2005	2602	104.2
2006	2533	97.3

续表

年份	销售额（亿日元）	同比变化（%）
2007	2495	98.5
2008	2372	95.1
2009	2274	95.9
2010	2315	101.8
2011	2253	97.3
2012	2202	97.7
2013	2231	101.3

资料来源：根据出版年鉴编辑部《出版年鉴》各年版数据整理

4. 电子图书

据日本《电子书籍事业调查报告书》的数据表明，2013年日本数字出版市场规模约为1013亿日元，与上一年相比，增加了245亿日元，增幅达到31.9%。其中电子图书市场销售额为936亿日元，与上一年相比增加了28.4%；电子期刊市场快速发展，销售额约为77亿日元，与上一年相比增长了近一倍。电子图书市场中，2013年手机电子图书市场销售额为140亿日元，由于非智能手机利用者的减少，手机电子图书市场规模与上一年相比大幅萎缩，减少了211亿日元。与此相对，新型阅读终端平台电子图书市场急速发展，2013年销售额达789亿日元，同比增长了114.4%（见表14、表15）。

表14 近五年日本数字出版市场规模

单位：亿日元

年份	电子图书	电子期刊	合计
2009	574	—	—
2010	650	6	656
2011	629	22	651
2012	729	39	768
2013	936	77	1013

资料来源：根据株式会社日本印象R&D的《电子图书事业调查报告书》各年版整理

表15 近五年日本电子图书市场规模

单位：亿日元

年份	PC	手机	新型阅读终端平台	合计
2008	62	402	—	464
2009	55	513	6	574

续表

年份	PC	手机	新型阅读终端平台	合计
2010	53	572	24	650
2011	37	480	112	629
2012	10	351	368	729
2013	7	140	789	936

资料来源：根据株式会社日本印象R&D的《电子图书事业调查报告书》各年版整理

2013年1月，日本出版移动中心启动了相关书刊统一发表电子图书信息的60个项目，同时也是电子教科书领域出版数字教科书平台的"CoNETS"。3月美国苹果公司通过iBookstore销售日本出版社的图书。日本经济产业省开始推行"内容紧急电子化事业"（简称"紧急数字"）的序幕，第一阶段有64833种图书。5月代理出版社开展电子图书业务的出版数字机构"中途加油站"，从完全子公司体制改造成电子图书交易公司的体制。7月日本国会图书馆将租借电子图书纳入义务范围；11月以TIBF为热门话题的国会图书馆电子图书馆成为现实，在纪伊国屋书店、KADOKAWA公司、讲谈社的支持下设立了"日本电子图书馆服务"。2013年各种电子书和杂志推向市场，例如"卡多卡瓦·迷你图书""周刊东洋经济e业务新书""角川EPUB选书"等。此外，讲谈社针对首次出版的新书，为读者提供免费的PDF版。

（三）主要出版相关企业情况

1. 出版商情况

据《出版年鉴》统计数据，2013年日本的出版社有3588家，比上一年减少了88家。从出版社的组织形态来看，股份公司为最多，2013年股份公司2451家，其次为有限公司[①]354家、个人经营的出版社157家等（见表16）。

日本的文化机构、印刷、装订、流通业大多集中在首都，日本的出版社约77%位于东京，2013年东京的出版社有2745家。以下依次为大阪147家、京都129家、神奈川83家、崎玉53家、爱知46家、千叶41家、兵库25家等。

---

① 日本公司形态的一种，未发行股票前征集投资者，由投资者委任经营者经营。

表16 出版社数量的发展状况

单位：家

1997 年	4612	2006 年	4107
1998 年	4454	2007 年	4055
1999 年	4406	2008 年	3979
2000 年	4391	2009 年	3902
2001 年	4424	2010 年	3815
2002 年	4361	2011 年	3734
2003 年	4311	2012 年	3676
2004 年	4260	2013 年	3588
2005 年	4229		

资料来源：根据出版年鉴编辑部《出版年鉴》各年版数据整理

2013年新书的出版种数排名前20位的出版社如表所示。讲谈社近年来连续居于首位，以下依次为文艺社、宝岛社、KADOKAWA、角川书店、小学馆、学研publishing、PHP研究所、集英社、新潮社等（见表17）。

表17 2013年新书出版种数排名前20位的出版社状况

单位：种

排名	出版社	2013	2012	排名	出版社	2013	2012
1	讲谈社（講談社）	2117	2200	11	岩波书店（岩波書店）	617	558
2	文艺社（文芸社）	1301	1739	12	河出书房新社（河出書房新社）	598	581
3	宝岛社（宝島社）	1129	935	13	ASCII MEDIA WORKS（アスキー・メディアワーク）	592	823
4	KADOKAWA	1066	—	13	学研教育出版（学研教育出版）	592	569
5	角川书店（角川書店）	999	1319	15	Harlequin（ハーレクイン）	571	596
6	小学馆（小学館）	895	877	16	Enterbrain（エンターブレイン）	557	809
7	学研publishing（学研パブリッシング）	890	746	17	成美堂出版（成美堂出版）	548	524
8	PHP研究所（PHP研究所）	786	824	18	协同出版（協同出版）	546	289

178

续表

排名	出版社	2013	2012	排名	出版社	2013	2012
9	集英社（集英社）	773	904	19	文艺春秋（文藝春秋）	523	529
10	新潮社（新潮社）	644	624	20	朝日新闻出版（朝日新聞出版）	508	506

数据来源：根据出版年鉴编辑部《出版年鉴 2014》出版新闻社 2014，P276 数据整理

2013 年度主要出版社的教科书（小学、初中、高中）使用量状况，以东京书籍为首的教科书印数排名前 5 位的出版社，其教科书印数之和占总印数的比例为 48.4%，日本教科书出版的寡头垄断现象依旧很严重（见表 18）。

表 18 主要出版社的教科书（小学、初中、高中）使用册数状况

排名	出版社	2013 年度（册）	2012 年度（册）
1	东京书籍（東京書籍）	29468786	30183757
2	光村图书出版（光村図書出版）	14208606	14775774
3	教育出版（教育出版）	12682800	13050789
4	新兴出版社启林馆（新興出版社啓林館）	11608872	11568104
5	日本文教出版（日本文教出版）	9183136	9459866
日本全国教科书发行册数总合计		133124189	134517377

资料来源：根据出版年鉴编辑部《出版年鉴 2014》出版新闻社 2014，P312、P313 数据整理

2. 批发商情况

日本的出版流通渠道处于高度垄断状态，东贩和日贩为日本两家最大型代销公司。2013 年东贩与书店契约的数量为 4626 家，日贩为 4560 家，大阪屋为 1109 家，东贩、日贩与大阪屋三家合计的市场占有率为日本出版物总体批发的 78.7%。日本出版物代销公司约有 70 家，其中 30 余家加入了日本出版物代销商协会，控制了日本绝大部分的出版物发行市场（见表 19）。

表19 主要代销商与书店契约数量状况

单位：家

代销商	2009年	2010年	2011年	2012年	2013年	较上一年增减
东贩	5114	4930	4783	4698	4626	-72
日贩	4970	4917	4808	4732	4560	-172
大阪屋	1212	1151	1169	1142	1109	-33
栗田	824	798	767	748	697	-51
中央社	457	438	435	422	417	-5
太洋社	547	521	514	501	456	-45
其他	1291	1302	1302	1254	1208	-46
不明	2	2	2	1	2	1
合计	14417	14059	13780	13780	13075	-423

数据来源：全国出版协会 出版科学研究所《出版指标年报》2014年版 P314

此外，日本地方·小型出版物流通中心在不能直接批发给代销公司的小型出版社、地方出版社和代销公司中发挥着重要的中介作用。与其交易的出版社中，2013年新契约的有20家（其中地方6家，东京14家），比上一年减少了9家。解除契约有26家，其中地方14家，东京12家，近年来地方出版社的经营尤为困难（见表20）。

表20 地方·小型出版物流通中心新签订合同出版社的加入状况

单位：家

地域	2009	2010	2011	2012	2013	总契约数	2013年解约数
东京	10	14	16	12	14	517	12
地方	15	13	15	17	6	566	14
合计	25	27	31	29	20	1083	26

数据来源：出版年鉴编辑部《出版年鉴2014》出版新闻社 2014，P108 数据整理

3. 零售商情况

（1）实体书店

日本实体书店总数量近年来急速减少。2005年5月1日日本实体书店总数量为17839家，2013年5月1日为14241家，以平均每年减少近400家的速度递减。从书店占地面积来看，10年间占地300坪（1坪≈3.3m^2）以上的大型实体书店没有一家倒闭，而中小实体书店却在不断消失（见表21）。

表 21　日本实体书店总数量的变化

年份	实体书店总数量	减少数量
2009	15765	577
2010	15314	451
2011	15061	253
2012	14696	365
2013	14241	455

注：数据为各年 5 月 1 日调查时间点统计

2013 年 1 月至 12 月日本新开业实体书店数量为 220 家，与上一年增加了 51 家，处于低水平状况。2014 年新开业实体书店的占地面积为 4 万 8215 坪，同比减少了 8.5%。与此相对，倒闭实体书店的数量为 656 家，同比增长了 6.0%，倒闭实体书店的占地面积为 6 万 4920 坪，同比增加了 35.3% 坪，开店与闭店实体书店数量之差为 439 家，实体书店的占地面积减少了 1 万 6705 坪。由开店与闭店平均面积来看，近几年来新开店实体书店的平均面积约为 200 坪，而闭店实体书店的平均面积为 100 坪以下。新开店实体书店与闭店实体书店平均店铺规模相差较大，新开店实体书店呈大型化，而闭店实体书店多为小型书店。此外，新开店实体书店多为现有书店的连锁书店，几乎没有新开店独立书店。由此可见，日本书店业连锁店呈大型化趋势，小型书店将逐渐被市场淘汰（见表 22）。

表 22　日本实体书店开店与闭店状况

年份	新开店书店	总面积（坪）	平均面积（坪）	闭店书店	总面积（坪）	平均面积（坪）
2009	286	56891	199	951	69891	83
2010	230	41505	180	749	52677	80
2011	272	48919	180	766	51323	75
2012	171	26038	152	729	44828	69
2013	220	52678	239	619	47984	85

注：数据为各年 1 月至 12 月统计

《书店经营的实态》的统计数据显示，2013 年日本实体书店中健全企业的销售额增长率为 -0.9%，亏损企业的销售额增长率为 -7.4%，总体平均销售额增长率为 -3.2%。日本实体书店总销售额增长率连续 19 年处于负增长状态。

体现书店经营的收益性的指标主要包括营业利润与销售额之比、销售费用及管理费用与销售额之比、人员劳务费与销售额之比。2013年日本实体书店的营业利润与销售额之比为-0.3%，销售费用及管理费用占销售额的22.5%、人员劳务费占销售额的11.7%。近年来，随着实体书店销售额的逐年下滑，其收益也日趋减少。

毛利与经费之比和劳动分配率是反映书店经营生产率的重要指标。2013年日本实体书店的毛利与经费之比为101.4%，劳动分配率为52.7%，可见日本实体书店的销售管理费用负担依然十分沉重（见表23）。

表23　日本书店经营指标状况

年份	总销售额增长率	营业利润/销售额	销售费用及管理费用/销售额	人员劳务费/销售额	毛利/经费	劳动分配率
2013	-3.2%	-0.3%	22.5%	11.7%	101.4%	52.7%
2012	-3.1%	-0.1%	22.2%	10.9%	100.5%	49.4%
2011	-3.2%	-0.1%	22.3%	11.1%	101.5%	51.0%
2010	-2.6%	-0.1%	22.4%	11.2%	102.2%	51.3%
2009	-2.94%	-1.3%	23.8%	11.9%	105.8%	51.7%

实体书店的总数量逐年减少和规模日益扩大是日本实体书店业发展的一大趋势。由于便利店中杂志、漫画、文库书的销售、二手书店以及漫画咖啡厅等新形式书店的兴起，使读者接触书籍杂志的环境发生了巨大的变化。加之网络书店和电子书业界的发展壮大，传统实体书店生存面临着巨大的危机。以读者为中心，满足读者多样化需求，制定创新性经营战略是日本实体书店当今面临的重大课题。

（2）网络书店

日本第一家网络书店是丸善书店在1995年开设的网店，纪伊国屋书店、三省堂书店、八重州书店、淳久堂书店、文教堂书店等也相继开始提供网络售书服务。主要网络书店包括亚马逊日本、乐天书店、TUTAYA网络书店、SENVEN网络、骏河屋等。

乐天书店在关东、北陆、关西等地区面向乐天会员推出了"明天乐"（あす楽）服务，即"乐天books"中销售的7万种图书中，在上午11点59分前下单购买，即可于当天发货，第二天到达的服务。亚马逊推出了积分返还15%的新学期促销活动。

（3）便利店

表 24 为 2012 年度日本十大 CVS（便利店）销售额及图书、杂志销售额。居于第一位的是 7-Eleven，其图书、杂志销售额 2012 年度为 8 亿 1945 万日元，比上一年减少了 4.9%。以下依次为 lawson、FamilyMart、circleksunkus、Mini stop、Daily 山崎、seicomart、NEWDAYS、three-f、Poplar 生活彩家。

表 24 2012 年度十大 CVS（便利店）销售额及图书、杂志销售额状况

排名	企业名	年总销售额（百万日元）	店铺数量	图书、杂志销售额（万日元）
1	7-Eleven	3508444	15072	81945
2	lawson	1693435	9752	45657
3	FamilyMart	1584558	8772	44323
4	circleksunkus	876204	5329	23865
5	Mini stop	352687	2168	9819
6	Daily 山崎	225663	1648	7385
7	seicomart	184645	1157	3352
8	NEWDAYS	98224	509	3626
9	three-f	97728	604	4822
10	Poplar 生活彩家	86810	713	2531

资料来源：根据出版年鉴编辑部《出版年鉴 2014》出版新闻社 2014，P328 数据整理

三、期刊业发展状况

（一）概　况

1. 基本情况

手机期刊以及网络杂志的冲击导致日本传统期刊出版业发展萎缩。2013 年日本期刊推算销售额为 8972 亿日元，其中月刊期刊为 7124 亿日元，同比减少了 3.4%；周刊期刊 1848 亿日元，同比减少了 8.1%。2013 年日本期刊推算发行总册数为 17668 万册，同比减少 5.9%，其中周刊期刊的不景气尤为凸显，同比减少了 8.8%。期刊的退货率为 38.8%，同比上升了 1.2%。

2013 年日本期刊发行种数为 3244 种，自 2007 年以来连续 7 年呈减少趋势。创刊状况低迷，2013 年创刊 86 种，比上一年减少了 12 种；停刊期刊 124

种，同比减少 28 种。每本期刊的平均定价为 524 日元，同比增长了 1.4%。

在各类别期刊出版种数中，医药卫生类为最多，2013 年为 446 种。以下为工学类 401 种、读物类 395 种、家政类 253 种、体育类 226 种等（见表 25）。

表 25　日本各类别期刊出版种数状况

单位：种

类别	2011 年	2012 年	2013 年	类别	2011 年	2012 年	2013 年
图书	91	89	87	交通通信	149	150	149
综合	56	55	50	艺术	87	84	78
哲学	22	22	22	音乐舞蹈	95	93	87
宗教	74	71	70	演剧电影	65	65	63
历史地理	120	121	108	体育	243	236	226
政治	50	46	47	曲艺相声娱乐	155	164	161
时局外事	41	40	33	日语	21	24	22
法律	46	45	46	英语	12	13	12
经济统计	145	141	137	其他外语	8	9	7
社会	142	139	135	文学文艺	92	89	78
劳动	45	42	41	诗	9	9	9
教育	139	137	133	短歌	21	20	19
风俗习惯	20	19	15	俳句	30	29	27
自然科学	48	46	46	读物	427	415	395
医学卫生	439	447	446	女性	76	76	77
工学	404	416	401	少年少女	157	157	154
家政学	250	257	253	学习考试	12	9	8
农畜林水	89	89	85				
商业	69	72	73	合计	3949	3936	3800

资料来源：根据出版年鉴编辑部《出版年鉴 2014》出版新闻社 2014，P303 数据整理

2. 期刊进出口情况

（1）出　口

据财务省发布的《日本贸易统计》数据表明，日本期刊出口总额持续呈减少趋势，2014 年为 33109 万日元，与上一年相比减少了 8.2%。网络的普及以及出版物的急速数字化是期刊负增长的重要原因，尤其是信息期刊、学术

期刊所受影响较大。

近年来，日本出口到东亚各国（地区）出口额呈增加趋势，期刊的出口超过 1 亿日元的国家或地区依次为中国台湾、中国香港、韩国、美国、中国大陆、新加坡、泰国、菲律宾。亚洲各国年轻人由于期待去日本留学、工作等原因，增强了购买日本图书、期刊的欲望（见表 26）。

表 26　期刊出口到主要国家的出口额

单位：千日元

国家、地区	2011 年	2012 年	2013 年
中国台湾	1156556	939144	941013
中国香港	1039812	764400	695929
韩国	546994	478979	434147
美国	502698	429993	377259
中国大陆	266676	260788	271831
新加坡	199005	160030	141911
出口总额	4284431	3596444	3301090

资料来源：根据出版年鉴编辑部《出版年鉴 2012》P308、P309，《出版年鉴 2013》P318、P319，《出版年鉴 2014》P318、P319，数据整理

（2）进　口

2013 年日本期刊进口额为 644402 万日元，与上一年相比增长了 7.7%。从国别来看，日本进口国外期刊的进口额居于首位的仍然是美国，达 32.1 亿日元，比上一年增长了 6.6%。以学术期刊称雄的荷兰居于第二位，达 11.9 亿日元，减少了 2.6%，以下依次为新加坡、韩国、法国、中国大陆、意大利、中国香港和德国。

在期刊进口中，金额较大的是学术期刊、专业期刊，以大学图书馆、研究所购买为主，较为稳定。但今后随着数字化进程的加快，将会呈现减少趋势（见表 27）。

表 27　日本从主要国家进口的期刊的进口额

单位：千日元

国家、地区	2011 年	2012 年	2013 年
美国	3884731	3009764	3208498
荷兰	1267447	1225420	1193846
新加坡	286971	274024	263013

续表

国家、地区	2011年	2012年	2013年
韩国	135101	105623	228791
法国	117835	108735	124838
中国大陆	53024	83787	111131
意大利	108391	106068	108035
中国香港	93809	86526	100495
进口总额	7164206	5981468	6444017

资料来源：根据出版年鉴编辑部《出版年鉴2012》P308、P309，《出版年鉴2013》P318、P319，《出版年鉴2014》P318、P319，数据整理

3. 期刊广告主

据日本电通公司调查发布的《日本的广告费》中所提供的数据显示，2013年日本期刊广告费为2542亿日元，比上一年减少了2.0%，占总体广告费的4.2%。在各类行业中，期刊广告费支出排列第一位的是"时尚、饰品"类，占总体的26.3%。其次为"化妆品、卫生清洁用品"，占总体的12.1%。

（二）主要分类市场情况

1. 综合期刊

综合期刊中包括大众期刊、新闻解说期刊、生活方式期刊等类别。2013日本综合期刊的推算发行册数6468万册，与上一年相比减少了3.2%。

综合期刊中最受欢迎的为Voice、《正论（正論）》等中韩批判的时政期刊和以30~39岁男性为受众对象的COOURRiER JAPON。日本综合期刊的读者高龄化、年轻读者远离化现象依旧严重，多数综合期刊的发行量呈递减趋势。

2013年综合期刊中没有创刊期刊。停刊期刊2种，即《大吼》《书斋之窗》（書斎の窓）。

2. 周刊期刊

由于周刊期刊在报道的及时性上不及电视和网络，大事件等报道中又不及月刊期刊。除了个别期刊中的单期由于登载名人绯闻等敏感内容提高了单期销售外，日本周刊杂志的读者逐渐减少。

据出版科学研究所数据统计，2013年日本周刊期刊的推算销售额为1848亿日元，比上一年减少了8.1%；推算销售册数为54972万册，比上一年减少了8.8%。2013年日本周刊期刊的推算发行金额为2843600万日元，比上一年

减少了 4.7%；发行册数为 82668 万册，比上一年减少了 5.7%。近年来日本周刊期刊市场呈急剧缩小趋势，尤其令人注目的是便利店渠道的销售不景气，退货率高达 35.0%。

2013 年日本周刊期刊的平均价格为 344 日元，比上一年提高了 4 日元，可以看出以提高单价来弥补销售不景气的行业倾向。

3. 漫画期刊

随着国民阅读习惯的改变以及图书电子化的趋势，日本商业漫画市场呈逐年下滑趋势。出版社的主要利润来源于漫画单行本的销售额以及部分作品的影像制品、衍生品授权费用。

2013 年日本漫画期刊的推算发行额为 1438 亿日元，比上一年减少了 8.0%。漫画杂志的推算发行量为 44075 万册，比上一年减少了 8.8%。近年来日本漫画期刊市场销售额与销售量连续呈下降趋势。

2013 年漫画期刊的新刊发行种数为 9481 种，比上一年增加了 105 种，增长了 1.1%，连续三年呈增长趋势。

从不同读者层来看，以儿童为读者对象的日本月刊漫画期刊中，2013 年的推算发行额为 235 亿日元，比上一年减少了 5.8%；推算发行量为 44787 万册，比上一年减少了 8.9%。以成人为读者对象的月刊漫画杂志中，2013 年的推算发行额为 470 亿日元，比上一年减少了 9.3%；推算发行量为 11066 万册，比上一年减少了 11.6%。以儿童为读者对象的周刊漫画杂志中，2013 年的推算发行额为 493 亿日元，比上一年减少了 6.5%；推算发行量为 2761 万册，比上一年减少了 6.2%。以成人为读者对象的周刊漫画期刊中，2013 年的推算发行额为 239 亿日元，比上一年减少了 10.6%；推算发行量为 7462 万册，比上一年减少了 11.2%。

为了扩大读者群，2013 年讲谈社的 young magazine（ヤングマガジン）和集英社的 Cocohana 以增刊的形式发行小型版漫画杂志，主要流通渠道以便利店为主。

在大多数期刊发行量减少的状况下，讲谈社的《别册 少年期刊（别册少年マガジン）》的发行册数由 4 万册飞跃至 18 万册，其主要原因是由于连载了热销的讲谈社的《进击的巨人》（進撃の巨人），漫画书对于期刊发行的影响力之大是史无前例的。

此外，2013 年 2 月 19 日日本拥有 50 多年历史的漫画期刊《漫画 SUNDAY》正式宣布停刊。《漫画 SUNDAY》是以高龄男性读者为对象的社会派漫画期刊之一，曾发行超过30万册，它的停刊反映了日本漫画一个"时代"的结束。

4. 电子期刊

据日本《电子书籍事业调查报告书》的数据表明，由于平板终端利用者的增多、阅读终端日趋多样化、网络期刊的定期购买下载数量的增加，日本电子期刊市场快速发展，2013年日本电子期刊的销售额约为77亿日元，与2012年的29亿日元相比增长了近2倍（见表28）。

日本大型出版社积极开拓电子期刊市场。2013年集英社和讲谈社提供了漫画期刊的电子版"跳跃LIVE"和"D曙光"；集英社、小学馆也开始销售时尚期刊的电子版；文艺春秋社出版了该社第一本电子小说期刊《つんどく！》；"SPA！"电子期刊的创刊号特别版等。

表28 日本电子期刊市场规模

单位：亿日元

年份	电子
2010	6
2011	22
2012	39
2013	77

（三）企业发展情况

日本的期刊出版社通常兼营书籍出版。综合大型出版社中讲谈社、小学馆、集英社出版的期刊种数众多，其出版的期刊类别也多种多样。

讲谈社出版的主要期刊有四十余种，主要有《周刊现代》、《小说现代》《群像》、with、《月刊陆上竞技》、ViVi、《快乐的幼儿园》《书（本）》、FRIDAY、VOICE等。2013年讲谈社发布的年度销售额为11787100万日元，同比减少了3.3%。其中杂志销售额为7218300万日元，同比减少了3.5%；图书销售额为2468100万日元，同比减少了11.6%；广告收入为849000万日元，同比增加了4.1%；其他收入为942400万日元，同比增加了16.5%。

小学馆出版期刊五十余种，主要有《幼儿园》、Cheese、《月刊IKKI》、CanCam、Oggi、edu、《周刊少年sunday》等。2013年小学馆发布的年度销售额为10646600万日元，同比减少了1.4%。其中期刊销售额为6111700万日元，同比减少了3.3%；图书销售额为1799400万日元，同比减少了8.5%；

广告收入为 1367500 万日元，同比增加了 4.5%；其他收入为 1368000 万日元，同比增加了 13.6%。

集英社出版发行期刊近四十种，主要有 Seventeen、non·non、《青春与读书》、LEE、《周刊通过图画知晓日本史》等。2013 集英社发布的年度销售额为 1253 亿 4900 万日元，同比减少了 15.2%。其中期刊销售额为 774 亿 6600 万日元，同比减少了 5.7%；图书销售额为 171 亿 2200 万日元，同比减少了 4.0%；广告收入为 11 亿 5300 万日元，同比增加了 2.7%；版权等其他收入为 193 亿 800 万日元，同比增加了 29.3%。

参考文献

1. 出版年鉴编辑部编. 出版年鉴（出版年鑑）2014 年版. 出版新闻社出版

2. 全国出版协会，出版科学研究所. 出版指标年报（出版指標年報）2014 年版

3. 读书舆论调查 2013 年版（読者世論調査）. 每日新闻社. 2013

4. 出版新闻（出版新聞）. 出版新闻社. 2013 年度各期

5. 全国书店新闻（全国書店新聞）. 日本书店商业组合联合会. 2013 年度各期 http://www.shoten.co.jp/nisho/bookstore/shinbun

12. 印象 R&D 网络媒体综合研究所. 《电子图书事业调查报告书（電子書籍ビジネス調査報告書 2014）》. 株式会社印象 R&D（株式会社インプレスR&D）. 2014

13. 日本的总广告费（日本の総広告費）. 电通资料室. http://www.dentsu.co.jp

韩国出版业发展报告

叶 子

一、出版业发展背景

（一）经济环境

目前，韩国国内经济增长缓慢，就业率停滞，面临其他后进国家的追击，服务产业比重低下，青年失业率高，两极分化严重等问题。

根据韩国央行公布的2013年韩国经济初步统计数据，2013年韩国GDP增长率为2.8%。其中，2013年韩国出口增长率为4.3%，高于2012年的4.2%；民生消费增长率为1.9%，高于2012年的1.7%；建设投资增长率为6.9%，相比2012年的负2.2%，涨势惊人。就不同行业而言，制造业增长率从2012年的2.2%增加到2013年的3.0%；建筑业增长率从负1.6%增至3.7%；服务业则从2.5%略降至2.4%。另外，2013年实际国内总收入GDI同比增长4.3%，GDI的增长率远远高于GDP增长率。

2010年至2012年，韩国GDP年均增长率三年间一直呈现下跌趋势，分别为6.3%、3.7%和2.0%，经济陷入增长泥沼，不过2013年GDP年均增长率出现回升。对此韩国央行分析，2013年韩国出口保持稳步增长，民生消费持续上升，再加之建设投资增长率由负转正，这是2013年的GDP增长率出现反弹的主要原因。

2013年，韩国主要经济指标均现良好势头，宏观经济指标稳中有升，经济呈现缓慢复苏的迹象，但日元走低、美国退出量化宽松政策等各种不确定性因素使韩国的经济发展仍然面临诸多考验和困难，未来经济发展走势尚不明确，还是应该持谨慎乐观的态度。

因此，文化体育观光局通过发展以创意经济为中心轴的文化产业，确保以创意和改革为基础的创意经济增长动力，提供就业机会，努力将国民收入提升至3万美元。为了达成这一目标，韩国政府积极发展文化产业、广告产业等韩国型创意产业，扩大支持投资，提供就业机会，制定多样的支援方针。

（二）政策法律环境

为了应对不断发展变化的数字环境，韩国的《版权法》在近几年历经多次修改，现已成为相对体系化、规范化的版权保护方面的法律法规。2013年修订的《版权法》新增"公共著作自由使用"等新内容，更加便民，也更好发挥文化法制的作用。2013年7月起，任何著作在作者死后70年间依然可以得到保护，与2012年修订的《版权法》相比延长了20年。制度方面韩国政府实施三振出局制度、网络硬盘等级制度来保护版权，提高公众版权保护意识，营造良好的版权发展环境，强化国际竞争力，拓展海外市场。《2013年世界贸易壁垒报告书》中也对韩国政府保护版权做出的努力给予了充分肯定。2013年3月，韩国版权委员会被指定为版权保护技术研发专门机构，新增版权研发预算，加强与世界知识产权组织交流合作，建立保护版权的国际标准，使韩国的版权著作保护制度在国际舞台发挥更大作用。

但是韩国在版权保护方面还是存在许多问题。近年来韩国的"版权法狗仔队"现象十分严重，即一些不法分子将一些轻微的版权侵犯严重化，恐吓当事人并从中收取所谓的协议费，以使其避免被起诉。截至2013年，韩国违反版权法案件数达到36879件，但是其中真正起诉的案件只有3260件，连10%都没达到。为了防止此类现象，韩国文化观光部和临时议会也做出积极努力，2013年《版权法》修订案规定不允许任何人为了收取不正当手续费而随便起诉侵害版权的行为，但是实际效果并不理想。

在印刷产业领域，韩国政府2012年初步制定了印刷文化产业振兴五年计划，2013年根据《印刷文化产业振兴法》的修订实施，进一步推进该计划的实施，积极支援、培育高附加值的印刷文化产业，强化其竞争力，通过发展印刷业促进国民经济的增长。该计划主要内容包括，培育高质量环境友好型印刷产业、扶持印刷出口和扩大举办印刷国际活动、建设印刷产业支援中心等。

随着"第一个图书馆发展综合计划：2009~2013"的顺利结束，2013年韩国开始实施"第二个图书馆发展综合计划：2014~2018"，以政府计划为基础，国家和地方自治团体层面继续促进图书馆的发展，用书本开启幸福的大韩民国时代，不断振兴读书文化。此外2013年9月，韩国《小型图书馆振兴法》部分修订案完成，增加在小型图书馆中构建以中学生为对象的学习空间等新内容。

在阅读推广法制化大背景的指引下，2013年11月，韩国文化体育观光部依据新修订的《阅读文化振兴法》第五条，以"通过读书生活化来提高国民的幸福指数，提高国际竞争软实力"为基本理念，构建全民读书社会，继续推进"第二次阅读文化振兴基本计划（2014～2018）"，通过制定推广不同生涯周期的月度计划，开发运营阅读信息数据库，促进阅读普及化，通过支持弱势群体的阅读活动来发展实现文化福利事业，提高政府民间的共同合作。

韩国政府着力构建出版产业振兴基础，支援建立坡州出版文化信息产业园区，促进支持发展出版流通信息化产业。2013年，韩国文化部评选与奖励优秀学术教育类图书，发展促进优秀出版文化制作，培养人才，开设运营出版产业综合支援中心。与此同时，韩国政府重视并且不断发展电子出版业，免除电子出版物的附加税，支持优秀文化的电子书制作，运营电子出版支援中心，针对电子出版对口人才的培养进行教育，积极参与海外图书展，协助出口电子书翻译。

发展印刷业方面，政府不断加强印刷品的国际竞争力，推进亲环境技术经营改革，培育印刷业专门人才，促进文化技术辅助产业。大韩印刷文化协会于2013年6月派遣代表团参加在荷兰阿姆斯特兰举办的"2013年世界印刷会议"，并且成功申办"2016年世界印刷会议"。2013年印刷文化产业被指定为国家战略性重要产业，印刷企业在符合相应条件的情况下，可以从政府得到设施、运营、环境改善等所需资金，并可以长期获得政府支持。

2013年，韩国文化部联合韩国文学翻译院共同促进《出版提案书》的翻译及出版，促进国内图书出口，发展海外出版营销，培养翻译人才，将2013年国内外出版社申请的163种图书翻译成中、英、日、法、俄、捷等6国语言进行出版发行，并且韩国文学翻译院为了向世界出版社及读者介绍提供具有公信力的韩国出版业信息，发行季刊《list_ Books from Korea》及在线新闻，提高韩国文学宣传及信息传播的效率，建立出版出口支援中心及开展出口洽谈项目。

为了强化韩国舆论产业的基础以应对快速发展的数字世界，韩国舆论振兴财团积极采取措施，集中构建舆论基础设施，研发供所有报社可以共享的新闻信息流通系统。2013年，韩国舆论振兴财团开发了手机NIE[①]等在舆论界使用率极高的新产品，参与的舆论社数量日益增加。韩国舆论振兴财团增加NIE示范学校，从2012年120所增加到2013年150所，全国共运营周六NIE教室100处，以社会弱势群体为对象的活动也从70个扩大到100个。

同时，政府努力发展优秀杂志文化产业，为了促进国内杂志市场发展，

---

① newspaper in education，报纸参与教育。

提高杂志产业竞争力。2013年起，韩国政府在优秀杂志、韩流杂志"走出去"方面给予很大支持，利用韩流的强劲势头，培育发展海外杂志市场，选定7种与韩国传统文化、艺术等有关的韩流文化杂志，翻译成外语，制作宣传手册，开发智能手机及电脑应用程序，在海外进行宣传。尤其从2013年起，在驻外韩国文化院开始陈列韩国优秀杂志，向外国访客介绍韩国文化，宣传韩流。

2013年11月1日至4日，韩国文化体育观光部、首尔特别市政府、韩国舆论振兴财团共同在首尔光华门举办为期4天的2013年韩国杂志庆典，为了增强市民对杂志文化的理解，向市民免费开放并展示各类韩国杂志，开展丰富多彩的活动。此次庆典设有展现杂志过去、现在、未来的专门展示馆，并开展大型书法表演、诗朗诵、茶道等丰富的文化公演，据统计共有48家杂志社参加设立展台，21万名游客参加了这次杂志庆典活动。

（三）国民阅读状况

据韩国文化观光部2013年进行的国民阅读情况调查数据显示，阅读是韩国人重要的休闲娱乐活动。18岁以上的成人读书时间（纸质书+电子书）为平日23.5分钟，周末25.8分钟。学生的读书时间则为平日44.6分钟，周末59.4分钟，大概是成人的两倍。但学生的读书时间随着年级的升高而减少。在成人平日生活中，读书占业余生活时间的14.1%，占周末业余时间的8.6%；读书在小学生的业余生活中占较大的比重，占平日业余时间的27.5%，周末业余时间的16.7%。

据对比分析，2013年国民阅读率有所增加。年满18岁的成人中，在过去一年（2012.11～2013.10）中，71.4%阅读过一本以上的纸质书籍（不包括教科书、参考书、杂志、漫画），与2011年的66.8%相比增长了4.6%。据分析，由于受到2012读书年开展的读书运动和地方团体实行"读书城市"等相关政策的积极影响，60岁以上的成人读书率也增加了14.6%。另一方面，由于学校积极发展学校图书馆建设，支持组织读书社团，2013年学生的读书率为96.0%（小学生99.4%，初中生96.0%，高中生92.7%），与2011年的83.8%相比上升12.2%，接近历史最高（1994年97.6%）。

在电子书阅读率方面，在过去一年（2012年11月至2013年10月）中，13.9%成人阅读过一本以上的电子书（不包括教科书、参考书、杂志、漫画），与2011年的16.5%相比略有下降。学生整体一年的电子书阅读率为38.3%，其中小学生为38.7%，与2011年相比没有大的变化，初中生为

41.4%，所占比例最高，其中女中学生的电子书读书率为48.0%，大约2名女生中就有1名阅读过电子书，高中生电子书阅读率则为34.9%，与2011年数据相比减少了18.7%（见图1、图2）。

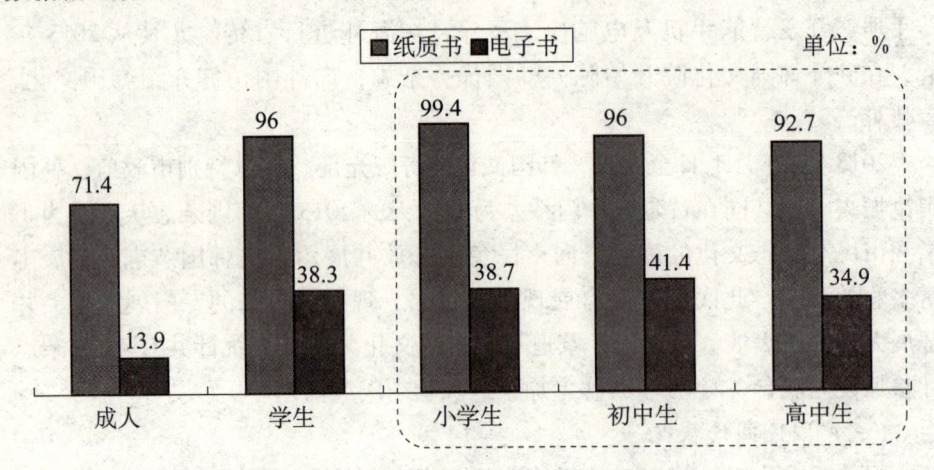

图1 2013年成人与学生读书率对比图

资料来源：文化体育观光部《2013年国民阅读调查》

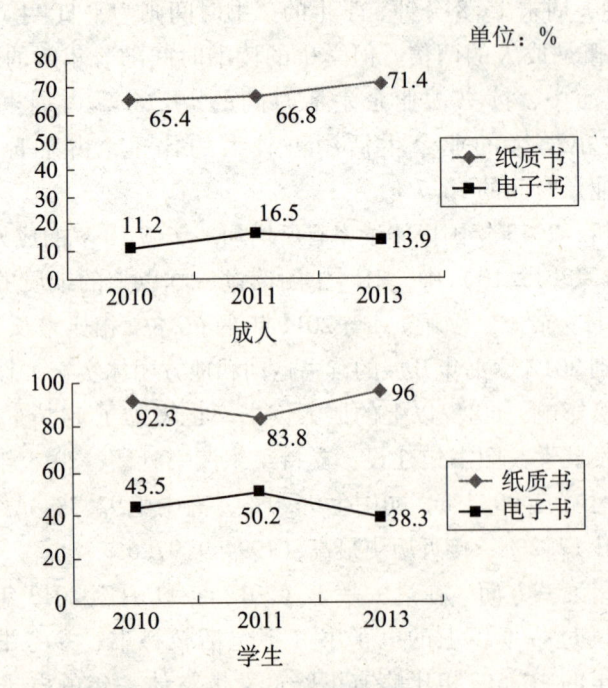

图2 2010~2013年成人与学生读书率变化趋势

资源来源：文化体育观光部《2013年国民阅读调查》

纸质书阅读量方面，2013年韩国成人平均阅读量为9.2本，与上次调查相比减少了0.7本，2007年成人阅读量为12.1本，自此一直呈下降趋势。2013年小初中学生年阅读量为32.3本，与2011年调查相比平均增加8本。其中小学生为65.1本，初中生为22本，高中生为9.8本，与2011年相比，小学生和初中生的阅读量大大增加，而高中生则呈下降趋势。

经分析可知，时间和精神层面的空余减少，良好阅读习惯的缺乏，以及智能手机使用时间上升和媒体环境的巨变成为成人阅读量减少的原因。学生方面，我们可以发现韩国学校实行每周五天授课制（2011年第二学期开始），构建学校读书环境（师生共读一本书等活动），增加读书社团活动等措施，使得学生阅读量大幅上升。

电子书阅读量方面，包括从不阅读电子书的人在内，成人的电子书阅读量为年平均1本，但如果只以有阅读电子书经验的人为基准，那么2013年韩国成人的电子书阅读量年平均6.9本。同样，在学生中间，如果包括不阅读电子书的学生在内，年平均电子书阅读量为7.2本，小学生为8.6本，初中生和高中生分别7.8本和5.2本，与2011年数据相比大幅上升。大部分学生（97.9%）是电子书和纸质书一起阅读，只有2.1%是只阅读电子书籍。电子书和纸质书一起阅读的学生其电子书阅读量为19本，而只阅读电子书的学生其阅读量为年平均7.2本。由此可见，大部分学生还是以纸质书为主进行阅读的。如果只以有电子书阅读经验的学生为对象，那么学生的年电子书阅读量为18.8本，是成人的2.5倍（见图3）。

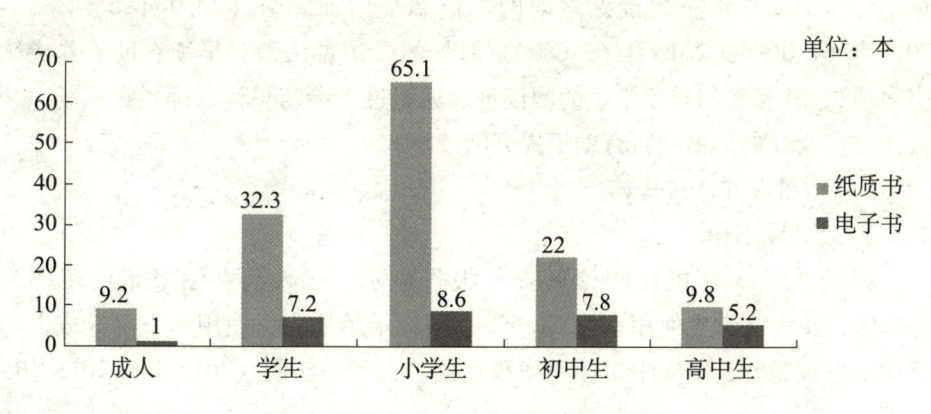

图3 2013年成人与学生阅读量对比图

资源来源：文化体育观光部《2013年国民阅读调查》

从性别上看，韩国男性和女性的阅读人数比例差别不大，分别占同性别的71.4%和73.0%，平均阅读册数男性偏高，为10.7本，女性为9.6本。从年龄层次上看，阅读人口比例随着年龄的增长而呈明显的下降趋势。青年人和中年人是韩国主要的阅读人群，60岁以上人口的阅读比例较低。18~29岁的阅读人口比例最高，为89.0%，其次是30~39岁，为83.4%，60岁以上的人口中有48.4%的人有阅读习惯，与过去相比有大幅度的提高，说明越来越多的韩国人重视阅读，养成了良好的阅读习惯。

在选择阅读书籍种类时，文学书籍人气最高。在纸质书籍中，26.6%的成人喜欢阅读诗、小说、随笔等文学作品，12.1%喜欢阅读趣味、武侠、科幻、浪漫等题材小说，10.9%成人喜欢选择哲学、思想、宗教类图书进行阅读。在电子书方面，28.8%的成人喜欢阅读题材小说[①]，21.3%喜欢阅读诗歌、小说、随笔等文学作品。综合来看，小说十分受成人欢迎。

小学生的喜好图书依次分别为小说、漫画（学习用）、漫画（娱乐用）、人物传记、童话书等，具体来看的话，女学生中人气最高的是小说，而娱乐漫画在男学生中最受欢迎。中学生里，29.2%喜欢阅读题材小说，18.2%喜欢阅读诗歌等文学作品，有13.4%喜欢阅读和娱乐、演艺界、体育、旅行等有关的书籍。

根据调查数据分析显示，家庭、学校、职场的读书环境对一个人的读书习惯有着决定性的影响。在家庭方面，父母的读书习惯及周期性读书活动有利于培养孩子读书的习惯。同时，学校开展早读活动有助于养成学生平日的读书习惯，近些年正规授课之前的早读率呈增加趋势（2010年55.4% → 2011年61.0% → 2013年69.6%）。51%的受访者认为"早读有助于养成读书习惯"，并且参与早读学生的阅读量远远超过未参与早读学生。在职场，开设图书室及开展读书项目有助于提高阅读率。

（四）图书馆使用情况

1. 公共图书馆

根据《2013年国民阅读调查》报告显示，成人公共图书馆使用率为30.3%，小中高学生使用率为61.5%，随着年龄增大，使用率下降。成人与学生的阅读量和公共图书馆使用率成正比。去年一年间（2012.11~2013.10）

---

① 题材小说是指根据某一题材的特征而写的长篇或短篇小说，例如推理小说、科幻小说、恐怖小说、武侠小说等。

一次都没有使用过公共图书馆的成人约占 30.3%，学生占 61.5%（小学生 73.5%，初中生 58.7%，高中生 52.4%）。与 2011 年相比，2013 年成人的公共图书馆使用率增加了 7.4%，学生减少了 8.2%。公共图书馆使用率增加，主要受到政府开展的 2012 读书年活动和地方自治团体实施书香城市的读书政策的影响。

与过去公共图书馆使用率相比的话，成人使用率自 2008 年达到顶峰，为 33.9%，之后一直呈下降趋势，2011 年后缓慢上升。学生的公共图书馆使用率虽然增长缓慢，但一直呈上升趋势，2013 年与 2011 年相比略微呈下降趋势（见图 4、图 5）。

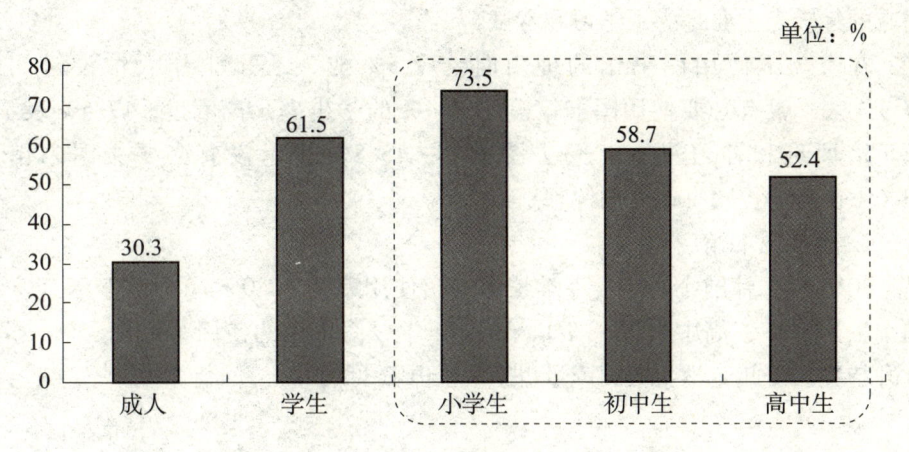

图 4　2013 年公共图书馆使用率（成人·学生）

图 5　公共图书馆使用率变化趋势图

包括一次都没有使用过公共图书馆在内的 18 岁以上成人每月平均使用公

共图书馆 1 回，学生每月平均使用 2.3 回。如果只以图书馆使用者为调查对象，那么月平均使用次数为小学生 4.4 次，初中生 3.4 次，高中生 3.4 次，成人 3.3 次。年龄越低，或年级越低，公共图书馆使用频率越高，年阅读量和图书馆使用频率也成正比。和 2011 年相比，2013 年韩国学生的公共图书馆使用率有所下降，而成人的略有上升。

图书馆使用目的方面，59.9% 成人主要是为了读书或者借书，28.9% 是为了学习，7.7% 是为了检索资料、开展研究。61.8% 的学生主要为了看书或借书，24.2% 为了考试而在图书馆复习，8.5% 表示是为完成学校作业而在图书馆找资料。成人和学生使用目的主要为读书或者借书，但高中生或者 20 岁左右的年轻人主要是为了学习和考试。

在谈及不使用图书馆的理由时，47.5% 成人表示工作太忙没时间，33.1% 表示没有必要使用图书馆等。33.4% 的学生表示离家远，17.5% 表示由于培训班和补习没有时间去图书馆，15.8% 表示没有必要去图书馆，13.6% 认为学校图书馆更加便利。

2. 学校图书馆

2013 年，韩国小初高学生学校图书馆使用率为 86.0%（小学生 96.5%，初中生 84.6%，高中生 76.8%），2011 年学校图书馆的使用率为 81.6%，呈上升趋势。由此，学生的阅读量也随之上升（见图 6）。

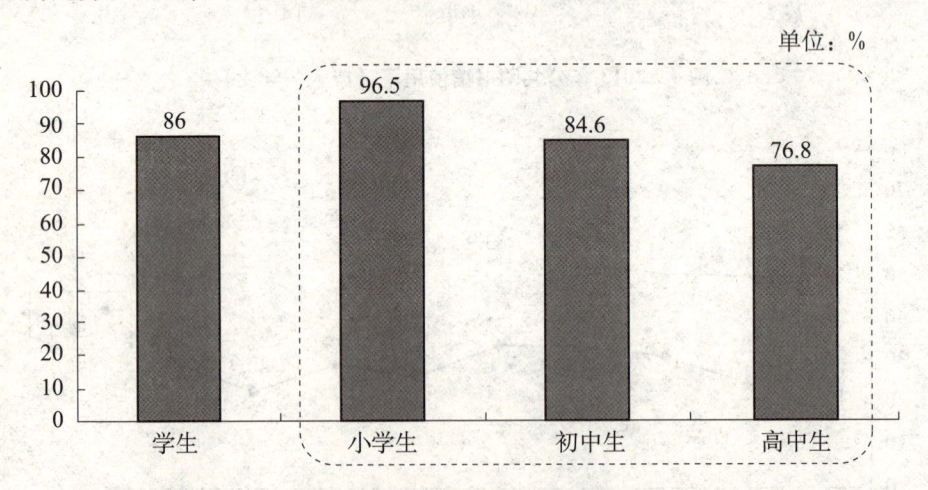

图 6 学生学校图书馆使用率

根据《2013 年国民阅读调查》显示，大约 10 个学生中有一个（11.4%）每天都去学校图书馆。每周 1－2 天去学校图书馆的学生占整体的 46.4%（小学生 57.6%，初中生 42.3%，高中生 37.0%），可见年级越高，由于学业负担，图书馆使用率越低。

46.1% 的学生使用学校图书馆是为了借书，30.8% 是为了阅读，除此以外，11.3% 表示是为了学习和学校作业，5.6% 是为了接受老师的读书指导。

就学校图书馆使用目的而言，年级越高，以"借书"为使用目的的比例越高，而"读书"这一目的则相反。2013 年阅读量在 5 本以下的学生以"阅读"为目的去图书馆的约有 25.0%，而年阅读量在 100 本以上的学生占 41.8%。

从来不使用学校图书馆的学生（2013 年参加调查的 3000 名学生中有 421 名）中，21.1% 认为没有值得阅读的书籍，其中大多数为小学生和初中生。20.4% 的学生认为学校图书馆离教室太远，这一理由高中生占的比例最大。16.2% 的学生则是因为要上补习班所有没有时间去，15.7% 学生因为在学校图书馆找不到想要看的书。

综合分析的话，成人、学生的阅读量和公共图书馆、学校图书馆的使用率成正比。2013 年韩国成人的一般图书（纸质书）年平均阅读量为 9.2 本，但是每月使用公共图书馆 6~9 次的成人阅读量非常高，约为 28.2 本。韩国人的公共图书馆使用率（15 岁以上）为 32%，欧盟平均值为 31%，虽然二者间差距不大，但是与瑞典（74%）、丹麦（63%）、英国（47%）相比而言，依然处于落后水平。

注：

* 调查人数（5000 名）：学生 3000 名（小学（4~6 年级）、初、高中各 1000 名），成人 2000 名（18 岁以上）

* 年读书率：去年一年（2012.11~2013.10）读过一本以上一般图书的人的比率（不包括定价刊物，漫画，杂志）

* 年阅读量：包括一年间一本一般图书都没读过的受访者

* 公共图书馆使用率：：一年间使用图书馆 1 次以上的比率

二、图书业发展状况

（一）概　况

2013 年韩国整体出版行业发展并不景气，出版业生产指数停滞现象比较严重。根据韩国出版版权研究所公布的《2013 年出版市场统计——主要出版社和书店销售盈利现状》结果显示，共有 81 家主要出版社在韩国金融监督院电子公示系统上提供年度报告，2013年这些出版社的销售额为5兆5147亿韩元[①]，与2012年的5兆6779亿韩元相比减少了2.9%，2013年营业利润为3802亿韩元，与2012年的3956亿韩元相比下降3.9%。而韩国7大零售书店（教保文库，YES24，InterParkINT，阿拉丁，永丰文库，首尔文库，Libor）2013年图书销售额为1兆6772亿韩元，与2012年相比增加73亿韩元，同比上涨0.4%，但是营业利润只有70亿韩元，比2012年减少了91亿韩元，下降了56.5%。由此可见，2013年韩国的出版业面临着巨大挑战和危机。

2013年，韩国出版业的整体销售额为22兆780亿韩元，比2012年的21兆973亿韩元减少了1.4%。整体而言，除网络出版物流通业以外，其余各业收入都呈下降趋势。

从具体分析数据来看，2013年出版产业的销售收入为8兆7382亿韩元，占全行业的42.0%；印刷业为3兆9243亿韩元，占全行业的18.9%；出版零售业、批发业（包括网络书店）的销售额为7兆9408亿韩元，占全行业的38.1%；网络出版物流通业为1374亿韩元，占全行业的0.7%；出版物租赁业为588亿韩元，占全行业的0.3%。与2012年相比较，出版产业2013收入减少了0.3%，印刷业收入减少了2.3%，出版零售业、批发业收入减少了2.3%，网络出版物流业收入增加了11.5%。

通过分析2013年韩国出版行业销售数据不难发现，只有网络出版物流通业呈现了比较乐观的发展态势，2011年的销售额为1047亿韩元，2012年为1232亿韩元，2013年达到了1374亿韩元，保持了稳定增长的趋势，2013年比2012年增长了11.5%，年平均增长率达到了14.5%。出版物租赁业销售额由2011年的623亿韩元，2012年的626亿韩元，到2013年的588亿韩元，呈下降趋势，2013年比2012年下降了6.0%，年平均下降率为2.8%，在行业内各领域中下降最快。

1. 图书出版情况

近年来韩国的出版业一直处于萧条的状态，发展困难、萎靡不振是近几年出版业内人士对于出版界情况做出的最多评价。根据统计资料来看，2013年韩国出版业面临的危机呈现出一种模式化、慢性化的趋势，出版社收益减少，新刊册数减少，书店发展情况恶化等现象严重，亟须政府采取措施，扩

[①] 根据中国银行外汇牌价，2012年12月31日韩元兑换人民币汇率为0.5868，2013年12月31日汇率为0.574。

大财政预算支持。

2013年韩国新刊图书出版43146种，共86513472册，种类数比2012年增加8.5%，册数减少0.5%。平均每种图书发行2005册，每册平均价格为14678韩元（见表1）。

表1 2003~2013年图书出版种数册数情况

项目	出版种数		发行册数	
	总出版种数（种）	增减率（%）	总发行册数（册）	增减率（%）
2003	35371	-2.2	111450224	-5.1
2004	35394	0.1	108958550	-2.3
2005	43598	23.2	119726681	9.8
2006	45521	4.4	113139627	-5.5
2007	41094	-9.7	132503119	17.1
2008	43099	4.9	106515675	-0.3
2009	42191	-2.1	106214701	-19.6
2010	40291	-4.5	106309626	0.1
2011	44036	9.3	109550227	3.0
2012	39767	-9.7	86906643	-20.7
2013	43146	8.5	86513472	-0.5

资料来源：大韩出版文化协会（2014），文化体育观光部（2014）《2014年韩国出版年鉴》。

2013年出版的43146种图书中，综合类34.1%，纯科学类23.8%，历史类18.5%，语言学类17.4%，这些图书相对前一年来说数量有所增长，辅导、儿童、漫画类书籍出版种数小幅减少，文学类书籍共出版9296种，占有率最高，为整体的21.36%。

2013年共出版新刊图书86513472册，与2012年相比减少了0.5%，是最近十年来发行量最低的一年。

与2012年相比，发行册数增加的类别为综合类（21.7%）、语言学（16.8%）、纯科学（15.9%）、漫画类减少了12.9%，其余依次为儿童（6.3%）、艺术（3.5%）、社会科学（1.6%）。

表2 2003~2013年图书具体类别出版种数册数情况

单位：种

区分	新刊出版种数				新刊发行册数			
	2012年	2013年	增减率	比例	2012年	2013年	增减率	比例
综合类	613	822	34.1	1.91%	1189737	1448055	21.7	1.67%

续表

区分	新刊出版种数				新刊发行册数			
	2012年	2013年	增减率	比例	2012年	2013年	增减率	比例
哲学	1237	1335	7.9	3.09%	2162466	2240181	3.6	2.59%
宗教	1889	1899	0.5	4.40%	3328421	3383512	1.7	3.91%
社会科学	6089	7097	16.6	16.45%	9774026	9618351	-1.6	11.12%
纯科学	521	645	23.8	1.49%	675499	782696	15.9	0.90%
技术科学	3552	3880	9.2	8.99%	4633667	4871936	5.1	5.63%
艺术	1329	1402	5.5	3.25%	2006525	1936229	-3.5	2.24%
语言学	1192	1399	17.4	3.24%	1871479	2185315	16.8	2.53%
文学	7963	9296	16.7	21.55%	14796437	15944736	7.8	18.43%
历史	1083	1283	18.5	2.97%	1866219	2064093	10.6	2.39%
辅导书	1379	1356	-1.7	3.14%	10546642	10629890	0.8	12.29%
儿童	7495	7424	-0.9	17.21%	26537234	24862658	-6.3	28.74%
小计	34342	37838	10.2	87.70%	79388352	79967652	0.7	2.43%
漫画	5425	5308	-2.2	12.30%	7518291	6545820	-12.9	7.57%
总计	39767	43146	8.5	100.00%	86906643	86513472	-0.5	100.00%

资料来源：文化体育观光部（2014）《2014年韩国出版年鉴》

2013年每种图书约发行2500册，与2012年的2185册相比减少了180册，其中发行册数最多的种类为参考书籍类，共发行7839册，最少的种类为纯科学类书籍，共发行1213册（见表2）。

2013年韩国图书的平均定价为14678韩元，与2012年（13385韩元）相比上涨了793韩元，增长幅度较大。价格最高的图书种类是技术科学（24579韩元），其余依次为社会科学（21955韩元），纯科学（21679韩元），艺术（21262韩元），价格最低的图书种类是漫画类书籍（4865韩元），其余依次为儿童（9932韩元），文学（11485韩元），参考书籍类（11875韩元）。

出版图书页数方面，页数最多的图书种类为社会科学类书籍，平均394页，其余依次为历史（390页），综合类（385页），纯科学（375也），技术科学（372页）（见表3）。

表3 平均图书出版册数定价页数

区分	平均册数			平均定价			平均页数		
	增减率	2012年	2013年	增减率	2012年	2013年	增减率	2012年	2013年
综合类	1941	1762	-9.2	19999	20365	1.8	394	385	-2.2
哲学	1748	1678	-4.0	17012	17405	2.3	344	341	-1.0

续表

区分	平均册数 增减率	平均册数 2012年	平均册数 2013年	平均定价 增减率	平均定价 2012年	平均定价 2013年	平均页数 增减率	平均页数 2012年	平均页数 2013年
宗教	1762	1782	1.1	14158	13952	-1.5	322	307	-4.7
社会科学	1605	1355	-15.6	19821	21955	10.8	397	394	-0.7
纯科学	1297	1213	-6.4	21569	21679	0.5	375	375	0.0
技术科学	1305	1256	-3.7	22585	24579	8.8	378	372	-1.5
艺术	1510	1381	-8.5	19438	21262	9.4	269	260	-3.6
语言学	1570	1562	-0.5	18704	16636	-11.1	340	323	-5.0
文学	1858	1715	-7.7	11297	11485	1.7	307	304	-0.9
历史	1723	1609	-6.6	19760	20398	3.2	394	390	-1.2
辅导书	7648	7839	2.5	11113	11875	6.9	220	224	1.7
儿童	3541	3349	-5.4	10617	9932	-6.4	112	109	-2.9
小计	2312	2113	-8.6	15333	16055	4.7	291	293	0.6
漫画	1386	1233	-11.0	4720	4865	3.1	154	152	-1.4
总计	2185	2005	-8.2	13885	14678	5.7	273	276	1.1

资料来源：大韩出版文化协会（2014），文化体育观光部（2014）《2014年韩国出版年鉴》

2. 图书发行情况

韩国新闻出版产业分成出版业、印刷业、出版零售批发业、网络出版物流业和出版物租赁业五大部分。包括这些在内的2013年韩国出版业整体销售规模为22兆780亿韩元，与前一年同期相比下降1.4%，2011至2013年三年间年平均下降1.1%。具体来看，出版业2013年销售额为8兆738亿韩元，占整体的42.0%，出版零售/批发行业销售额为7兆940亿韩元，占整体38.1%，其余依次为印刷业3兆924亿韩元（18.9%），网络出版流通业137亿韩元（0.7%），出版租赁业销售额为58亿韩元（0.3%）。

书籍出版类（包括教科书及辅导书在内）的销售额为4兆5亿韩元，占整体的19.3%。具体来看的话，教科书和辅导书籍的销售额与2012年对比增加了1.2%，普通书籍的销售额与去年相比下降了2.1%。辅导书市场发展良好，而图书市场呈现两极分化现象，并且整体发展缓慢，需要新的市场发展动力（见表4）。

表4 2011～2013年出版业各业种销售额现状

单位：百万韩元

大分类	小分类	2011	2012	2013	比重	同期对比增减率	平均增减率
出版业	书籍出版业（纸质类出版物）	1291882	1276220	1248995	6.0	-2.1	-1.7
	教科书及辅导书出版业	2658152	2725004	2756693	13.3	1.2	1.8
	网络/手机电子出版业	159348	190671	206935	1.0	8.5	14.0
	报纸出版业	2864131	2835704	2797015	13.4	-1.4	-1.2
	杂志以及定期刊行物	1123076	1103149	1086599	5.2	-1.5	-1.6
	广告刊行物发行业	438255	447552	451222	2.2	0.8	1.5
	其他印刷物出版业	192972	190062	190768	0.9	0.4	-0.6
	小计	8727816	8768362	8738227	42.0	-0.3	0.1
印刷业	印刷	4026284	4015990	3924346	18.9	-2.3	-1.3
出版零售/批发业	书籍和杂志类批发业	2883625	2850812	2794537	13.4	-2.0	-1.6
	书籍和杂志类零售业	5439749	5276229	5146300	24.7	-2.5	-2.7
	小计	8323374	8127041	7940837	38.1	-2.3	-2.3
网络出版物流通业	网络/手机电子出版服务业	104782	123246	137480	0.7	11.5	14.5
出版物租赁业	书籍租赁业（漫画除外）	62325	62648	58799	0.3	-6.0	-2.8
	合计	21244581	21097287	2079978	100	-1.4	-1.1

资源来源：文化体育观光部《2014年文化产业统计调查》

（二）图书细分市场情况

1. 整体情况

这一部分，我们将从文学、儿童、辅导书等几方面来了解一下2013年韩国图书市场的发展状况。

总体来看，2013年发行的43146种图书中，综合类占34.1%、纯科学类占 23.8%、历史类占 18.5%、语言学类占 17.4%，这几个种类的图书相对前一年来说数量有所增长，个别类别的图书发行量均有小幅增加，辅导、儿童、漫画类书籍发行种数小幅减少，文学类书籍共发行 9296 种，占有率最高，为整体的 21.36%。

2013 年韩国出版的文学类书籍共有 9296 种，比 2012 年的 7963 种相比增加了 16.7%，发展活跃。在 2013 年韩国文学出版市场，诗歌、小说方面的泰斗和元老级人物非常活跃。诗歌方面，许多韩国著名诗人在 2013 年出版新诗集，多以生活和死亡为主题，深受读者喜爱。小说方面，2013 年文学的关键词为"小说的回归"，这一年许多小说界的中坚力量不约而同地出版长篇小说，治愈系小说以及自我开发类小说盛极一时。

2013 年，韩国的儿童图书出版仍旧呈下落趋势，共出版儿童类图书 7424 种，相比 2012 年的 7495 种减少了 0.9%，而发行册书也相应减少了 6.3%。虽然儿童类书籍整体上占有很大的比重，但是依照目前的趋势，其市场占有率很快就会下降。

韩国的辅导书 2012 年出版 1379 种，2013 年为 1356 种，略有下降。韩国的教育类图书主要是教科书和学习参考书，在 2013 年出版物中，教育类图书比重超过整体的 1/4（27.4%），是韩国出版市场的重要组成部分。

社会科学、纯科学、技术科学的 2013 年出版种数分别为 7097 种、645 种、3880 种，2012 年这三种类别的出版种数分别为 6089 种、521 种、3552 种，皆有小幅上涨。

2013 年韩国共发行新刊图书 86513472 册，与 2012 年相比减少 0.5%，是最近十年来发行量最低的一年。

与 2012 年相比，2013 年发行册数增加的类别为综合类（21.7%）、语言学（16.8%）、纯科学（15.9%）、漫画类减少了 12.9%，其余依次为儿童（6.3%）、艺术（3.5%）、社会科学（1.6%）。

虽然韩国图书市场在 2013 年整体呈现下降趋势，但是就业/考试/资格证（14.1%）、历史/文化（7.3%）、旅游（5.7%）、小说（4.4%）、自我开发（2.8%）这些领域的图书还是呈良好上升势头。

2013 年新刊图书中翻译图书占 21.6%，相比五年前增加了 30%，在整体图书出版的下降趋势里占有惊人比重，四本图书中，就有一本是翻译图书。从国家来看，日本（3368 种）和美国（2811 种）的翻译书占 66.4%，从种类上看，所占比重依次为文学（23%）、儿童（19%）、漫画（17%）、社会科学（12%）（见表5）。

表5　2003~2013年图书具体类别发行种数册数情况

单位：种

区分	新刊发行种数				新刊发行册数			
	2012年	2013年	增减率	比例	2012年	2013年	增减率	比例
综合类	613	822	34.1	1.91%	1189737	1448055	21.7	1.67%
哲学	1237	1335	7.9	3.09%	2162466	2240181	3.6	2.59%
宗教	1889	1899	0.5	4.40%	3328421	3383512	1.7	3.91%
社会科学	6089	7097	16.6	16.45%	9774026	9618351	-1.6	11.12%
纯科学	521	645	23.8	1.49%	675499	782696	15.9	0.90%
技术科学	3552	3880	9.2	8.99%	4633667	4871936	5.1	5.63%
艺术	1329	1402	5.5	3.25%	2006525	1936229	-3.5	2.24%
语言学	1192	1399	17.4	3.24%	1871479	2185315	16.8	2.53%
文学	7963	9296	16.7	21.55%	14796437	15944736	7.8	18.43%
历史	1083	1283	18.5	2.97%	1866219	2064093	10.6	2.39%
辅导书	1379	1356	-1.7	3.14%	10546642	10629890	0.8	12.29%
儿童	7495	7424	-0.9	17.21%	26537234	24862658	-6.3	28.74%
小计	34342	37838	10.2	87.70%	79388352	79967652	0.7	92.43%
漫画	5425	5308	-2.2	12.30%	7518291	6545820	-12.9	7.57%
总计	39767	43146	8.5	100.00%	86906643	86513472	-0.5	100.00%

资料来源：文化体育观光部（2014）《2014年韩国出版年鉴》。

2. 畅销书情况

如下表所示，2013年畅销书中最大的特点就是家庭生活类、艺术/大众文化类的异军突起。从法轮僧人①到大众博客博主，家庭生活类书籍的作者身份分布非常广泛，而13本家庭生活类书籍中有12本是育儿书，由此可知韩国父母对育儿有着很多的烦恼和关注。在艺术/大众文化领域，电视剧原著、偶像画报集组成的专辑非常受欢迎，可见目前TV给畅销书带来的影响非常显著。2013年韩国文学的成绩却并不令人满意，以往每年文学类畅销书都维持在20本以上，但是2013年仅以17本的成绩勉强维持第一（见表6）。

---

① 韩国著名僧侣，作家。

表6　2010~2014年畅销书籍前100位领域种数

领域	2010	2011	2012	2013	增减率
家庭生活	4	10	6	13	117%
健康兴趣	1	2	3	1	-67%
韩国文学	26	20	21	17	-19%
国文及外国语	8	10	10	10	0%
经济/经营	12	7	6	3	-50%
社会	4	5	6	1	-83%
少儿	3	6	4	4	0%
历史文化	1	2	2	1	-50%
艺术/大众文学	0	0	0	3	300%
幼儿	4	7	5	7	40%
人文	2	4	4	7	75%
自我开发	13	13	19	16	-16%
宗教	4	3	3	2	-33%
青少年	3	2	1	1	0%
海外文学	15	9	10	14	40%
外国图书	0	0	0	0	0%

2013年韩国的畅销书市场依旧以文学类图书为主，排在第一位的是惠敏大师的作品《停下来才能看到的东西》，以如何发现日常生活中的幸福为主题，是一本治愈系的随笔。在小说方面，《丛林万里》（赵廷来）的三卷都登上了韩国畅销书的榜单，是继申京淑的《寻找母亲》（2008年）后时隔五年再次销量图书100万册的畅销小说。

（三）出版产业版权输出情况

韩国出版研究院以韩国主要版权代理公司为对象进行调查，结果显示2013年韩国出版产业版权出口数比2012年增加了22%。整体而言，2000年以后韩国的出版产业版权出口一直处于上升趋势，2010年达到顶峰，2012年有所下降，2013年又呈小幅上升趋势。

在输出对象国中，中国、泰国、马来西亚、印度尼西亚的比重最高，占输出总数的89%以上。图书分类上，儿童书的比重极高，占62%，其余依次为漫画（14%）、文学（13%），所占比例较多。由于受到韩流的影响，这些教育类和实用类书籍在中国和东南亚国家很受欢迎。韩国出版文化产业振兴协会公示的数据表明，2013年，韩国图书出口种类达815种，而出口到中国的图书就有676种，占46.1%，特别是韩国的学习漫画等儿童图书和励志图书及生活类图书在中国炙手可热。

2013年韩国出版产业版权出口2000个以上，版权进口（翻译版）约9300个，相对而言，韩国的出版出口贸易逆差很明显。

在韩国出版业进出口方面，2013年韩国出版业出口额约为29186万美元，与2012年相比同期增长19.1%。对北美、日本、中国的出口额占很大比重，分别为26.4%、25.5%以及15.6%，相比2012年，均为上涨趋势。在韩国出版业海外输入方式上，可以看出韩国的出版输出方式每年没有很大的变化，其中主要是依靠国内代理商进行运作，所占比重最大，为47.1%，其次分别为通过海外法人（11.3%）、海外流通公司（10.7%）等（见表7、表8、表9）。

表7 2011~2013年韩国出版业出口及进口额现状

单位：千美元

区分	2011	2012	2013	同期对比增减率（%）	年平均增减率（%）
出口额	283439	245154	291863	19.1	1.5
进口额	351604	314305	254399	-19.1	-14.9
进出口逆差	-68165	-69151	37464	-	-

资料来源：韩国文化体育观光部（2014）《2014年文化产业统计调查》

表8 2011~2013年韩国出版业对各国出口额现状

单位：千美元

年度	2011	2012	2013	比重（%）	同期对比增减率（%）	年平均增减率（%）
中国	33693	37508	45430	15.6	21.1	16.1
日本	62790	61289	74560	25.5	21.7	9.0
东南亚	29810	29418	35314	12.1	20.0	8.8
北美	90127	66192	76933	26.4	16.2	-7.6
欧洲	21557	16180	19520	6.7	20.6	-4.8
其他	45462	34567	40106	13.7	16.0	-6.1
合计	283439	245154	291863	100.0	19.1	1.5

资料来源：韩国文化体育观光部（2014）《2014年文化产业统计调查》

表9　2011~2013年韩国出版业海外输入方式

单位:%

海外输出方式		2011	2012	2013	同期对比增减率（%）
直接输出	海外展览会及活动	11.5	10.0	9.6	-0.4
	海外流通公司	10.4	10.7	10.7	-
	在线海外销售	2.3	2.5	2.5	-
	海外法人	11.5	11.3	11.4	0.1
间接输出	国内代理商	47.1	46.2	46.4	0.2
	海外代理商	10.3	10.2	10.4	1.2
	其他	6.9	9.1	9.1	-
	合计	100.0	100.0	100.0	-

资料来源：韩国文化体育观光部（2014）《2014年文化产业统计调查》

（四）电子出版情况

在iPhone、iPad问世之后，智能终端如洪水猛兽般向我们涌来。在过去的六年间，智能手机和平板电脑的通信速度、画面像素、处理速度、续航能力等方面的发展令人惊叹。此外，全世界使用智能手机的人数已经达到26亿之多，其中韩国国民共有4千万使用智能手机。在这样的大环境下，电子书此类媒体逐渐崭露头角。

韩国电子出版协会根据《文化产业振兴法》第23条规定，通过注册管理机关（电子书领域），对电子出版物进行认证，记载入文化产业识别系统。截至2013年，通过韩国电子出版协会认证并且录入文化产业识别系统的电子出版物有362种，其中约有5%为纸质单行本书籍的电子版。其余主要为电子学术论文、报纸、数据库出版物、教育专用互动电子出版物、应用电子书等多种形式。过去教育用的CD-ROM现在也以转换成应用程序重新被开发，随着科技的突飞猛进，终端设备或者数字出版系统以及软件技术的发展，文化信息的类型肯定也会往多种形态的方向不断变化（见表10）。

表10　2005~2013年电子出版物认证情况

单位：件

项目	2005	2006	2007	2008	2009	2010	2011	2012	2013	总计
总类	207	27594	4020	2695	61581	114216	4790	19966	23268	258337
哲学	21	472	12	4406	38270	7569	234	7569	4014	62567
宗教	34	165	90	3532	109439	19008	198	13731	11384	157581

续表

项目	2005	2006	2007	2008	2009	2010	2011	2012	2013	总计
社会科学	351	2862	132	34537	469610	53008	5131	106947	59888	732466
纯粹科学	270	368	243	28675	215357	9792	251	22410	22670	300036
技术科学	256	1035	224	114886	800573	84118	8699	169141	159841	1338773
艺术	49	546	100	6876	107003	29069	7282	104055	27281	282261
语言	204	1665	177	10848	67330	6053	1674	14181	5281	107413
文学	1825	9403	1775	27792	85466	28192	16753	34291	48304	253801
历史	64	919	214	12635	80332	9815	310	12926	8909	126124
合计	3281	45029	6987	246882	2034961	360840	45322	505217	370840	3619359

资料来源：韩国电子出版协会（2014）

（三）主要出版相关企业情况

1. 出版社情况

2013年，根据《出版文化产业振兴法》，上报注册的国内出版社有44148家，比2012年增加8.5%。

1987年10月，政府为发展出版业实施措施，使出版社注册逐渐开放自由化，到了1988年，韩国国内出版社数量剧增到4397家，与1987年当时的3000家相比，增加了46.4%，每年都呈上升趋势。2003年2月27日《出版印刷振兴法》实施后，出版社或者印刷厂必须向政府申告登记，不过依旧呈不断增长趋势。韩国全国出版社中的79.1%（34915家）都聚集在首都圈（首尔仁川京畿道）内，可见韩国的出版业偏首都圈倾向较为严重（见表11）。

表11 2003～2013年出版社数量增加趋势

单位：个

年份	2003	2004	2005	2006	2007	2008	2009	2010	2011	2012	2013
出版社数量	20782	22498	24580	27103	29977	31739	35191	35626	38170	40679	44148
同比增长率（%）		8.6	8.2	9.3	10.3	10.6	5.9	10.9	1.2	7.1	6.6	8.5

资料来源：文化体育观光部（2014）《2014年韩国出版年鉴》。

在韩国出版社2013年一年间的出版业绩方面，大韩出版文化协会以样本图书为中心发行的种类和册数为调查对象进行统计，其结果如下：2013 年新刊种类和册数分别为 43146 种和 86513472 册。其中，发行五种以下图书的出版社占韩国整体出版社的 53.4%，6~10 种占 15.1%，11~20 种占 14.2%。据分析，3034 家发行图书样本的出版社中，82.8%一年发行 20 种以下的图书，而有实际出版业绩的出版社年平均大约发行 19 种图书（见表 12）。

表 12 2013 年出版业绩类别出版社数量分布

单位：个

发行种数	5 种以下	6~10	11~20	21~30	31~40	41~50	51~100	101~150	151~200	201~500	501 以上
出版社数量	1620	459	432	169	95	51	114	39	15	29	11
比率（%）	53.4	15.1	14.2	5.6	3.1	1.7	3.8	1.3	0.5	1.0	0.4

资料来源：大韩出版文化协会（2014）

在 2013 年，发行业绩为零的出版社占整体的 93.1%，为 41114 家，与 2012 年相比有小幅增加（见表 13）。

表 13 2003~2013 年无业绩出版社比率

年度	2003	2004	2005	2006	2007	2008	2009	2010	2011	2012	2013
比率（%）	92.7	92.4	90.8	92.0	90.8	91.3	91.8	93.5	93.1	94.0	93.1

资料来源：大韩出版文化协会（2014）

2. 印刷厂情况

得益于《印刷文化产业振兴法》，2013 年上报注册的印刷企业共有 12265 家，与 2012 相比增加了 4.8%。其中首尔地区有 2427 家，占整体的 19.8%（见表 14）。

表 14 印刷厂数量增加趋势

单位：个

年度	2003	2004	2005	2006	2007	2008	2009	2010	2011	2012	2013
印刷厂数	6269	6738	7066	8030	8980	10102	10933	10852	10870	11703	12265
增加率	3.6	7.5	4.9	13.6	11.8	12.5	8.2	-0.7	0.2	7.7	4.8

资料来源：文化体育观光部（2014）《2014 年韩国出版年鉴》

3. 书店情况

（1）实体书店

根据韩国书店组织联合会的调查，2013 年韩国实体书店数共有 2331 家，除去兼营文具店，纯书店有 1625 家。2000 年以后，中小型书店逐年减少，相反，网络书店和商场的市场占有率逐步扩大，大型书店的分店也不断增加，图书的流通环境发生剧变。尤其韩国全国主要城市的书店数量也在逐年减少。2009 年以后不到 2000 家，2013 年，因为书价降低和折扣竞争，许多中小型书店经营不善，面临倒闭（见表 15）。

表 15　1997~2002 年度韩国书店数增减趋势

单位：个

年份	书店数	增减率（%）	年份	书店数	增减率（%）
1997	5407	0.5	2003	2247	-3.5
1998	4897	-9.4	2005	2103	-4.6
1999	4595	-6.1	2007	2042	-1.1
2000	3459	-24.7	2009	1825	-4.7
2001	2646	-23.5	2011	1752	-4.0
2002	2328	-12.0	2013	1625	-7.2

资料来源：韩国书店组织联合会（2014）

（2）网络书店

2013 年书店中可流通的图书市场销售规模大约为 2 兆 5 千亿韩元，相比 2012 年有所下降，根据下表可知韩国图书市场近年来不景气，一直呈现下降趋势，因此网络书店也受其影响，2013 年的销售额大约为 9100 亿韩元，但是占整体图书市场的比例却日益上升，2013 年网络书店占整体书店市场销售额的 36.4%（见表 16）。

表 16　2009~2013 年韩国图书市场中网络书店销售额比重及年增长率

单位：亿韩元

区分	2009	2010	2011	2012	2013
整体图书市场	27244	28000	28000	26000	25000
网络书店销售额	8938	9270	9500	9300	9100
同期对比增减率	23.3%	3.7%	2.5%	-2.1%	-2.2%
网络书店比重	32.8%	33.1%	33.9%	35.8%	36.4%

资料来源：S24 网络书店

韩国网络书店中销售额前四位的四家书店销售额以及同比增减率如下所示，2013 年整体相对于 2012 年增长了 0.1%，恢复上涨趋势。其中 S24 依旧延续 2012 年的下降势头，2013 年同比下降 5.0%。相反 InterPark 图书销售额则增加了6.4%，网络教宝文库增加了2.4%，阿拉丁增加了3.4%。但是值得一提的是，教宝文库的网店虽然呈现出发展态势，如果加上实体教宝文库书店的销售额，整体却同比减少了3.7%。阿拉丁由于扩大其二手书店的经营，增加了新的销售额，整体呈现良好发展趋势。不难看出，实际整体图书市场的不景气对这四大网络书店的销售额也造成了负面影响（见表17）。

表17 2010～2013年韩国四大网络书店销售额及增减率

单位：亿韩元

书店名称	2010 销售额	2010 同期对比	2011 销售额	2011 同期对比	2012 销售额	2012 同期对比	2013 销售额
S24	4405	10.3%	4457	10.2%	4340	-2.6%	4122
InterPark图书	2909	16.4%	2549	-12.4%	2268	-11.0%	2413
网络教宝文库	1772	10.6%	1792	1.1%	1848	3.1%	1892
阿拉丁	1270	9.3%	1319	3.9%	1247	-5.5%	1290
合计	9996	11.9%	10117	1.2%	9703	-4.1%	9171

资料来源：S24网络书店

三、期刊业发展状况

（一）报纸、网络报纸

1. 定期刊物注册情况

以2013年12月31日为准，韩国定期刊物共16042种，其中日刊报纸有363种、其他日刊有353种、周刊有3138种、杂志有7257种、网络报纸有4916种、通信类报纸有15种。网络报纸与去年相比增加1002种，是种类增加最多的媒体，与2008年相比，增加了3601种，也是涨幅最大的媒体（见表18）。

表18 2008～2013年定期刊行物注册种类发展趋势

单位：种

年份	日刊报纸	其他报纸	周刊报纸	杂志 月刊	杂志 双月刊	杂志 小计	网络报纸	通信	合计
2008	264	362	2847	3870	2041	5911	1315	3	10702
2009	299	360	2658	5262	2694	7956	1698	4	12975
2010	338	339	2868	3936	2111	6047	2484	5	12081
2011	352	336	2891	4209	2275	6484	3193	12	13268

续表

年份	日刊报纸	其他报纸	周刊报纸	杂志 月刊	杂志 双月刊	杂志 小计	网络报纸	通信	合计
2012	324	369	3014	4512	2416	6928	3914	14	14563
2013	363	353	3138	4697	2560	7257	4916	15	16042

资料来源：文化体育观光部（2013）《定期刊行物注册情况》，文化体育观光部（2012）《定期刊行物年度别注册情况》

2. 经营状况

根据平均销售额分析定期刊行物的发展性，2013年平均销售额为596亿5500万韩元，与上一年对比减少了8亿9900万韩元，同比减少1.5%。媒体类的2013年销售业绩与2012年相比的话，报纸减少了7亿9300万韩元，同比下降1.1%，网络报纸减少了13亿1399万韩元，同比下降4.3%，杂志的平均销售额增加了4亿4600万韩元，同比增长1.3%（见表19）。

表19 2008～2013年定期刊行物平均销售额情况

单位：百万韩元

分类	2008	2009	2010	2011	2012	2013	同期对比 增减额	同期对比 增减率
报纸	69769	63893	69553	71988	71113	70321	-793	-1.1%
网络报纸	19164	21840	22330	27572	30799	29486	-1313	-4.3%
杂志	29800	31516	32317	31188	33263	33709	446	1.3%
平均	56715	53655	56696	60130	60554	59655	-899	-1.5%

资料来源：金融监督院电子公告系统（DART）/媒体经营研究所（2014.5.15）
对象：共52家媒体公司（报纸36家，网络报纸6家，杂志10家）

具体来分析报纸方面的发展性的话，2013年报纸的平均销售额为703亿2100万韩元，与上一年相比减少了7亿9300万韩元，同比下降1.1%。按照具体种类来看的话，综合日报销售额为1219亿8500万韩元，与2012年相比减少了57亿3600万韩元，同比下降4.2%。地方日报2013年销售额为241亿9900万韩元，增加了20亿3600万韩元，同比上涨9.2%。经济日报2013年销售额为689万8300万韩元，增加了15亿8100万韩元，同比上涨2.3%。体育报刊2013年销售额为251亿1300万韩元，减少了70亿7400万韩元，同比下降22%。免费日报销售额为125亿4600万韩元，减少了121亿3900万韩元，同比下降49.2%（见表20）。

表20　2008~2013年各类报纸平均销售额现状

单位：百万韩元

分类	2008	2009	2010	2011	2012	2013	同期对比 增减额	同期对比 增减率
综合日报	140966	126792	138783	145912	137708	131985	-5723	-4.2
地方日报	19888	19311	20498	21207	22163	24199	2036	9.2
经济日报	59140	61891	65808	63980	67402	68983	1581	2.3
体育报刊	29513	22669	26342	33793	32186	25113	-7074	-22.0
免费日报	40627	32989	38395	38032	24685	12546	-12139	-49.2
平均	69769	63893	69553	71988	71113	70321	-793	-1.1

资料来源：金融监督院电子公告系统（DART）/媒体经营研究所

对象：共36家报纸公司（综合日报11家、地方日报11家、经济日报9家、体育报纸3家、免费报纸2家）

从网络报纸来看，企业公开的2013年平均销售额为294亿8600万韩元，与上一年相比减少了13亿1300万韩元，同比下降4.3%，但是鉴于2008年起一直呈现急剧增长的态势，2013年网络报纸的下降趋势可认为只是在调整期的暂时表现。

从2008年到2013年间，网络报纸一直呈现收入的良好态势，与上一年相比，销售额增加的网络报纸有韩国经济在线，每日经济在线，其余四家公司均呈下降趋势，另一边，韩国6家网络报纸公司中，只有E-Daily是真正意义上的、完全独立的在线报纸，而其余五家公司则为其纸质报纸的附属公司（见表21）。

表21　2008~2013年网络报纸销售额现状

单位：百万韩元

媒体名称	2008	2009	2010	2011	2012	2013	同期对比 增减额	同期对比 增减率
数字朝鲜日报	31270	32823	35931	39540	40627	38595	-2032	-5.0
J-CUBE互动	19810	20218	19888	23404	26618	22085	-4533	-17.0
东亚在线	15718	15573	16973	18581	19056	17624	-1432	-7.5
每日经济在线	9197	11145	12275	16140	18065	19042	977	5.4
韩国经济在线	-	-	10560	18828	23148	31131	7983	34.5
E-Daily	19825	29442	38354	48936	57277	48438	-8839	-15.4
平均	19164	21840	22330	27572	30799	29486	-1313	-4.3

资料来源：2013韩国文化产业白皮书

对象：共6家公司，韩国经济在线从2010年开始数据公开

（二）杂　志

1. 杂志注册情况

2013 年，杂志的注册种数依旧呈持续增长趋势，共有 7257 种，与 2012 年的 6928 种相比，增加了 4.7%。其中，月刊有 4697 种，双月刊 646 种，季刊 1408 种，半年刊有 506 种。与 2012 年相比，双月刊杂志和半年刊杂志涨幅最大。

除去 2000 年，进入 21 世纪以来，韩国的注册杂志种数持续增加，其原因为利用相对较少的人力和费用创办的可以提供专业信息的专门杂志的大幅增加。因此，在杂志产业的收益性低下、经营环境恶化的现状下，整体的杂志注册种数还是会暂时呈上升趋势（见表 22）。

表 22　2006~2013 年韩国注册杂志种数变化趋势

单位：种

年份	月刊	双月刊	季刊	半年刊	合计
2006	3028	431	904	298	4661
2007	3272	455	969	319	5015
2008	3870	504	1158	379	5911
2009	5262	670	1514	510	7956
2010	3936	542	1161	408	6047
2011	4209	584	1266	425	6484
2012	4512	611	1354	451	6928
2013	4697	646	1408	506	7257

资料来源：文化体育观光部（2013）《定期刊行物注册状况》，文化体育观光部（2012）《定期刊行物年度注册状况》。

不仅如此，韩国杂志的创刊和停刊的状况也在发生变化。2013 年创刊杂志共有 628 种，停刊杂志 275 种，创刊杂志种数是停刊杂志种数的近 2.5 倍。创刊杂志数量大幅减少的 2012 年，停刊杂志是新注册杂志数量的 3 倍多。但是 2011 年之后，创刊杂志数量又开始上升。对韩国杂志协会这个现象发生的原因进行分析发现，这段时间广域自治团体（广域市或道）注册的杂志以及定期刊行物的注册业务移交至基础自治团体（市郡区），因此注册办事处在行政程序上发生变化，创刊和停刊的数量也随之大幅上升。从 2011 年开始，创刊杂志和停刊杂志的差异逐渐缩小，整体没有大的变动（见表 23）。

表23 2008~2013年杂志创刊和停刊状况

单位：种

年份	分类	月刊	双月刊	季刊	半年刊	合计
2008	停刊	2	13	15	5	35
	创刊	600	62	204	65	931
2009	停刊	273	26	55	33	387
	创刊	1665	192	411	164	2432
2010	停刊	1900	205	480	159	2744
	创刊	574	77	127	57	835
2011	停刊	305	32	55	32	424
	创刊	578	74	160	49	861
2012	停刊	278	29	49	27	383
	创刊	575	60	128	53	816
2013	停刊	195	20	42	18	275
	创刊	441	48	93	46	628

资料来源：文化体育观光部（2013）《定期刊行物注册状况》，文化体育观光部（2013）《定期刊行物年度注册状况》

2. 经营状况

韩国主要杂志社的销售额在2013年略有萎缩趋势。从下表来看，在金融监督院进行企业公示的主要7个杂志社的销售额情况，The Book公司、首尔文化社、时空社有所增长，伽倻媒体、设计之家、尖端等杂志社销售额减少。其中，2004年由主要杂志社总编们共同着手创办的The Book公司，初期虽然只发行了《单身们》一种杂志，但是到了2013年，The Book公司共发行了9种杂志，每年都取得了巨大发展（见表24）。

表24 2008~2013年主要杂志社销售额变化趋势

单位：百万韩元

分类	2008	2009	2010	2011	2012	2013	同期对比增减率%
伽倻媒体	17538	-**	18182	20488	20348	16485	-19.0
The Book公司	11540	14377	17365	19930	26108	28919	10.8
设计之家	37499	33557	37549	40234	42247	42247	-3.8
首尔文化社	52017	49170	52630	51342	55463	55463	2.3
时空社	49063	51220	49297	42185	44838	44838	1.3
中央M&B*	55926	58663	65974	136847	—	—	
尖端	5712	4573	3821	3748	3527	3434	-2.6

资料来源：2013韩国文化产业白皮书

* 中央M&B于2011年改组为J-contentree

** 2009年金融监督院电子公示系统（DART）没有伽倻媒体的相关报告书

另一方面,据调查,以付费杂志为标准,韩国杂志的平均售价为一本9340韩元,具体分类上,"文化/文学/艺术"类杂志一本平均售价为11205韩元,售价最高,宗教类杂志一本平均售价为5191韩元,售价最低。

以2012年和2013年连续两年得到韩国ABC协会发行册数认证的83家杂志社为基准来看的话,2013年杂志的平均发行册数为16707册,比2012年(平均发行16052册),增加3.9%。但是,以付费册数为准来看,2013年发行11267册,与2012年发行的12417册相比增长了9.3%。另外,这83家杂志社平均付费册数达到11267册,但是每份杂志的付费出售册数差异较大,达到整体68.7%的57家杂志社的付费销售册数不满5000册。

有7.1%的杂志社表示最近一年间有过休刊,其中58.2%是因为财务恶化,22.4%是由于文章素材的缺乏,6.0%是因为销售情况不佳而休刊(见表25)。

表25　2012~2013年平均杂志发行册数

单位:册

项目	杂志社数量	2012	2013	合计
平均发行册数	83	16052	16707	3.9
平均付费册数	83	12417	11267	-9.3

资料来源:韩国ABC协会(2013)

3. 广告收入情况

2013年调查显示,韩国杂志中报道和广告的比例为89.8%:10.2%,报道还是占据整本杂志的大半江山。根据调查显示,工作人员和发行册数越少,发行周期越长的杂志,广告所占的比例就越少,而月刊杂志中广告所占比例相比其他杂志要多出11.1%,而免费杂志比付费杂志的广告比率要少一些(见表26)。

表26　2013年媒体广告费趋势

单位:亿韩元

区分	媒体	广告费 2013年	广告费 2012年	增长率(%) 2013年	增长率(%) 2012年	构成比(%) 2013年	构成比(%) 2012年
广播类	地面电视	18273	19307	-5.4	-7.1	19.1	19.8
	广播	2246	2358	-4.8	-9.4	2.3	2.4
	有线电视	13825	13218	4.6	12.6	14.4	13.5
	IPTV	380	235	61.7	38.2	0.4	0.2
	卫星电视	151	130	16.2	6.6	0.1	0.1
	DMB	124	168	-26.3	-37.1	0.1	0.2
	SO	712	655	8.7	-1.3	0.7	0.7
	总计	35711	36071	-1.0	-0.7	37.2	36.9

续表

区分	媒体	广告费 2013年	广告费 2012年	增长率（%）2013年	增长率（%）2012年	构成比（%）2013年	构成比（%）2012年
印刷类	新闻	15447	16543	-6.6	-3.2	16.1	16.9
	杂志	4650	5076	-8.4	-3.0	4.8	5.2
	合计	20097	21620	-7.0	-3.2	21.0	22.1
网络类	搜索	13210	12950	2.0	4.1	13.8	13.3
	露出型	6.820	6590	3.5	7.7	7.1	6.7
	合计	20030	19540	2.5	5.3	20.9	20.0
手机		4600	2100	119.0	250.0	4.8	2.1
OOH	屋外	3549	3463	2.5	7.8	3.7	9.3
	剧场	1708	5.76	10.9	-0.6	1.8	9.5
	交通	4388	4102	7.0		4.6	
	合计	9645	9105	5.9	2013年变更	10.1	2013年变更
制作类		5810	5418	7.2	//	6.0	//
总计		95893	93.85	2.2	2.3	100	100

资料来源：第一企划，韩国出版文化协会（2014）《2014年韩国出版年鉴》

2013年韩国媒体整体广告费用为9兆5893亿韩元，与2012年相比增长了2.2%，其中除了有线电视、IPTV、卫星电视等广播媒体外，大多数的媒体呈现下降趋势。2013年度韩国国内广告费用虽然整体有涨幅，但是以往持续增长的杂志广告市场却出现了负增长态势，印刷媒体的广告市场发展在未来或止步不前。因此，考虑到杂志是整个媒体行业销售额中广告比例最大的传播媒介，所面临的挑战会更为严峻。为了更好地应对困境，韩国出版行业分析得出，要灵活运用杂志内容，与手机或者互联网等多种数字媒介紧密结合，开拓一种全新的广告市场是唯一的出路。

参考文献

1. 文化体育观光部，《2013年韩国文化产业统计白皮书》
2. 韩国文化观光部，韩国出版研究所，《2013年国民图书阅读情况调查》
3. 《2014韩国出版年鉴》，韩国出版文化协会
4. 大韩出版文化协会统计数据

第三篇　业界观点

美国大学出版社的现状、挑战与应对

刘光宇

一、美国大学出版社的基本情况

（一）美国大学出版社的共性情况

美国的第一家大学出版社是哈佛大学出版社，成立于 1860 年，至今已有 150 年历史。根据美国大学出版协会（Association of American University Presses）的最新数据，美国共有大学出版社 110 家，基本都是其协会会员。与中国的主要大学出版社不同，美国大学出版社基本甚至完全不出版教材，其主要目的是配合所属大学，以出版学者撰写的学术著作（monographs）为己任，其出版物的主要读者和使用对象也是学者群体。这些学术著作，除个别情况外，整体而言读者群和销量都非常有限，往往只有几百本，有的甚至只有几十本。但是，这些出版物的出版，对严肃的学术发展和传承却是至关重要的，同时也是大学中的教员和学者获得其学术水平评价的重要途径，绝大多数大学仍然把学术著作的出版情况作为教员能否获得终身教职（tenure）的指标之一。因此，如美国哥伦比亚大学出版社社长兼总编辑在其授课中所说，美国的大学出版社，无论其实际上是否赢利，都不是以赢利为主要目的的，基本上做平或有微利即可。大学对其出版社的要求，也主要在于出版社能够在提供出版服务、出版物的学术水平和品牌、声望等。

在出版内容的遴选上，"同行评审"（peer review）是对所有美国大学出版社和所有学术出版机构而言都至关重要的机制。同行评审，顾名思义，就是大学出版社在决定某位学者的著作是否具备出版价值时，要把书稿（the manuscript）发给该领域的三位左右已有相当建树和学术地位的学者进行（对作者而言匿名的）审阅并给出审阅意见。一般来说，大学出版社的组稿编辑（commissioning editor）本身，也都是对相关学科相当了解的研究人员，因此评审人员一般而言不会对编辑提交的稿件直接否决，如果有保留意见，也会比较审慎地提出，或者建议转给其他学者进一步审阅和评价。大学社对自己所具有的这套"同行评审"机制是深感自豪的,他们认为,美国的商业出版机构的出版项目,只需组稿编辑说服出版社的选题委员会或其决策领导就可以通过,书稿的学术水准不是决策的唯一依据,有时甚至不是最重要的依据,还要有商业上的考量,因此就学术水准而言,大学出版社的出版物,往往更有学术威望和影响力。作者来源方面,本校教工和学者的学术著作,均要占到出版社出版物的一定比例,如哥伦比亚大学出版社,其出版的25%~30%的学术著作为本校学者撰写。同时,每家大学出版社所擅长的出版领域也各有侧重,因此各个社也努力向自己所擅长的学科领域最优秀的其他大学各科研机构的优秀学者组稿。但遇有出众的学者资源,往往不久就会面临来自其他大学和商业出版机构的竞争,优质作者资源的稀缺,看来在哪里都是一样。

(二)美国大学出版社的差异情况

根据出版社营业额的规模,美国福特汉姆(Fordham)大学出版社社长兼总编辑弗雷德里克·纳彻巴尔(Fredric Nachbaur)把美国的大学出版社按照年营业额的不同分为四类。年营业额在150万美元以下的,属于小型出版社,150万至300万美元之间的为中等规模的出版社,300万至600万美元之间的为较大规模的出版社,600万美元以上的,则为大型大学出版社。在大型出版社中,牛津大学出版社美国分社、剑桥大学出版社美国分社、普林斯顿大学出版社和哈佛大学出版社是鹤立鸡群的四大"巨头"。从出版社的资金来源来看,有少数几家大学社是靠基金(fundation)运营的,这几家社成立之初,就获得了一笔运营基金,出版社的经费全部来自这些基金,当出版社获得盈利时,所得利润会汇入基金中,作为出版社今后经费的来源;当出版社亏损时,则会从基金中获得经费补充。这样的出版社,不受大学经费拨款数额的限制,发展更为稳健。目前,只有哈佛大学出版社、耶鲁大学出版社、普林斯顿大学出版社和麻省理工学院出版社属于这一类型,其余均在经费上依赖所属大学的拨款或补贴。以哥伦比亚大学出版社为例,其每年的收益不足以自给自足,有8%的经费需要大学补贴。此外,大学社还往往会从大学获得免费的办公空间等资源支持。

(三)美国大学出版社之间的关系

美国大学出版社之间的竞争关系很少,更多是合作共存、合作共赢的关系。其中,上文提到的美国大学出版协会这一民间的行业协会,起到了重要的沟通联络和协调作用,成为美国大学出版社最重要的组织和平台。美国大学出版协会有会员110家,协会的会长从会员单位的代表中选举产生,每年定期召开年会，所有的大学出版社均是其会员。除年会外，该协会向该成员单位定期发送新闻简报（newsletters），简报内容包括与出版业和大学出版社相关的要闻、信息和各类统计数据等，其发布的统计数据对成员单位而言具有重要的参考价值，引用率很高。非成员单位则也可以订阅，是否需要付费待确认。通过大学出版协会等沟通平台，美国的大学社之间有许多互助共存的例子。例如，牛津大学出版社美国分社是美国大学出版社中规模最大的，拥有自己的一支强大的覆盖美国本土以及全球市场的营销队伍，因此一些规模较小、不足以设立自己专门的营销人员的出版社，像福特汉姆大学出版社，就会与牛津合作，委托其代为营销自己的出版物。在纸质出版物（print publications）为主导的年代是如此，在数字出版物（digital publications）日益重要的今天，牛津这样的大社，也率先搭建了自己的电子营销平台"牛津学者在线"（Oxford Scholar Online），而一些中小型出版社迫于出版物规模和经费限制，仍然选择与牛津合作，把本社的电子出版物放在牛津这样的大社的平台上代为宣传和销售。牛津的营销团队，则会把这些书与本社的图书一起进行宣传，携带这些图书参加各类学术会议和对图书进行展销等。遇到大学社面临的普遍性问题或危机情况，美国的大学出版社也往往会一起研究和探讨对大学社整体而言有利的应对方式。

二、美国大学出版社面临的挑战

大多数传统的出版业务面临衰落的危险，例如传统印刷、分销、批发和图书馆业务，有的甚至趋于消亡。例如，一些个体书店和独立出版社等。为了生存下去，一些旧生态公司开始寻求转换或扩张自己的业务领域，原来做批发业务的公司也开始提供仓储、发行和印刷服务，这方面的例子有贝克泰勒（Baker & Taylor）；原来做仓储和发行的公司如今也开始承接按需印刷（Print on Demand，简称POD）业务，这方面的例子有Ingram和Maple-Vail公司；还有原来的印刷公司现在开始提供销售和营销服务的例子，如LSI。市场的变化，给市场中的几乎所有不同主体带来冲击，使原有的业务划分变得模糊，甚至有些原来是合作伙伴，如今变成了竞争对手。美国的出版市场在过去的十多年间，发生了巨大的变化。变化的时代背景，当然就是大规模的技术变革对出版业全行业的影响。这种影响，从几个方面先后冲击着大学出版社的发展，甚至某些情况下使一些大学社的生存都成了问题。

（一）美国大学出版社面临来自行业外部的挑战

十多年前，谷歌、亚马逊和苹果等电子技术公司渐次兴起，并且均不约而同地从不同角度强势介入传统上属于出版行业领地的知识和内容产业。2011年，电子书和电子期刊开始侵入美国的科研领域。2012年，谷歌免费把所有美国大型学术图书馆的图书数字化，放在"谷歌学者在线"（Google Scholar Online），供读者免费阅读和检索。2012年10月，苹果推出第一代iPad，为人们获取信息的方式带来革命性的改变，使得大量的电子阅读对用户更为友好和便捷。

亚马逊公司的横空出世则更具传奇性。2010年，在一个出版人的研讨会上，来自斯坦福大学的几个本科生受邀与几位资深的出版人进行了为期两天的交流，旨在帮助这些出版人了解现在年轻一代的想法。交流到最后，这几位大学生发出惊叹："我们奇怪你们这些人怎么到如今还没有丢掉饭碗？"这几个大学生回到硅谷，创办了亚马逊网上书店。如果说新技术的出现给图书的载体和呈现方式带来巨变的话，亚马逊网上书店的出现，则给图书的销售方式带来巨变。英语中有一句话说：如果存在一种需要，而你不去想法满足它的话，就有别人去做了。（If there is a need and you do not do something to meet it, then someone else will do it for you.）亚马逊正是这样一个从传统的出版行业之外介入的活生生的例子。几年之内，不论爱它还是恨它，亚马逊都成为出版社不可忽视的存在。过去十年间，哥伦比亚大学出版社通过亚马逊实现的销售从10%上升为35%，亚马逊不仅掌握了终端用户，更掌握了大数据，从而在与出版社的谈判中拥有越来越大的主导权。美国资深出版人、曾获2014年中国政府颁发的友谊奖得主出版教育家罗伯特班奇教授这样表述：亚马逊不是跟你商量怎么合作，而是告诉你做什么。亚马逊把从出版社拿书的折扣大大压低，使出版社的利润空间缩减，大学出版社等学术图书的出版机构也不能幸免，大学出版社自身的生存和发展受到严峻挑战。

在新技术革命的大潮涌动中，爱思唯尔、Kluwer、约翰威立及施普林格等大型商业出版机构凭借雄厚的资源优势而迅速转型，进一步改变了学术出版的态势。2013年，施普林格出版公司的销售，25%来自公司自营的网上书店，35%来自亚马逊，其余来自公司企业用户渠道。这些学术出版的商业巨头的数字化转型，无论从作者资源上还是销售上，都使大学出版社面临更为强大的竞争对手，进一步挤压着大学出版社的生存和发展空间。

（二）大学出版社在美国大学系统中的处境变化带来的挑战

近年来，美国的高等教育系统同样经历着巨大变化，波及大学所属的研究机构、图书馆等出版部门。许多教育和学术机构的经费都一再缩减，那些依赖所在大学提供经费支持的出版社，运行费用往往遭到同步缩减而经费不足。2012年5月，密苏里大学正式宣布关闭其大学的出版社，只为节省学校每年给出版社投入的40万美元的出版补贴。虽然后来迫于来自各方的抗议和声援而重开，但这一案例充分反映出美国许多大学出版社所面临的窘境。2009年，普渡大学出版社划归学校图书馆管辖。纽约州立大学出版社因为人员和出版规模都不够大，也设立在大学图书馆的出版中心之内。许多大学出版社的行政归属由原来的直接归学校管理改为划归学校的图书馆管理，成为校图书馆下辖的一个部门。但图书馆系统对出版业务并不熟悉，甚至抱有轻视和敌意，而出版社的业务性质本身与图书馆又有相当不同，更多的是面向外部世界，其运营需要保持必要的灵活性并允许其承担更大风险。而这种行政归属上的调整，无疑使这些出版社的处境雪上加霜。

人文和社会科学领域的出版项目，一直是大多数美国大学出版社的核心业务。但近年来，人文和社会科学领域的研究项目缩减，大学相应削减对人文社科教职的投入，学者的减少又导致学术著作数量的减少，这对大学出版社而言更是如同釜底抽薪，有人说，这种情形，让大学社甚至遭遇比二十世纪初美国经济衰退时期更大的危机。

（三）图书馆市场的变化

更糟糕的是，大学图书馆的图书采购经费也同样遭受削减，导致大学社最大的客户开始另谋出路。美国图书馆协会（ALA）在2002年成立后，开始在美国的图书馆推行一些新的做法以应对经费的不足。一是建立了图书馆之间互相借阅的机制，原来每个图书馆至少购买一册纸质图书，演变为几家图书馆共有和传阅同一本图书。还有一种做法，叫作"按需购买"（purchase upon acquiring），也就是原来只要图书馆认为一本学术著作有价值、学者对其有潜在需要，就会订购，虽然有时有些图书从不会有学者借阅。现在则改为，只有当某个学者向自己所在机构的图书馆提出需求，图书馆才会进行采购。这种做法，无疑进一步压缩了原有的图书馆订购市场。更有甚者，图书馆联合会甚至开始尝试成立自己的出版社，利用自身掌握的学术和用户资源自给自足，甩开原有的大学出版社这一供货方。随技术变革而翩然降临的电子书，更是没有悬念地成为图书馆的重要解决方案。电子书的优点非常明显，相对纸书而言，能够为图书馆有效地节省图书储藏空间；电子书的销售方式灵活多样，可以按每种电子书借阅次数收费，可以按使用时间收费，可以多本图书打包购买，从整体上大幅节省了采购经费。并且进一步推动了市场的变化。对大学出版社而言，直接受到影响的，就是大学社原来最稳定的客户群——图书馆。图书馆更多经费用于采购期刊，留给图书的经费被进一步吃掉。

三、美国大学出版社的应对策略与出路

牛津大学出版社美国分社社长尼科·丰德（Niko Pfund）说过一句话："大学出版社不容易生存，也不容易死亡。"（"University presses are harder to sell and harder to kill."）面对复杂严峻的内外部环境，美国的大学出版社一直在寻求存在和发展的路径。总结起来，做法不外以下几个方面。

（一）明晰自身的定位与优势，为使命而存在

无论是艰难时世还是繁荣时期，美国大学出版社的核心使命召唤其实一直没有改变过，就是记录和传播学者的研究成果，使人类文明从中获益。在传递学术成果方面，商业出版社有它们的缺陷，而大学社在严肃（也常常是小众的）学术著作出版方面有先天的优势。因此，许多大学社虽然处境艰难，仍然初心不改，认为自己责无旁贷。麻省理工学院出版社的社长艾伦·法兰（Ellen Faran）说："我喜欢做难上加难的事，而大学出版正是这样一件事。"

美国的大学出版社，赢利不是首要目的，许多大学出版社的领导，现在都更加努力地配合所属大学的需要，服务本校和相关领域学者，同时致力于以自己的出版物，特别是能够获奖的出版物更多宣传和维护所在大学的声誉，尽力成为大学的一个有机、有益的组成部分，获得学校对自身存在价值的认可和支持。美国贝勒（Baylar）大学出版社社长在其2014年底给学校递交的贝勒大学出版社十年规划中明确指出："出版社必须以大力维护贝勒大学的利益为己任。出版社的繁荣，可以帮助贝勒更好地作为一所综合性大学、而非仅仅是一所高质量的人文科研机构而存在。"

在美国，出版业从来也不是一个大富大贵的行业，在一次培训中，来自国内出版社的编辑问在美国大学出版社工作的演讲嘉宾，做出版是为了谋生还是因为对图书的热爱？对方很肯定地回答，是因为爱书，爱读书，爱讨论书，爱出版好书。他们如果需要更多收入，就会进入收入高的行业，而进入出版业，正是出于对出版工作的喜爱。

有了使命和社会责任感明确的大学出版社，又有这样热爱和致力于出版有价值的学术著作的出版人，美国的大学出版社必将保持顽强的生命力。

（二）开源节流，多渠道探索获得资金来源的方式，减轻所属大学的经济负担

除了获得所在大学的支持外，大学社也在积极寻求办法，自筹一部分经费，减轻大学的经济负担。

学术图书的出版，往往无法赢利，甚至常常赔钱。因此，大学社也在尝试做一些大众畅销书和教材，以获得利润，补贴学术著作的出版。牛津大学出版社美国分社是在美国运营的大学出版社中最强大的一家。其2012年的营业额为10亿美元，而其中800万美元来自于大众出版。哥伦比亚大学出版社也尝试开发少量长销的大众图书选题，从中获得收益。

在美国，教材出版投入巨大，一旦获得稳定的采用，获利也更加丰厚，因此主要是商业出版社角逐的市场，教材的定价也非常高。但现在，大学出版社也开始寻求机会，使自己的图书能够为课堂教学所采用。福特汉姆大学出版社在这方面与牛津大学出版社合作，根据双方的协议，牛津每年会从福特汉姆出版物中选择适合的学术著作，帮助这些学术著作成为被课堂采用的教材，以增加销量和盈利。

有些大学社会请学者协助筹集一部分出版经费。以哥伦比亚大学出版社为例，有些学术著作，它们会请作者筹集16000美元左右的出版补贴，这差不多是目前美国出版一本学术著作的直接成本，图书则以开放获取的形式出版（Open Access）。

还有一些基金会，认识到学术出版的社会价值，同时看到大学出版商的艰难处境，也在积极寻求解决办法。美国的梅林基金会（Andrew W. Mellon Foundation）了解到，美国原有的学术出版的经济模式已经难以为继，现在正在评估学术出版的成本，他们的计划是每年给出版社一定数额的补贴，出版社可以以电子书的形式出版这些图书并使之进入开放获取，用这样方式，使出版社有能力出版有学术价值的学术著作。

获得补贴并进入开放获取模式也有一定的风险，就是如果有些学术著作出版后成为经典著作或被采用为教材的话，开放获取的形式就无法让出版社从中获益。

（三）积极应对新的市场环境，加快数字化建设

面对新技术和新市场的变化，大学出版社在尽力高效转变，但因为大学社缺少创新所必需的经济资源，无法像大型商业出版机构那样全力投入，而必须审慎进入。目前，大学社的几乎所有出版物都同时出版电子版和纸版，有的甚至先期只出版电子版，这是产品内容的数字化。有些有实力的大学出

版社，纷纷建立了自己的电子图书平台，如牛津大学的牛津学术在线（Oxford Scholar Online）、剑桥大学出版社的剑桥学术在线（Cambridge Scholar Online）、哈佛大学出版社的哈佛学术在线（Harvard Scholar Online）等。美国的大学社之间协作精神很好，那些无力搭建自身平台的出版社，往往会选择与这几家大社合作，借助它们的平台和销售力量营销自己的图书。同时，在预算允许的范围内，各大学出版社都在尝试数字化的营销方式，以更好地贴近和服务于自己的用户。以纽约州立大学出版社为例，该社每年出版新书120种，市场部有6名员工，这在美国的大学社中，已经算是相当有规模的情形。目前，该社25%的营销费用用于数字营销，其余则花费在参加各类专业书展、广告、直邮和公共关系等领域。该社40%的订单来源为图书馆，而图书馆的购买方式已经发生变化，由原来的根据出版社邮寄的纸质目录和出版简讯订购纸质图书，扩展为也购买电子图书、进行电子书借阅、根据学者的需要购买等更多模式。相应地，出版社对自己的营销模式也进行了调整。首先，他们积极收集和分析来自各个渠道的大数据反馈，根据数据分析的结果，进行更加有效的营销。例如，通过电子邮件发出的出版预告和预订信，如果在几种营销方式中反馈最好，购买转化率最高，他们就可能根据这一情况而发送第二轮的预定信息给更多的潜在读者和购买者。他们也会选取合适的图书在社交媒体上进行预热和宣传，主要是Facebook、Twitter、Instagram等社交媒体平台，以及作者的博客等。

四、对中国大学出版社的启发与借鉴

美国大学出版社的历史沿革、所处的社会和市场环境，跟中国的大学社均有所不同，但美国大学社的处境、应对策略和发展趋势等情况，对我国大学出版社而言还是有许多可借鉴与思考的地方，在此简单列举以下几点。

首先，在应对数字化的挑战方面，中国的大学出版社比美国大学社的处境更加从容。与美国大学出版社所面临的快速数字化的出版环境相比，在我国，虽然数字化时代也已经来临，但我国出版市场的技术革新和市场转变的速度与步伐不及美国，因此我国大学社有前车可鉴，可以更好地预备自己，迎接数字化的出版未来。

其次，从大学出版社的性质来看，美国大学出版社均为明确的非营利机构，与商业出版社的使命、产品结构和读者对象等均有不同，美国出版业中的大鳄是培生、麦格劳希尔、约翰威立这样的教育出版集团，以及施普林格、泰勒弗朗西斯等学术和综合性出版集团，大学社所处的市场地位总体较弱。在美国出版市场上最具赢利性的产品——教材和大众图书，都不是美国大学社的主营产品，而我国大学出版社，近年来反而成为教材出版的中坚力量，许多大学社也积极发展自己的大众图书出版，例如中国人民大学出版社，很早就形成了以教材为主题，以学术著作和大众图书为两翼的产品结构，因此与美国社相比经济实力更为雄厚，比美国的大学社有条件更加从容地应对未来的挑战。

最后，美国大学出版社的学术出版环境虽然艰难，但有一批有使命感、有志向和责任感的出版人，以优秀学术内容的出版与传承为己任，也有像梅林基金会这样有见地、有关怀的社会慈善组织，仍然坚守高质量学术出版的价值。我国大学出版社和严肃学者，其实同样面临学术出版的困境。我国大学出版社，也应当明确自身的社会和历史使命，把出版有价值的学术著作作为大学社的社会和历史责任的一部分。

我国出版环境与美国不同，但有着我们自己的问题，同样不容乐观，大学社也同样任重道远。如何在现实的生存和发展与崇高的历史使命与关怀之间达到较为理想的平衡状态，是中美两国的大学出版人都要面临和迎接的挑战。

（作者单位系中国人民大学出版社）

参考文献

1. 美国图书馆协会官方网站（http：//www.ala.org）
2. 梅林基金会官方网站（https：//mellon.org）
3. 美国大学出版社协会网站（aaupnet.org）
4. 《大学出版》2005 年总 3 期，总第 47 期
5. University Presses in the Econsystem of 2020，by Michael Jon Jensen，Journal of Electronic Publishing，Volume 13，Issue2：Reimagining the University Press，Fall 2010
6. An ATG Original：University Presses Facing "Enormous Tectonic Shift" in Publishing，February 17，2014，gilsont News & Announcement，News Channel Original
7. Panel Debates：The Future of University Presses，by Jessamine Chan，Dec

10，2012

http：//www.publishersweekly.com/pw/by-topic/industry-news/publisher-news/article/55070-panel-debates-the-future-of-university-presses.html

8. The 17 Most Innovative University Presses And the Books You Will Want From Them

http：//www.huffingtonpost.com/anis-shivani/anis-shivani-university-press_b_668299.html

9. University Presses Under Fire

http：//www.thenation.com/article/179712/university-presses-under-fire

法国图书向中国的推广策略

雷 霏

法国是欧洲出版大国和图书出口强国。其图书出口额占图书出版业生产总值的25%[1],是文化出口贸易的重要组成部分。作为世界第二大经济体的中国,是法国图书贸易增长最快的海外市场之一。在2007~2013年的6年间,法国对中国的图书出口,由125万欧元上升到325万欧元[2],增加了2.6倍。法国对中国图书出口额的增加,源于其版权输出量的增加,见表1。

表1 法国2008~2013年对中国的版权输出状况

年份	2008	2009	2010	2011	2012	2013	总计
版权输出量	359种	655种	744种	831种	1103种	1315种	5007种
年增长率	—	+82%	+13%	+11%	+32%	+19%	2008~2013年增长率为366%

资料来源:Chine, Les marchés du livre étrangers, http://www.francelivre.org/

由表1可见,虽然年增长率大小不一,但法国对中国的版权输出量逐年稳步上升。从2008年到2013年5年间,增长了3.6倍。这显示出法国对中国图书出口的日益重视。

一直以来,法语国家是法国图书出口的主要市场,占出口总额的73%,处于绝对优势地位。[3]进入21世纪,法语国家市场的增速出现放缓迹象。以2010~2013年为例,法国在法语地区图书出口的年均增长率为-2.2%,呈下降趋势。[4]在传统市场日趋饱和的形势下,对新兴市场的开拓成为法国出版业的当务之急,而经济增长强劲的中国(含香港地区)则成为法国在亚洲的主要合作伙伴[5]及发展的重点。

法国出版联合会(Centrale de l'édition)主任Aristide在2010年撰文指出,在世界经济不景气的形势下,法国在稳定对传统区域(非洲的法语国家及马格里布地区)出口的同时,必须把经济发展强劲的国家作为努力开拓的市场,如中国、南美洲国家及土耳其等。[6]法国国际出版局(BIEF)在2013年调研报告中指出:"中国出版业有着强劲的增长力,无论是纸质出版还是数字出版。"[7]法国图书评论员 Taillandier 甚至把中国比喻成"法国出版业的第一顾客"[8]。

由此可见，法国出版机构已经意识到，必须加大对中国的图书推广力度，以寻求新的贸易增长点。为此，法国政府、行业协会及出版社展开联动，加大了在中国的图书推广力度。

一、全方位的资助

法国在中国的图书推广机构主要有：法国外交部、法国文化宣传部，法国国际出版局、法国国家图书中心（CNL）、法国文化协会（Institut français）及法国驻华使领馆等。上述机构为法国图书在中国的推广提供了全方位的资助。

（一）对出版社的资助

出版社是版权贸易和图书出版的主体。法国把中国出版社作为最重要的支持对象。针对外版图书引进成本高、风险大及专业性强等特点，实施了一系列帮扶项目，见表2。

表2 法国对中国出版社的资助项目

项目名称	资助对象	资助领域	资助者	资金用途	备注
傅雷图书资助出版计划	中国出版社	人文社会科学图书，当代文学，艺术图书，儿童读物以及工具书	法国驻华大使馆	图书的宣传、编译和出版	资助对象必须计划出版法语图书中文译本，且已从法国出版社购买所申请图书版权。该计划每年资助70本法文图书在中国的出版。
版权资助计划	法国出版社	所有图书种类	法国文化协会	版权转让	资助者承担中法出版社之间版权转让的部分费用或全部费用。
短期培训项目	中国出版社从业人员	对中国出版社从业人员在中国和法国的短期培训	法国国际出版局	培训费用	受资助者可以赴法国出版社进行访问学习，最高期限不超过三个月。

资料来源：法国文化网 http://www.faguowenhua.com

由表2可见，资助范围涉及图书宣传、版权贸易及人员培训。"傅雷图书资助出版计划"及"版权资助计划"的实施，有效降低了中国出版社出版法国图书的成本；"短期培训项目"可以促进中国出版者对法国出版模式的了解，从而增加引进图书的确定性，为两国企业的长期合作打下基础。

(二)对翻译的资助

法—中翻译人才的缺少,一直是制约法国对华图书出口的瓶颈。法国国际出版局对中国市场 2013 年的调研报告指出,翻译者的匮乏是阻碍中法两国间版权贸易的主要障碍之一。为扩大对中国的图书出口,培养中文翻译人才成为关键所在。为此,法国在不遗余力地培养本土中文译者的同时,在中国实施了一系列翻译资助项目,以资助和扶持中国的法语人才,见表 3。

表 3 法国在中国实施的翻译资助项目

项目名称	资助对象	资助内容	资助者	资金用途	备注
"地区翻译中心"计划	中国大陆、台湾和香港的青年译者	文学与人文社会科学的法译汉翻译培训	法国驻华大使馆	对译者的培训费用	在中国每年组织两期培训,侧重针对翻译的强化训练、方法论补充以及与法国作家的面对面交流研讨。
"翻译资助"计划	持有法语图书转让权的法国出版社	各领域法国图书	法国国家图书中心	法语作品的翻译费用	资助申请通常由与中国出版社合作的法国出版社进行提交。
"翻译家锻造"计划	中国的年轻译者(35 岁以下)	中国译者对法语作品的翻译计划	法国国家图书中心	中国译者到法国的培训及居留费 5000 欧元	培训在法国阿尔勒文学翻译国际学院进行,为期两个半月。中国译者有机会与法国有经验的译者一同合作,以促进双方在出版与翻译领域的相互了解。
译者奖学金	中国译者	中国译者对法语作品的翻译计划	法国国家图书中心	在法国逗留的费用(每月 1800 欧元)	帮助中国译者到法国作一至三月的短期逗留,以实施他们翻译法语作品的计划,每年评选 3 次。

资料来源:法国文化网 http://www.faguowenhua.com

由表 3 可见,法国侧重对中国年轻译者的支持。在项目的实施过程中,鼓励中国译者与法国同行间的合作,并创造机会让受资助者赴法进行培训和交流。

此外,为了惠及更多的中国译者,提升法文作品在中国译介的整体水平,法国驻华大使馆在中国开展了三方面的行动:①设立"傅雷翻译出版奖"。该奖从 2009 年开始实施,是我国法—中翻译领域的最高奖项,也是首个由外方提供的汉译外国文学奖。该奖每年评选 2 部译自法语的汉语文学作品(虚幻类、非虚幻类各一部),获奖的出版社及译者可分享 8000 欧元奖金。"傅雷奖"在表彰我国法文图书推广者的同时,也使中国读者了解到法文中译本图书的品质和多样性。②加强中国译者与法国作家间的交流。如邀请法国作家Olivier及Beigbeder到中国,分别与中国翻译家孟湄及袁筱一进行对话。③组织对法国经典文学作品及社科成果的翻译研讨。如邀请普鲁斯特作品的研究者及翻译者共聚一堂,对其作品在中国的译介进行深入解读和讨论。此外,还组织"法国精神分析及其在中国的翻译"研讨会,探讨法语精神分析类著作的汉译难题。

(三)对中国书店及图书馆的资助

在网络化时代,法国出版商及读者对实体书店及图书馆仍"情有独钟"。在法国,独立书店及图书馆随处可见,他们普遍认为:书店和图书馆具有无可比拟的优势,在相当长的时间内仍是读者阅读及购买图书的最重要场所。为进一步扩大法国图书的海外影响力及扩充销售渠道,法国国家图书中心及文化部在中国实施了3个针对中国书店及图书馆的资助项目,见表4。

表4 法国对中国书店及图书馆的资助项目

项目名称	资助对象	资助内容	资助者	资金用途	备注
中国书店资助计划	中国的实体书店	帮助中国书店购买法语图书样书	法国国家图书中心	提供购书成本50%的资助	资助对象必须有半年以上的法语图书销售经验;向同一法国出版社订购的图书不能超过订购总数的25%;每种图书最多定购三本样书。
"世界文化潮流"计划	中国的图书管理员	提供不同形式的实习和培训	法国外交部和文化宣传部	实习及培训费用	资助个人在法国进行为期两个星期的访问和实习;资助中国图书馆举行专业培训和研讨。
"职业文化"计划	中国的图书管理员	赴法进行专业实习和培训	法国文化宣传部	实习所需的全部费用	受资助者可到法国的图书馆进行为期三个月或九个月的实习。

资料来源:法国国家图书馆网站 www.bnf.fr,法国公众信息图书馆网站 www.bpi.fr

"中国书店资助计划"从2010年开始启动,重点资助有实力的中国实体书店发展法语图书的销售业务。而"世界文化潮流"计划和"职业文化"计划，则是在中国图书馆的影响力不断扩大的环境下诞生的。

法国国家图书中心在对中国市场 2013 年的调研报告中，特别对中国图书馆的发展进行了详细描述："数量不断增加，政府越来越重视图书馆作为人民群众文化生活平台的功能。在第 11 个五年规划（2006~2011）中，中国政府对公立图书馆的投入达 232.7 亿元，其中 17.4% 用于购买图书。2010 年，中国图书馆的读者已达到 3200 万，藏书规模达 6.17 亿册，比 2005 年增加 28.4%，且每年以 3000 万册的速度递增。"[9]法国对中国图书管理员的培训以"提升管理水平"的名义进行，但会加入法国出版情况介绍及新书推介等内容，以增进中国图书馆对法语图书的关注和了解。

二、多样化的推广形式

随着对中国市场的日益重视，法国在我国的图书推广力度不断增强。2013 年 1 月至 12 月间，法国在中国进行的图书推广活动达 68 场，活动类型包括巡回讲座、研讨会、朗诵会、读者见面会、电影放映会、新书推介会、图书评奖典礼、图书文化节及展览等，见表 5。

表 5 法国 2013 年 1 月至 12 月在中国的图书推广活动

活动类型	场次	活动举例
专题讲座	30	法国对外文化教育局主席 Darcos 讲座：法国文学的影响力
出版研讨会	4	法国古典人文和社会科学书籍的出版、翻译、推广研讨会
读者见面会	16	法国作家 Clézio 演讲暨读者见面会：我眼中的儿童阅读与成长
作家朗诵会	4	朗诵之夜——三位法国作家笔下和心间的亚洲
电影放映会	4	法国小说家 Foenkinos 讲座暨《一吻定情》电影放映会
图书文化节	4	世界美食图书节
展览	1	"从手势到语言"展览
新书推介会	4	2013 法国秋季新书介绍会
图书评奖活动	1	2013 傅雷翻译出版奖颁奖典礼
总计	68	

资料来源：法国文化网 www.faguowenhua.com

由表 5 可见以下两个特点：①法国在图书推介过程中，注重把图书推广与文化活动相结合，以增强对受众的吸引力及影响力。推广活动以讲座和读者见面会为主，同时加入了电影、音乐、朗诵、展览等元素。通过图像、声音、表情和动作，能够使受众在丰富的感官体验中感受法国文学的魅力。正如法国记者 Bancaud 对"法国作家中国朗诵之夜"的评价:"对于读者而言,作家不能仅仅用他们的签名来代表,必须加上他们的脸庞和声音,读者正是通过这二者得以窥见作者的心灵。"[10]②活动的地点几乎包括所有文化场所,形成了广泛的影响。除了图书馆和出版社,博物馆、美术馆、书店、书展、学校、法语联盟和文化节等,都成为图书推广的阵地。此外,从推广活动的内容和形式分析,还可以发现以下三个特点。

(一) 注重塑造法国文学和文化的光辉形象

法国在中国的图书推广活动往往从建构文化形象切入,以增强法国文学对中国受众的吸引力。在推广过程中,注重"名人"及"名胜"的影响力,并把其作为法国文化形象的代言人。例如,2013 年 11 月,法国诺贝尔文学奖得主 Clézio 受邀到中国进行系列讲座,掀起了法国文学在中国的热潮。同月,法国小说家及博物馆专家 Milan 也应邀来华,在北京、上海等 5 大城市进行以《从卢浮宫到小说》为题的巡讲。讲座着重解密卢浮宫不同时期的藏品,以阐述法国文化的光辉历程。

(二) 注重法国作家与中国作者及受众间的互动

著名法语作家 Sansal 于 2013 年来华访问时曾谈道:"以理性著称的欧洲文化仍无法理解中国文化。我感到比较遗憾的是中国未能足够努力地向其他文化开放。可以在世界各地的众多文学活动中了解各国的作家,但参加活动的中国作家寥寥无几。"[11]为了解中国,法国作家频频访华,与中国作者及受众展开面对面的讨论和交流,并获得了全新的感受。例如,第一次到访中国的法国作家 Beigbeder 表示,"原有的成见被中国的现代气息及人民的热情一扫而光",并形容"空气中有电流"。[12]通过交流和讨论等活动,法国作家不但可以增进对中国文化的了解,还获得了宝贵的创作灵感和源泉。

(三) 注重思想的分享

目前,法国出版界存在一个共识:世界不同地区的文化在蓬勃发展。多元文化的共存和互动已成为人类文明发展的主旋律。在新形势下,必须打破传统的单边推广模式,注重与目标国的文化相融合,促进推广模式的双向性及互动性。思想分享成为法国出版业在华推广的改革方向之一。文学作品是作家思想和情感的汇集。思想分享的实质,是创作者情感的相互传递。因此,理解情感及情感互动成了法国在我国图书推广活动的重要内容。

在众多活动中,"分享"成了活动的主题。例如:①2013 年 10 月,法国社会科学高等研究院出版社及法国美文出版社到访中国,与北京大学出版社及商务印书馆举行圆桌会议。期间，两国的领导企业充分分享出版经验，有效促进了相互间的了解和合作。②2013年4月，法国小说家Bramly应邀与中国学者及读者一同探讨艺术是如何激发文学的灵感，以及文学里的艺术又是怎样对艺术产生反作用的。通过对创作理念的分享，加深了中国受众对法国文学表现手法的理解，有效地传递了作品的情感。

法国Pedone出版社总经理Marc Pedone认为："法国对中国的文化行动是活跃（dynamique）而有效率的（efficace）。这也使我对开发中国市场更感兴趣。"[13]通过举办一系列的文化活动，良好的法语文化环境在我国逐步形成。

三、巩固人文社科图书的优势地位

法国在人文社科领域有着辉煌的成就。法国各大国际出版集团，均把人文社科作品作为主要的翻译和输出品种。在中国，文学、哲学、心理学、法语世界文化及思想等人文社科类图书，是法国图书贸易的传统优势领域。在参加完2013年北京国际书展后，法国Dunod出版社版权贸易经理Leclercq的体会是：中国出版界对法国人文社科类图书的态度是积极的、有需求的和好奇的。[14]

一直以来，法国三类人文社科图书最受中国出版社关注，并成为引进的重点：①在国外有着最好的销售业绩；②最被认可作家的作品；③某个领域的标志性著作及经典作品。从2013年开始，为巩固人文社科作品在中国的优势地位，继续扩大法国思想对中国的影响，法国出版社加大了以下四类作品的推广力度：

（一）新生代法国作家的文学作品

为了保持法国思想在世界文坛的生命力，法国出版企业十分注重对新一代作家的挖掘和扶持，并把他们作为文学创作推陈出新的动力来源。在法国2013年秋季向中国推介的30本图书中，93%是2000年后出现的作家的作品。

法国向中国推介的新生代作家具有以下三个特点：①其作品都获得过重要奖项。如获得梅第西斯文学奖的作品《沉默女王》和《一座桥的诞生》，以及入围费米娜奖、龚古尔奖和花神文学奖，并获得朗岱尔诺文学奖的《切线东方》等。②有着独特的创作风格。如怪才作家Beigbeder和Bramly的非现实性作品、美国"垮掉的一代"在法国的代言人Djian的小说及从事地域写作的作家Marice的著作等。③与中国文化相融合的作品。在推广的文学图书中，多部作品来自旅居中国的法国作家之手。例如，Hein 的游记《南洋杉》和 Bouyx 以中国为题材的作品《卖花者》等。他们用法国的思维描述中国的历史和现状，其独特的观察角度能够带给中国受众耳目一新的感觉。

在不断加大宣传力度的同时，法国出版社也承认，法国小说在中国的推广是艰难的，原因主要有：①中国本土小说家取得了很大的成功，争取到了大量忠实受众。②中法文化存在差异，许多优秀的法国小说还不能轻易被中国读者理解和接受。

（二）严谨、创新及跨学科性社科著作

强调严谨、创新及跨学科性，是法国学术著作的显著特点。符合上述三个特征的社科类图书，成了法国在华重点推广的对象：①为了突出学术的严谨性，法国在中国推出一系列中法双语丛书，并配有详细的导言、批注和附录（注释、年表、词汇汇编和索引），以帮助受众理解，并引导他们进行扩展性阅读。②推介前沿性及创新性作品。例如，在 2013 年北京书展中，法国精神分析学领域的最新研究成果——《皮肤自我》一书，受到了中国同行的极大关注。该书的版权负责人 Leclercq 认为，中国在该领域还处于发展的初级阶段，有非常广阔的市场。③加强对跨领域及交叉学科专著的推广。如法国驻华大使馆文化处在 2013 年 9 月重点推荐的《简单的思想》一书，就涉及文学、艺术、人类学等多个领域。

（三）展现法国式生活艺术及实用性图书

该类作品包括时装、奢侈品及品味生活类图书。法国 Hachette 出版社的版权负责人 Furet 认为，该类图书在中国最受欢迎的主题是葡萄酒及雪茄，因为它们在我国是地位的象征。葡萄酒业在中国发展迅猛，中国的中高层人士都有意学习这方面的知识。[15] 2013 年北京书展的法国展台上，特别开辟"法式生活艺术与美食图书"专区，展出 90 多本美食类法语原版图书及翻译作品，其中包括菜谱、美食艺术史、餐厅建筑、各类美酒、餐桌艺术及与之有关的文学与诗歌图书等。但法国参展商也发现，并不是所有的书籍都适应中国市场，如烹饪类图书。他们认为，该类书籍很难进入中国市场，是因为中国有着悠久的烹饪历史及深厚的美食文化，并且与法国有很大的差异。

此外，Furet 还发现，中国顾客买书一般是为自己，并不作为礼物送人。出于此动机，顾客希望获取足够多的信息，以及更多的操作性和教育性的内容。为此，法国出版在增加单本图书容量的同时，注重对应用型及操作型图书的推广。在 2013 年北京书展上，法国出版社带来了丰富的图解实用类图书，以及适合大众阅读的心理学丛书及品牌营销学读物等。

（四）在推介法国文学的同时，注重对法语世界文学的推广

我们所说的"法语世界"，主要指世界上42个说法语的国家和地区，以及其他地区说法语的群体。法语世界历史及文化环境的差异，造就了多元的法语世界文化，这使得该地区的文学也呈现多样化的特征。保持世界文化的多样性是法国的基本外交策略之一。法国出版社除了出版本土作家的书籍，还注重出版其他法语国家作者的作品。

为增进中国读者对法语世界文学的了解，2013年3月，在法国驻中国大使馆的组织下，法语作家Boualem（阿尔及利亚）及Orcel（海地）一同访问中国，以展示法国以外的法语文学的丰富性。他们是世界法语文学当代与未来的标志性作家，和法国出版社有密切的合作关系，且荣获多个文学大奖。2013年4月，法国波尔多第三大学的Job教授也应邀来华，为中国读者介绍法语区文学的发展及代表作家。通过对法语世界文学的推广，能够丰富法语文学的内涵，使受众领略不同的法语地区文化，从而增加了对读者的吸引力。

四、积极开拓少儿图书市场

早在十多年前，一批有实力的法国出版社已开始进入中国的少儿图书市场。近几年来，法国出版商不断加大对中国教育及少儿图书市场的拓展力度。2012年，在北京国际书展展出的法国图书中，少儿读物超过了半数。2013年，到现场参加北京国际书展的法国书商有20家，其中13家为少儿图书出版社，三分之二的版权转让在少儿图书领域实现。[16]

法国对中国少儿图书市场的积极态度，源于对其体量及盈利空间的调查分析。他们认为：①中国国内有3.67亿少年儿童，少儿图书一直占据出版业的最重要地位。中国出版社大量购买及翻译国外的作品，尤其在少儿图书领域。[17]②少儿读物是中国图书出版市场盈利最好的图书品种。中国的独生子女政策使父母对儿女的期望很高，他们为子女买书毫不吝啬，他们将不惜代价以保证子女教育的成功。[18]为开拓中国的少儿图书市场，在充分调研后，结合自身的优势，法国把漫画及教育画册作为突破点：

（一）加大对漫画图书的推广力度

在少儿读物中，儿童绘本及插画是法国的优势领域。《高卢英雄历险记》被翻译成111种语言，成为全球销量最大的世界级的经典漫画，足以证明法

国在该领域的强大出版实力。Pedone 认为，中国出版社对法国儿童漫画的需求是旺盛的。[19]《不一样的小鸡卡梅拉》自 2006 年进入中国以来，销量已突破 600 万册，使中国成为"法国小鸡"最受欢迎的地区，就是很好的证明。

虽然法国漫画在中国已崭露头角，但与日本漫画相比，仍有较大差距。由于日本作品长期占据中国市场，其漫画文化已形成广泛的影响力。法国出版社意识到，要与日本漫画竞争，必须突出本国的特色，形成差异化竞争。法国第一大连环画出版集团——媒体参与出版集团（Média-Participations）的版权负责人 Castille 在接受法国《图书周刊》的采访时强调："十年前，法国漫画在中国不被重视。如今，中国的少年儿童普遍懂英语，他们通过互联网开始了解欧洲的漫画，并显示出对图像小说（roman graphique）风格的接受。这种风格和法国的创作理念相近，且有别于日本的漫画。他们的意愿足以对出版社的选择构成影响。"[20]

为此，对本国漫画文化的推广成为法国出版企业的首要任务。为了更好地与中国受众分享创作风格及理念，法国作家充分利用儿童节及童书展览等机会，与读者进行面对面的交流。例如：①2013 年 6 月至 12 月间，法国多位插画家到访中国，与中国少儿及家长进行了 17 场见面会，以分享他们独特的创作经历，并与小读者们一起绘制书中的人物形象。②2013 年中国上海国际童书展期间，Clézio 专门发表演讲，以诠释幽默、可爱及富有冒险精神的法国漫画人物风格。如今，在少儿文学之后，漫画图书的版权输出量已占法国对华图书出口量的 13%[21]，且保持迅速增长势头。

（二）把儿童教育画册作为新的突破口

法国三家儿童出版社（Rue du Monde、MeMo 及 Courtes & Longues）的海外版权负责人 Legras 认为，中国缺少高质量的学前教育类书籍，法国的儿童教育画册在中国市场将大有作为。[22] 在近几年的北京书展上，法国的儿童教育画册受到中国市场的高度关注，如融合了画册与纪实风格的科普读物《阿基米德》系列丛书，及帮助儿童辨析反义词的《不要混淆了》等。

法国该类图书呈现以下四个特点：①针对不同年龄段的儿童进行细分，以增强科学性及针对性；②善于利用生动的图画解释抽象的事物，降低了理解的难度，同时增加了阅读的趣味性；③注重激发儿童对身边事物的感知和领悟，提升他们对生活环境的观察力和理解力；④不断提升图书制作的精美度及互动性。法国 Auzou 出版社国际部负责人 Hardy 认为："以往，中国出版社关注娱乐性及教育性兼备的图书。如今，他们的需求转向制作精美且互动性强的图书,以增强竞争力。"[23]为此,法国出版社在中国纷纷推出了高档画册及"透视"[24]图书,取得了良好的反响。

此外,法国出版企业还注意到图书价格的本土化问题。Hardy 认为:"一些优秀的儿童图书,由于价格的问题不能进入中国市场。为此,法国出版社所做的工作,不能仅仅停留在翻译,必须针对中国市场做出编辑上的调整,以降低图书的价格。"为此,法国的许多出版社已着手建立与中国同行的长效沟通机制,以及时对图书进行适应性调整。

法国对中国少儿图书市场的积极培育,还有着更深层次的动机。Pedone 在接受采访时曾表示:"我对同行积极参展的热情感到震惊,尤其是儿童图书出版社。我们有十几年的时间培育现在的中国孩子热爱法国的文化及思想。"[25]由此可见,法国书商对儿童书籍的大力推广,除了为获得经济利益,还意在引导中国儿童热爱法国文化,使他们在成年后继续成为法语图书的消费者。

五、结 语

在世界经济萎靡不振的形势下,中国(含香港)已经和印度及巴西一起,被视为法国图书出口在法语世界之外的"绿洲"[26]。法国图书在我国的推广策略已经初见成效,越来越多的中国出版社开始关注法语图书。2013 年,法国对中国的版权输出量达到 1315 种,而 2006 年只有 261 种。[27]法国出版企业普遍认为:中国出版专业化程度不断提升,对外版图书的选择和引进也日趋成熟。中国出版商除了关注已有的销售业绩及获得的奖项,更注重图书本身的内容和质量。[28]

与此同时,法国出版社也谈及在开拓中国市场过程中的困惑:①中国出版社在选择图书时普遍奉行折中主义。他们并没有按照各自的出版优势领域进行选择,选择面十分宽泛,缺少专一性、严密性与逻辑性。这使法国出版商很难确定中国同行的定位及需求,从而不能制定有效的后续策略进行系统的版权转让。②大部分的中国出版社都是国有企业,其等级及决策制度比较复杂,一个项目的立项往往要经历比较长的时间。③政府对市场干预较多,发行渠道单一。④中国出版社和法国出版社的运作方式相近,但中国市场的版权转让费及图书的销售价格(每本在 4 到 5 欧元之间)却过于低廉。⑤中国出版社较少参加国际书展,如法兰克福及伦敦国际书展等。法国出版社需要定期来华与中国同行接触，以建立紧密的关系，这使时间及经济成本有所增加。

法国在中国的图书推广策略是成功的。与之形成鲜明对比的是，中国对法国的版权出口量很小。以2010年、2011年、2012年及2013年为例，中国出口到法国的图书版权数量分别为10种、5种、11种和7种，而法国仅2013年对中国的版权输出量就达到了1315种。由2010~2013年版权贸易的增长率可见，法国对中国出口的增速为176%，而从中国进口的增速却出现负增长。[29]如此大的贸易逆差值得我们深思。

法国是欧洲的文化出口大国。从法国对我国的图书出口策略，可以窥探新时期西方国家对我国图书推广的特点，并加以借鉴。

（作者单位系华南师范大学外国语言文化学院）

参考文献

［1］Olivier ARISTIDE. Le Commerce Extérieur du Livre en 2011［EB/OL］. www. centrale-edition. fr，2011

［2］Import-export des livres，Evolution des exportations de la France versla Chine entre 2007 et 2013［EB/OL］. http：//www. francelivre. org，2014

［3］Chiffres-clés，Exportation［EB/OL］. http：//www. francelivre. org，21/05/2013

［4］Josiane Castelbou. Exportations vers les pays francophones［EB/OL］. www. centrale-edition. fr，avril 2013

［5］Le livre français dans le monde，exportations［EB/OL］. http：//www. francelivre. org，29/11/ 2013

［6］［26］Olivier Aristide. Le Commerce Extérieur du Livre en 2010，［EB/OL］. www. centrale-edition. fr，2010

［7］［17］tude généraliste，L'edition-en-Chine［EB/OL］. http：//www. bief. org，ao t 2013

［8］［16］［20］［21］［23］［27］Fanny Taillandier. La Chine，premier client de l'édition française［EB/OL］. http：// www. francelivre. org，23/09/2013

［9］Diffusion non marchande，Diffusion Chine 2013［EB/OL］. www. francelivre. org，2013

［10］［12］Joseph Chun Bancaud. NUITS DE LA LECTURE-L'Asie à travers les mots et le coeur de trois auteurs français ［EB/OL］. http：//www. lepetitjournal. com/pekin，Lundi 3 juin 2013

［11］Entretien exclusif de Boualem Sansal. Qu'est-ce que vous aimez（ou détestez）le plus de la culture chinoise？［EB/OL］. http：// www. faguowenhua. com/，13 mars 2013

［13］［14］［19］［25］Christine Karavias. Portraitset entretiens de professionnels ［EB/OL］. http：//www. bief. org/ Publication，sept. 2013

［15］［18］［22］［28］Christine Karavias. Comptes rendus, 19e Foire internationale du livre de Pekin ［EB/OL］. http：//www. bief. org，sept. 2012

［24］以法国 Seuil 出版社出版的《不要混淆了》一书为例。该书是帮助儿童辨析反义词的读物。例如，"慢"用蜗牛来表示，蜗牛壳的图片被剪了一个窟窿，从窟窿可以看见下一页的车轮图像，这样可以发现"慢"的反义词是"快"

［29］Cessions et acquisitions de droit，Evolution des acquisitions de droits entre 2008 et2013 ［EB/OL］. http：// www. francelivre. org，2014

博洛尼亚国际儿童书展的启示

曾 怡

博洛尼亚国际儿童书展自 1964 年创办以来,到今年已经是第 52 届了。一直以来博洛尼亚国际儿童书展都是全球少儿出版界的年度盛会,业内人士济济一堂,编辑和出版人在这里向国际出版同行推荐自己的图书,达成版权交易;考察了解全球少儿图书市场的热点和未来趋势,寻找新的图书策划灵感;发掘出色的作者和插画家共同合作;老朋友们欢聚畅谈,在这座意大利北部城市和煦的春风里,谈天说地到深夜。作家和插画家在这里寻找灵感缪斯,向出版人推荐自己的创意,让自己的作品为业内人士所熟知。整个少儿出版产业链中从事各项职能工作的专业人士都会在这一全球少儿出版界历史最悠久、规模最大的书展盛会中寻找属于自己的商业机会,有时还会收获持续终生的友谊。

一、博洛尼亚书展发展历程

位于意大利佛罗伦萨的政府机构国家教育研究和文献中心(National Educational Centre for Studies and Documentation in Florence)有专门的意大利和外国儿童文学研究团队,享有很高的声誉。1963 年,他们和博洛尼亚方的组织者注意到全球对于少儿图书,尤其是少儿图书插图的兴趣正在不断攀升。在这个大背景下,两方面开始合作,并且得到了意大利著名出版人瑞纳多·君提(Renato Giunti,当时是意大利君提出版社(Giunti Editore)的所有人和总经理。君提出版社现在是意大利最大的出版集团之一)的鼎力协助。经过紧张的筹备工作,首届博洛尼亚国际儿童书展于 1964 年 4 月在博洛尼亚市中心的中心宫殿(Palazzo di Re Enzo)举办,来自 11 个国家的 44 位参展商参展。

1965 年,博洛尼亚展览中心开始动工建设,从 1969 年开始成为博洛尼亚国际儿童书展的新家,直至今日。博洛尼亚国际儿童书展每年都在 3 月底 4 月初举办,自创办以来,参展商的数量和参展的国家数都在不断增长,在

2000年达到顶峰，当年共吸引了来自83个国家的1416名参展商。博洛尼亚书展的高速发展也反映了全球少儿出版行业在这一时期的强劲增长。此后全球经济开始陷入各种危机中，参展商数量有所下降，2015年，来自77个国家的1200名参展商参加了3月30日至4月2日举办的全球少儿出版盛会。

在2014年12月召开的童书峰会上，尼尔森公司披露的数字表明，在全球出版市场中，纸质童书板块的增长最为强劲。具体到各个国家市场，英国、意大利、法国、南非的童书市场略有下降，而巴西、美国、中国和澳大利亚的童书市场有所增长，其中以巴西和中国的增长最为迅猛。这个数据在今年博洛尼亚书展上得到进一步的证实，巴西联合展台和中国联合展台成为最大的国家展台，反映了本国市场强劲的少儿图书市场。中国展团占地320平方米，有37家出版社参展。

二、博洛尼亚书展奖项设立

虽然博洛尼亚国际儿童书展主要定位为童书商务贸易展，但是从一开始，组织者就尽力加入丰富的文化元素，涵盖故事创作、插画、书籍装帧和知识共享等领域。书展方在1966年推出了"书籍设计艺术奖"（Graphic Prize Fiera di Bologna），奖励"最好的文图设计"，以及"儿童最喜爱的图书奖"（*Critici de Erba* Prize）。从1968年开始，书籍设计艺术奖又进一步按照读者的年龄段细化为儿童读物设计艺术奖和青少年读物设计艺术奖。对于没能最终获奖但是也很出色的童书，书展方特别设立了"提名表扬"（special mentions）奖。这个传统一直保持到今天。书籍设计艺术奖由国际知名的平面设计艺术家和插画家组成的评委会评选，而儿童最喜爱的图书奖则由小朋友们做评委，在教育专家的组织下，让小评委们选出自己最喜爱的童书。1995年，书展方推出了博洛尼亚拉嘎兹奖（BolognaRagazzi Award），替代了"书籍设计艺术奖"和"儿童最喜爱的图书奖"，并一直持续至今。拉嘎兹奖推出后几经调整，目前有四个奖项，文学类（玄幻作品，故事书/短篇故事或插图童话等）、非文学类（知识类读物，涉及科学、历史、艺术、人物传记和近期大事/学科发展等）、专为新兴市场设立的"新地平线奖"（New Horizons），只有阿拉伯国家、拉丁美洲、亚洲和非洲的出版社可以选送童书参评，以及专为新人作家、插画家首次出版的作品设立的"新人图书奖"（Opera Prima）。

2015年是博洛尼亚国际儿童书展推出书展奖项（拉嘎兹奖及其前身）50

周年纪念，有来自 40 个国家的 1000 多本图书报名参评。2015 年的拉嘎兹奖（文学类）颁给了绘本《手电筒照我去探险》（*Flashlight*，作者/绘者 Lizi Boyd，美国 Chronicle Books 出版社 2014 年出版），讲的是一个小男孩在晚上露营时，用手电筒照着到树林里探险。在黑漆漆的树林里，狐狸、猫头鹰、河狸等小动物纷纷帮助他找路。景色和人物用白色线条勾勒轮廓，其他都用黑色，生动地营造深夜的场景，只有在手电筒光线笼罩的一小块空间里才能看到黑白之外的色彩。小读者也仿佛被带到了这个黑暗、神秘但是却一点儿也不可怕的树林里，在手电筒的照耀下，和故事里的小主人公一起发现"惊喜"。拉嘎兹奖（非文学类）得主是法国 Albin Michel Jeunesse 出版社 2013 年的绘本《之前之后》（*Avant Apres*，作者 Anne-Margot Ramstein 和 Matthias Aregui），这本书全凭非常细致、充满诗意的画面和设计展示了时间带来的变化，书中没有一个字，但是小读者完全能够明白大自然中自然发生的因果关系，以及人类的行为怎么改变了环境。今年的拉嘎兹"新地平线"奖归属了阿根廷 Pequeno Editor 出版社 2014 出版的绘本《一起学字母》（*Abecedario*，*Abrir*，*Bailar*，*Comer y otras palabras importantes*，作者 Ruth Kaufman、Raquel France；绘者 Diego Bianki），这本给小朋友学字母的图画书把字母放在相应的动词中，这些动词提炼自小朋友在日常生活中最喜爱的活动和游戏。画面简洁，用色明快，展示了孩子充满动感和乐趣的生活。虽然是本学习字母的图画书，但是生动地展示了孩子世界中简单的快乐。今年的"新人图书奖"得主是葡萄牙 Planeta Tangerina 出版社 2014 年出版的绘本《我看见的》（*La Fora-Guia para desocbrir a natureza*，作者 Maria Ana Peixe Dias/Ines aixeira do Rosario，绘者 Bernardo P. Carvalho），鼓励小朋友们观察、探索周围的世界。不论是在树林里、在树上还是在草地上，到处都会有新的发现。文字简单易懂，大多数都是水彩插画，画面精美，充满了各种细节，值得一看再看。这本绘本生动地展示了，只要有一双善于观察的眼睛，大自然处处都有惊喜，培养小读者的兴趣，教他们怎么探索自己身边的自然环境。

2015 年，除了以上拉嘎兹常设奖项外，书展方为了呼应 5 月 1 日开幕的意大利米兰世博会主题"滋养地球，生命的能源"，还在 2015 年特设了"书和种子"（Books & Seeds）奖，授予在农业、有机农业、生态多样性、食物、饥饿、富足、营养、安全和烹饪等领域的优秀图书。选中的图书除了在书展现场展示外，还会在米兰世博会上展出。法国 Seuil Jeunesse 出版社《美食创造和平》（*Frigo Vide*，作者/绘者 Gaetan Dauremus）成为这个奖项的最终赢家。这个故事,讲述了一座高高的大楼里完全不同的居民如何通过分享美食而实现和平共处。语言富有哲理和喜剧色彩,画面简洁,人物形象用的是黑白线条,但是给大家带来欢乐和友谊的美食却充满了生动丰富的色彩。

为了庆祝书展奖项(拉嘎兹奖及前身)成功举办50周年,在2015年的书展期间,书展方在中心展厅设立了"魔法展示柜——博洛尼亚书展奖项回顾展",展出了50年来的部分获奖图书。每年的获奖图书都会在一个玻璃展示柜中展示,所以这个回顾展就命名为"魔法展示柜"。50年来,共有600多本书获得了书展奖项或者"提名表扬"奖。回顾这么多年的获奖图书,其中的一个共同点在于文图设计的原创性。事实上,如果一本书在插图上极富创造力,通常在故事和主题表达上也会很有趣,艺术创新性和文学原创性之间展示了强大的纽带。因为拉嘎兹奖不需要出版社提供翻译版本,所以国际评委们主要是从插图设计的创新性、编辑特色,以及故事主题的原创性来进行评选。在"魔法展示柜"中,有些多年前的获奖书依然散发着穿越时空的魅力。看到这些精美的图书,让人不由感慨,不管时光如何变迁,今后有多少未知,质量永远是出版业获得成功的唯一坚实保障。

除了拉嘎兹奖,博洛尼亚书展方与意大利出版人协会合作,在2013年推出了"博洛尼亚最佳少儿出版社奖"(The Bologna Prize for the Best Children's Publishers),授予富有创意的少儿出版社。这是一个同行互评的奖项,由参展商在书展网站的投票专区互投,共有六个名额,每个大洲(亚洲、非洲、中南美洲、欧洲、北美洲和大洋洲)胜出一家得票最高的出版社,在书展期间宣布名单并颁奖。博洛尼亚书展作为最大的国际少儿出版聚会平台,也成了全球最重要的两大少儿图书奖项——国际安徒生奖和林格伦纪念奖——宣布获奖名单的场合。前者由国际儿童读物联盟主办,每两年评选一次,在偶数年的博洛尼亚书展开幕当天宣布获奖的作者和插画家。后者由瑞典艺术协会在2002年创办,每年评选一次,在书展现场"插画家咖啡厅"视频连线直播获奖者,2015年的获奖者是来自南非的少年儿童阅读推广机构PRAESA。2014年国际安徒生奖插画奖得主、巴西艺术家罗杰·米罗(Roger Mello)在书展现场举办了个展。

博洛尼亚国际儿童书展从1967年开始举办插画展,全球的插画家,不论是成名已久的还是刚刚入行的,都可以把自己的插图作品送来参评。这是名副其实的草根海选,没有任何的投稿门槛。书展方会邀请国际知名人士担任专家评委,决定哪些插画可以获得在书展中心场馆展示的入场券。2015年的专家评审委员由插画家、学者、出版人和编辑组成，包括瑞典绘本学者乌拉·雷丁（Ulla Rhedin）、美国纽约现代艺术博物馆（MoMA）联合出版人查尔斯·基姆（Charles Kim）、2015年主宾国克罗地亚的著名插画家斯维特兰·尤纳科维奇（Svetlan Junakovic）、法国插画家本杰明·萧（Benjamin Chaud）以及米兰瑞左立（Rizzoli）少儿出版社的编辑保拉·帕拉佐利（Paola Parazzoli）。2015年，来自62个国家的3000名专业或业余插画家提交了15000幅原创作品。经过评委们在几天内的紧张评选，来自22个国家的76名插画家的近400幅画作最终获选参展，中选率仅有2.5%左右。对于插画家来说，这可能会是改变一生命运的机会。在2015年，博洛尼亚国际儿童书展在四天的时间里总计迎来了35000参观者，包括出版商、编辑、文学代理人、作家、插画家、学生和公众。而插画展就在主展厅的中央位置。很多籍籍无名的插画家因为成功入选了博洛尼亚插画展而获得了出版人或编辑的关注和青睐，进而得到了作品出版的机会。此外，书展方还从2009年开始和西班牙SM基金会合作推出了"博洛尼亚国际儿童书展——SM基金会插画国际奖"（Bologna Children's Book Fair-SM Foundation International Award for Illustration），鼓励和支持刚刚崭露头角的年轻插画家。从成功入选博洛尼亚插画展的未满30岁的插画家中选出一位，获胜者会得到3万美元的奖金以及与SM集团签署的出书合同，在第二年的书展上展示自己的新作和举办插画个展。2015年的获胜者是英国青年插画家玛斯·雪玲（Maisie Shearring）。

徜徉在插画展中的观众都会感受到，在艺术创作中，最重要的是要有创意，不能重复前人的作品，正如齐白石大师所说："学我者生，似我者死。"展出的每幅插画作品都有令人耳目一新的风格和表现手法。技巧不论多么出众都比不上丰富的想象力和别具一格的独创性。博洛尼亚书展中的插画展不愧被称为是"皇冠中最亮的明珠"，代表了整个全球少儿出版业蓬勃的创新能力和出众的艺术水平。2015年的中国展团在自己的展区内也举办了中国原创插画展，展出了70多幅国内插画家的作品，参观者络绎不绝，受到了大量的关注和肯定。

博洛尼亚国际儿童书展一直都在与时俱进，不断地推陈出新，跟上少儿出版产业发展的脚步，巩固自己全球第一专业少儿书展的地位。随着文学代理机构在童书出版业的参与度加深，书展方在1986年专门开辟了文学代理机构中心。近年来已形成规模，有近百名文学代理机构参展。考虑到翻译在国际出版界的重要性，博洛尼亚书展方在2004年成立了翻译中心，邀请来自全球各地的童书译者在这里寻找工作机会，与同行交流信息和工作心得，并参加研讨活动。

博洛尼亚国际儿童书展的历史也令我们看到了在过去的20年里技术给童书出版带来的根本性变革。进入到20世纪90年代，随着童书越来越多地被改编为影视作品，书展方在1990年首次搭设了电视/出版交易平台——国际电视、电影、视频展，并设立了阿森耐罗·道诺（Asinello d'oro prize）奖，专门授予"书籍和电影互动最佳作品"。看到越来越多的影视专业人士参与到书展中来，组织者在2002年成立了影视和形象授权中心。在2010年，博洛尼亚形象授权交易展（Bologna Licensing Trade Fair）启动，这是意大利唯一一个出版物附带权利专业展，2015年有来自意大利和其他国家的60家形象授权方和形象授权中介机构参展，代表了600个品牌形象，吸引了1800名买家和代理机构。

三、数字化时代的博洛尼亚

进入到电子时代，电脑越来越深地介入到儿童的世界中。早在1992，博洛尼亚书展方就张开双臂欢迎了当时还是很新颖的电脑光盘书（CD-ROM titles），并且和美国的出版机构一起举办"童书多媒体发展研讨会"。1997年，书展方设立了博洛尼亚新媒体奖（Bologna New Media Prize）。在智能手机普及率提高，手机和平板电脑应用程序市场火热的情况下，书展方又在2012年推出了应用程序新奖项——博洛尼亚拉嘎兹数字媒体奖（BolognaRagazzi Digital Award），同样下设"文学类"和"非文学类"两个类别。在全球少儿出版社探索数字化在童书领域的应用时，书展方和美国创新知识传播公司奥莱利技术公司（O'Reilly Media）合作，于2011至2013年间在书展开幕的前一天举办"少儿出版业创新工具研讨会"（Tools of Change conference）专场论坛。2014年，博洛尼亚书展方推出了自己的数字出版研讨交流活动，"数字出版咖啡厅"，用来举办专家讲座和研讨会，探讨数字出版领域的创新，同时还扩大了数字出版展区，让手机应用程序商、硬件厂商和出版社有更大的空间展示在数字出版领域的最新发展。所有这些努力都表明，博洛尼亚国际儿童书展正努力在数字时代里把自己打造成少年儿童内容专业平台，不论这个内容是印刷在纸质图书上，出现在影视银屏上，还是呈现在多媒体移动设备上。

尼尔森公司的数据表明，相较于用电子设备阅读，儿童和青少年都绝对倾向于纸质书。对于小孩子来说，家长更倾向于为孩子们购买纸质书，让孩子们体验自己当年捧着书阅读的感受，同时也考虑到不断闪烁的电子屏幕对孩子眼睛的伤害。对于大一些的孩子们来说，书的形态也是阅读体验的一部分，就像美食讲究"色香味"一样，纸质书带来的也是一种综合感受，书的重量、形状、尺寸、味道、手指触摸书页的感觉，这些都是电子设备不能替代的。虽然孩子们越来越多地使用移动电子设备，但是主要是用来玩游戏和看视频，看书的话还是会选择纸质图书。这一点也体现在博洛尼亚书展上，相较于传统的纸质出版物占据的空间，目前的数字出版展区规模非常小，更像是对未来发展趋势的一种实验性的探索。

博洛尼亚国际儿童书展从1994年开始推出了主宾国活动，一般都在书展首日上午有个盛大的主宾国开幕仪式，通常会有本国高级的文化官员出席并讲话。书展方免费向主宾国提供主展厅300平方米左右的空间，用来展示主宾国优秀插画家的作品。例如，2015年的主宾国克罗地亚举办了3场插画展，准备了内容丰富、装帧精美的插画家书目，全面地梳理了本国少儿图书插画的重要艺术家和作品。这本书目可以在书展现场的国际书店售卖，让更多的参展观众了解到主宾国的插画现状。主宾国还会在"作家咖啡厅"和"插画家咖啡厅"获得免费的场地，推介本国的作者和插画家，举办本国少儿读物研讨会。此外，主宾国通常在博洛尼亚市中心举办宣传本国文化的活动，进一步利用书展平台让更多的人熟悉、喜爱自己国家的少儿图书、作者和文化。克罗地亚著名插画家斯维特兰·尤纳科维奇除了担任博洛尼亚书展插画展的评委之外，还在博洛尼亚市中心举办了个人展览。丰富多彩的主宾国活动能够让国际少儿出版界全面地了解主宾国少儿出版的实力和潜力，为今后更多地合作打下良好的基础。

虽说现在电子通讯设施如此发达，所有必要的沟通和交易都可以远程进行，但是全球少儿出版界各个领域的专业人士还是会早早就把博洛尼亚国际儿童书展的日子放在自己的日程中，对他们来说，和来自各个国家的出版同行聚在一起，交换看法和图书信息，欣赏高水平的插图设计艺术，"淘"到令人眼前一亮的优秀图书，都是博洛尼亚国际儿童书展不可或缺的独特体验和神奇的魅力所在。

（作者单位系中国少年儿童新闻出版总社）

参考文献

1. *The Magic Showcase*, 50 *Years of BolognaRagazzi Awards*, *Publishers and Children's Books*, by William Grandi, Edizioni ETS, 2015, Italy

2. 博洛尼亚国际儿童书展官方网站 http：//www.bookfair.bolognafiere.it/en

3. "Crunching Numbers at the Nielsen Children's Book Summit"
http：//www.publishersweekly.com/pw/by-topic/childrens/childrens-industry-news/article/65068-kids-are-thriving-reading-and-hungry-for-more-crunching-numbers-at-the-nielsen-children-s-book-summit.html

4. "Bologna at 50: Looking Back, Forging Ahead" http：//www.publishersweekly.com/pw/by-topic/childrens/childrens-industry-news/article/61412-bologna-2014-what-s-new-at-the-fair.html

5. "I Was a Juror at the Bologna Illustrators Exhibition..." http：//publishingperspectives.com/2015/03/i-was-a-juror-at-the-bologna-illustrators-exhibition/

附 录

2013 年 12 月 31 日人民币对各币种汇率中间价表①

	汇率（元）
人民币对美元汇率中间价	6.0969
人民币对欧元汇率中间价	8.4189
人民币对英镑汇率中间价	10.0556
人民币对日元汇率中间价（单位 100 日元）	5.7771
人民币对卢布汇率中间价	5.3985

资料来源：中国人民银行

---

① 中国人民银行未公布人民币与韩元汇率中间价。